广州市民政局指导

广州市社区志愿服务发展报告
（2020）

广州市社区服务中心
广州市志愿者协会　编
广州志愿服务联合会

中国社会出版社
国家一级出版社·全国百佳图书出版单位

图书在版编目（CIP）数据

广州市社区志愿服务发展报告．2020／广州市社区服务中心，广州市志愿者协会，广州志愿服务联合会编．—北京：中国社会出版社，2020.12

ISBN 978-7-5087-6448-1

Ⅰ．①广…　Ⅱ．①广…　②广…　③广…　Ⅲ．①社区管理—志愿—社会服务—研究报告—广州　Ⅳ．①D669.3

中国版本图书馆CIP数据核字（2020）第220158号

书　　名：广州市社区志愿服务发展报告（2020）

编　　者：广州市社区服务中心

广州市志愿者协会

广州志愿服务联合会

出 版 人：浦善新

终 审 人：尤永弘

责任编辑：秦　健

出版发行：中国社会出版社　邮政编码：100032

通联方式：北京市西城区二龙路甲33号

电　　话：编辑室：（010）58124864

邮购部：（010）58124845

销售部：（010）58124848

传　真：（010）58124856

网　　址：www.shcbs.com.cn

shcbs.mca.gov.cn

经　　销：各地新华书店

中国社会出版社天猫旗舰店

印刷装订：河北鑫兆源印刷有限公司

开　　本：170mm×240mm　1/16

印　　张：14.75

字　　数：230千字

版　　次：2020年12月第1版

印　　次：2020年12月第1次印刷

定　　价：65.00元

中国社会出版社微信公众号

《广州市社区志愿服务发展报告（2020）》编委会

摘要

《广州市社区志愿服务发展报告（2020）》由广州市民政局指导，广州市社区服务中心、广州市志愿者协会、广州志愿服务联合会联合编著，从推动广州市社区志愿服务发展的角度出发，系统剖析了广州市社区志愿服务发展的特点与趋势，并根据专业发展情况，从行业特点、实务领域、代表区域等维度进行全面阐述和分析。全书围绕社区志愿服务，分为总报告、专业发展篇、实务经验篇、区域发展篇和附录，共五部分。

总报告，全面梳理2019年广州市社区志愿服务发展状况，包括社区志愿服务组织的属性及功能定位、制度和政策环境、服务开展情况、工作体系与重点、组织管理、面临的问题与挑战等，总结了在内外部发展新环境下社区志愿服务的发展态势。

专业发展篇，从“志愿服务+慈善+社工”融合发展、信息化建设研究与探索、组织能力建设、服务项目创新发展、传播形态及其影响、政策体系及立法展望、大湾区志愿服务协同发展机制等专业发展的不同维度进行专题分析，总结广州市社区志愿服务发展的基本模式和典型经验。

实务经验篇，从社区志愿服务参与社会治理、垃圾分类、脱贫攻坚、文化营造等领域的实践探索、存在问题、产生原因及经验借鉴等方面进行深入研究，并根据广州市社区志愿服务参与的细分领域，重点选取党员志愿服务、企业志愿服务等不同类型展开探讨。

区域发展篇，在广州市11个区中选取天河区、黄埔区、从化区等社区志愿服务发展代表性区域，从发展历程、管理架构、工作亮点和工作成效等方面展开分析，呈现社区志愿服务发展的区域特色。

当前，社区志愿服务正处于重要发展机遇期，全社会对社区志愿服务的热情和重视程度与日俱增。为此，我们应抓住社区志愿服务发展的历史机遇，在巩固现有优势的基础上，正视行业面临的不足和短板，以开阔的思路和开放的态度，努力实现广州市社区志愿服务跨越式发展，推进社区志愿服务制度化、专业化、信息化发展，助力广州打造高质量、具有国际影响力的“志愿之城”。

目 录

第一部分　总报告

第二部分　专业发展篇

第三部分　实务经验篇

第四部分　区域发展篇

附　录

第一部分
总报告

创新社区志愿服务，激发社区治理活力

——广州市社区志愿服务发展 2019 年度综述

摘要：党的十九大报告指出“推进诚信建设和志愿服务制度化，强化社会责任意识、规则意识、奉献意识”。志愿服务不仅是精神文明的重要标志，也是公众参与社会治理的重要方式。社区作为城市的细胞，志愿服务组织在社区中开展各项志愿活动，使社区参与、社区互助的理念深入人心，参与社区事务逐渐成为居民的日常习惯和自觉行为，为打造共建共治共享的社会治理格局奠定坚实的群众基础。

关键词：社区志愿服务　志愿服务组织　社区治理

一、社区志愿服务组织的性质和功能定位

近年来，学界对社区志愿服务的研究不断增多，对社区志愿服务组织的理解在不断深化。社区不仅是志愿服务活动的重要场所，更是志愿服务活动开展的重要合作者与推动者①。在国际上，社区志愿服务也一直得到很高的关注。联合国志愿人员组织（United Nations Volunteers）发布的 2018 年世界志愿服务状况报告的主题即为“将我们联结的丝线：志愿服务与社区韧性”（The thread that binds: Volunteerism and community resilience）②。在国内外已有研究的基础上，本研究从三个视角对社区志愿服务组织的属性和功能定位进行解析。

---

① 党秀云：《论志愿服务可持续发展的价值与基础》，载《中国行政管理》2019 年第 11 期。

② 报告详见 https://www.unv.org/swvr/resilientcommunities。

（一）作为社区社会组织的社区志愿服务组织

社区社会组织是中国特色社会组织体系的重要组成部分。中共中央办公厅、国务院办公厅《关于改革社会组织管理制度促进社会组织健康有序发展的意见》特别提出要大力培育发展社区社会组织。强调对达不到登记条件的社区社会组织，按照不同规模、业务范围、成员构成和服务对象，由街道办事处（乡镇政府）实施管理，加强分类指导和业务指导。同时，鼓励在街道（乡镇）成立社区社会组织联合会，发挥管理服务协调作用。

2017年12月27日，民政部印发《关于大力培育发展社区社会组织的意见》，将社区社会组织定义为："由社区居民发起成立，在城乡社区开展为民服务、公益慈善、邻里互助、文体娱乐和农村生产技术服务等活动的社会组织。"该文件也提出社区社会组织的发展目标，即"力争到2020年，社区社会组织培育发展初见成效，实现城市社区平均拥有不少于10个社区社会组织，农村社区平均拥有不少于5个社区社会组织"。

关于社区社会组织的类型，2016年11月1日，广州市民政局印发的《关于培育发展社区社会组织的意见》中，将社区社会组织划分为公益慈善类、社会事务类、社区服务类、文化体育类、议事协调类五类。2008年12月30日，广州市民政局出台的《广州市社区社会组织管理试行办法》（2009年3月1日起施行，有效期5年）曾规定：尚未达到登记条件，但能正常开展活动且符合经济社会发展需要的社区社会组织，可以向街道办事处、镇人民政府提出申请，报区、县级市登记管理机关实行备案管理。民政部和广州市关于社区社会组织的界定见表1。

表1　社区社会组织的界定

政策文件	颁布单位	社区社会组织界定
《广州市社区社会组织管理试行办法》	广州市民政局	在本市行政区域内，以街道、镇或者社区地域为活动范围，由本街道、镇或者社区公民、法人和其他社会组织自愿组成、举办的，以满足社区居民的不同需求为目的，依法开展活动，提供社会服务的社会团体和民办非企业单位

续表

政策文件	颁布单位	社区社会组织界定
《关于培育发展社区社会组织的意见》	广州市民政局	以城乡基层社区为主要活动区域，以服务社区居民、满足居民需求、促进社区发展为宗旨，活跃在城乡基层的公益性、服务性、自治性社会组织
《关于大力培育发展社区社会组织的意见》	民政部	由社区居民发起成立，在城乡社区开展为民服务、公益慈善、邻里互助、文体娱乐和农村生产技术服务等活动的社会组织

资料来源：广州市民政局《广州市社区社会组织管理试行办法》《关于培育发展社区社会组织的意见》，民政部《关于大力培育发展社区社会组织的意见》。

通过对社区社会组织概念及相关政策的梳理，作为社区社会组织的社区志愿服务组织通常具备如下三个方面的属性和特征：第一，组织服务于特定的地理区域，一般在街道（镇）或行政社区（村）范围内开展志愿服务活动；第二，发起成员、治理团队及志愿者等以在组织所服务地域生活或工作的人士为主体组成；第三，组织的主要资源来源于当地社区。

（二）作为志愿者团体的社区志愿服务组织

按照《志愿服务条例》的规定，志愿者是指以自己的时间、知识、技能、体力等从事志愿服务的自然人；志愿服务则是指志愿者、志愿服务组织和其他组织自愿、无偿向社会或者他人提供的公益服务①。志愿服务的本质属性是社会成员基于自由的个人选择集合而成的一种公共服务性质的集体主义行为，其核心追求的是团结、互惠、互信、归属感和自我提升，其既包含着公平正义与奉献，也包含着对自我价值与生活方式的积极探索，在促进社会公平、推动社会融合中发挥着独特作用②。作为践行“奉献、友爱、互助、进步”志愿精神的志愿者团体，社区志愿服务组织具备如下属性和特征：第一，非正式性，组织一般没有专职（受薪）员工，绝大多数组织也未登记注册，组织结构相对松散；第二，志愿性，通过招募和组织志愿者自愿、无偿地向社区或者有需要的人群提供公益服务；第

① 详见《志愿服务条例》第二条和第六条。

② 陆士桢、李泽轩：《论新时代中国特色志愿服务的新格局》，载《中国青年社会科学》2019 年第 5 期。

三，多样性，志愿者团体大多为使命驱动型组织，基于某种价值和理念开展志愿行动，因此这也决定了社区志愿服务组织必定在组织形式、运作管理、服务模式等方面呈现多元化的特点。

（三）作为慈善服务组织的社区志愿服务组织

按照《中华人民共和国慈善法》的规定①，“慈善服务”是指慈善组织和其他组织以及个人基于慈善目的，向社会或者他人提供的志愿无偿服务以及其他非营利服务。慈善组织开展慈善服务，可以自己提供或者招募志愿者提供，也可以委托有服务专长的其他组织提供。

慈善服务包含了基于慈善目的的志愿服务，但志愿服务和慈善服务两个概念又不完全等同。《中华人民共和国慈善法》采用了“大慈善”的概念，慈善活动不仅包括扶贫、济困，扶老、救孤、恤病、助残、优抚，救助自然灾害、事故灾难和公共卫生事件等突发事件造成的损害，还包括促进教育、科学、文化、卫生、体育等事业的发展，防治污染和其他公害，保护和改善生态环境等②。因此，社区志愿服务组织所开展的志愿服务活动原则上均可纳入慈善活动的范畴。

基于此理解，作为慈善服务组织的社区志愿服务组织应具备如下特征：第一，以慈善为目的，旨在增进社会福祉，满足和维护公共利益；第二，以公信力为本，重视组织自身的透明度与开放性；第三，志愿服务活动和项目的开展遵循慈善项目管理基本制度和规范性要求。按照国际通行的分类，志愿服务可划分为“基础志愿服务”（Hands on Volunteer）、“技能志愿服务”（Skilled Volunteer）和“专业志愿服务”（Pro Bono Volunteer）三种③，当前的社区志愿服务组织大多以基础志愿服务为主。

在对社区志愿服务组织内在属性和特征进行深入分析和理解的基础上，进一步就社区志愿服务组织的主要功能作一阐释和总结（见表2）。

---

① 详见《中华人民共和国慈善法》第六十一条。

② 详见《中华人民共和国慈善法》第三条。

③ 《无用之用》，《公益时报》，2013年6月18日，http：//www.gongyishibao.com/newdzb/html/2013-06/18/content_6528.htm？div=-1。

表 2　社区志愿服务组织的主要功能

功能维度	具体描述
慈善服务功能	促进社区成员互助、自助服务体系建设 ——面向社区困难群体开展帮扶和关爱 ——提供多种形式的社区便民利民服务
社区教育功能	培养社区公共精神，促进人的全面发展 ——弘扬志愿文化，丰富社区文化内涵，提高社区居民生活品质与素养 ——推动志愿服务常态化，培育公民美德和社区公共精神
社区参与功能	搭建社区成员参与社区治理载体与平台 ——引导社区成员关心、参与社区公共事务和公益事业 ——挖掘、动员和整合社区内外多元资源 ——基于社区公共议题，促进社区协商与集体行动，拓展社区自治空间
社区融合功能	积累社区社会资本构建，促进社区和谐 ——增进社区成员之间的互动、连接与信任 ——促进志愿服务组织与社工、社区基金、社区其他机构之间的联动和协作

二、广州市志愿服务组织发展状况

按照《志愿服务条例》中的规定，“志愿服务组织”是指依法成立，以开展志愿服务为宗旨的非营利性组织。志愿服务组织可以采取社会团体、社会服务机构、基金会等组织形式。在《民政部关于做好志愿服务组织身份标识工作的通知》中提出①，对于名称中含有“志愿服务”“志愿者”“义工”等字样的社会组织，已经依法成立的，民政部门应于 2018 年 6 月 30 日前完成标识并公告；新成立的社会组织或者更名后的社会组织名称中含有上述字样的，民政部门在批准其成立登记或者更名时，同步予以标识并公告。截至 2019 年 12 月 31 日，在广州市、区两级登记注册的社会

① 《民政部关于做好志愿服务组织身份标识工作的通知》，http：//www.gov.cn/xinwen/2018-04/02/content_ 5279172.htm。

组织名称中含有“志愿服务”“志愿者”“义工”字样的社会组织共有106家[①]。

（一）志愿服务组织的成立时间

广州市登记注册的第一家志愿服务组织——广州青年志愿者协会成立于1995年。从2013年开始，志愿服务组织数量增长明显加快。数据显示，2013—2019年成立的志愿服务组织数量占全部数量的85.8%。其中，2015年和2016年登记注册的志愿服务组织数量最多，分别达到20家和21家（见图1）。

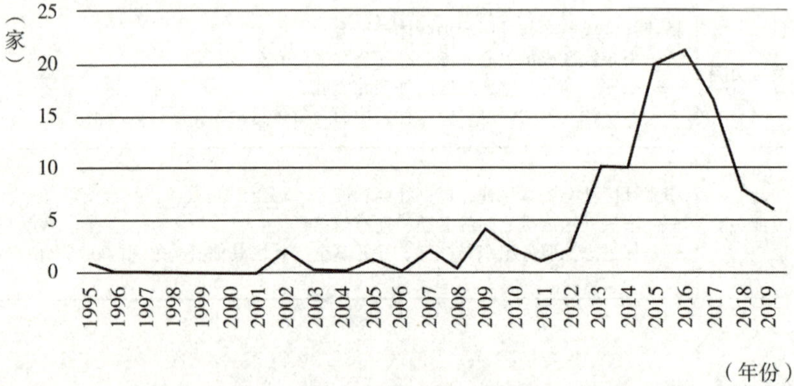

图1　广州市志愿服务组织成立时间

（二）志愿服务组织的区域分布

数据显示，在广州市本级登记注册的志愿服务组织有20家，占18.9%；在各区登记注册的志愿服务组织为86家，占81.1%。其中，在从化区登记注册的志愿服务组织数量最高，达到31家；其次为南沙区，数量为14家（见图2）。此外，志愿服务组织以社会团体这一组织形式为主，占全部数量的83%。

① 数据来源：广州市民政局社会组织信息平台，http://www.gzmz.gov.cn/gzsmzj/gznpo/gznpo_index.shtml。

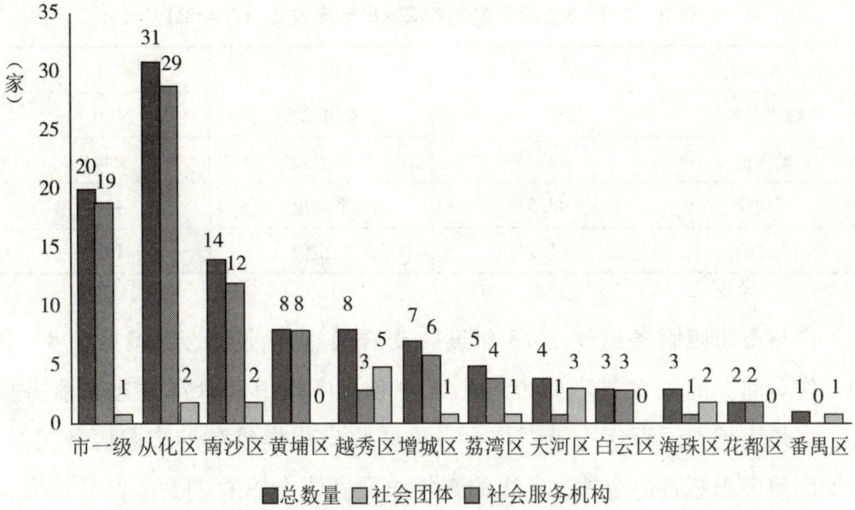

图 2　广州市志愿服务组织地域分布

（三）志愿服务组织的收支情况

根据广州市及各区社会组织公共服务信息平台的数据查询，106 家志愿服务组织中有 11 家查询不到 2018 年度工作报告，其中，广州市级 2 家、从化区 3 家、南沙区 2 家、黄埔区 2 家、增城区 1 家、花都区 1 家（6 家于 2019 年成立）。在余下的 95 家志愿服务组织中，有 43 家 2018 年度收支为零，包括广州市级 3 家、从化区 22 家、南沙区 7 家、黄埔区 2 家、越秀区 1 家、增城区 4 家、荔湾区 1 家、白云区 2 家、海珠区 1 家。

可查询到 2018 年度工作报告且年度收支至少一项非零的志愿服务组织共有 52 家。因此，研究着重对这 52 家志愿服务组织的财务数据进行分析。结果显示，广州市志愿服务组织 2018 年度收入总额为 2263.55 万元（N=52），平均每家 43.53 万元。在收入结构中，提供服务收入总额为 1437.58 万元，占全部收入的 63.5%。此外，2018 年度支出总额为 2130.41 万元，平均每家 40.97 万元（见表 3）。

表 3　广州市志愿服务组织 2018 年度收支（N=52）

收入情况	金额（万元）	支出情况	金额（万元）
收入总额	2263.55	支出总额	2130.41
最大值	460.89	最大值	380.94
平均值	43.53	平均值	40.97
中位值	11.24	中位值	10.86

广州市志愿服务组织 2018 年度收支规模排名前十的组织见表 4。其中，排名前三的依次是广州市志愿者协会、广州市和众泽益志愿服务中心、广州市越秀区青年志愿者协会。这些收支规模较高的志愿服务组织，除了广州市志愿者协会外，区级的青年志愿者协会以及妇女志愿者协会也排在前列。这些志愿服务组织得到来自民政局、团委、妇联等部门的直接支持力度也相对较大。

表 4　广州市志愿服务组织 2018 年度收支规模前十名

排名	志愿服务组织名称	收入总额（万元）	志愿服务组织名称	支出总额（万元）
1	广州市志愿者协会	460.89	广州市志愿者协会	380.94
2	广州市和众泽益志愿服务中心	267.67	广州市和众泽益志愿服务中心	260.21
3	广州市越秀区青年志愿者协会	157.43	广州市越秀区青年志愿者协会	169.48
4	广州市从化区青年志愿者协会	124.22	广州市越秀区暐杰志愿服务工作中心	133.73
5	广州市越秀区暐杰志愿服务工作中心	123.76	广州市天河区协创志愿服务中心	128.52
6	广州市天河区协创志愿服务中心	121.66	广州市从化区青年志愿者协会	125.61
7	广州市海珠区青年志愿者协会	116.73	广州市海珠区青年志愿者协会	110.78
8	广州市花都区青年志愿者协会	105.62	广州市妇女志愿者协会	91.70
9	广州市妇女志愿者协会	105.61	广州市花都区青年志愿者协会	80.68
10	广州市心丝带心理志愿者协会	87.52	广州市心丝带心理志愿者协会	77.96

（四）志愿服务组织的类型分析

考察广州市志愿服务组织的类型及项目活动开展情况，可以发现，不同类型志愿服务组织的运作和服务模式呈现出不同的特点（见表 5）。

表5　广州市志愿服务组织主要类型

组织类型	主要特征	示例
区域枢纽型志愿服务组织	一般是在民政、团委、妇联等部门的直接指导和支持下成立，在区域志愿服务中发挥枢纽、协调等作用	广州市志愿者协会、广州市越秀区青年志愿者协会、广州市妇女志愿者协会
综合服务型志愿服务组织	组织服务的领域和内容一般较为广泛，组织成员的构成较为多元	广州市蓝海豚志愿服务协会
专项服务型志愿服务组织	组织一般针对某一特定领域或主题开展志愿服务，服务内容较为聚焦	广州市科普志愿者协会、广州文艺志愿者协会、广州市天廷救援志愿服务队
社群互助型志愿服务组织	组织一般由具有相同需求或特征的人士自愿结合而成，搭建社群互助平台，开展互助服务	广州市稀有血型志愿者协会
社区型志愿服务组织	基于特定街镇或社区开展志愿服务活动，组织成员一般以当地居民为主体	广州市增城区爱心公社社区志愿中心、广州市荔湾区逢源街长者义工协会

1. 区域枢纽型志愿服务组织

这一类型的志愿服务组织一般以所在区域的“志愿者协会”“青年志愿者协会”“志愿者联合会”进行命名，共有16家。其中，有1家志愿服务组织在2018年度的收支均为0，有3家组织的收支规模过低。可以推断这4家组织基本没有运作，因此，在这里不纳入分析范畴①。对剩余12家枢纽型志愿服务组织的分析结果显示，2018年度的收入规模之和为1186.3万元（N=12），占广州市志愿服务组织（N=52）年度总收入的52.4%；年度支出规模之和为1037.1万元（N=12），占广州市志愿服务组织（N=52）年度总支出的48.7%。由此可见，枢纽型志愿服务组织在广州市志愿

① 根据2018年度工作报告中的财务数据，广州市白云区青年志愿者协会收支均填写为0；广州市荔湾区志愿者协会、广州市越秀区志愿者联合会、广州市志愿者联合会3家组织的年度收入均低于200元，年度支出均低于5000元。

服务组织体系中居于核心地位（见图3）。

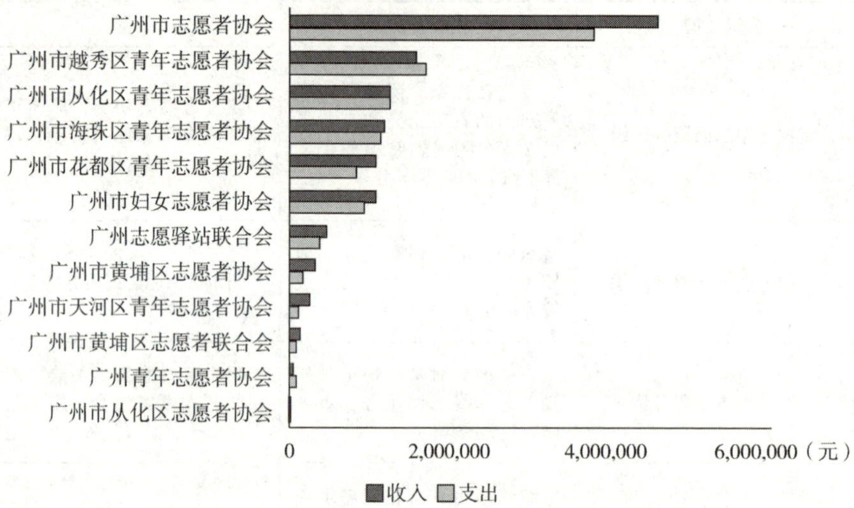

图3　枢纽型志愿服务组织2018年度收支规模

枢纽型志愿服务组织所开展的具体工作主要包括如下几个方面：

第一，大型活动志愿服务。如在春运、广交会、迎春花市、庙会、园林博览会、广州马拉松等大型活动或赛事中组织开展志愿服务工作。

第二，常态化志愿服务。通过建立志愿服务基地或策划志愿服务项目，面向长者、困境儿童等特定人群开展持续性的志愿服务。此外，也基于特定场所开展志愿服务，如文明出行引导以及在图书馆、公园和景点等开展引导等恒常化的志愿服务。

第三，培育和链接所在地区志愿服务团队。依托志愿服务驿站等阵地或开展志愿服务公益创投等活动，培育和支持多样化的志愿服务团队发展，包括专才志愿服务团队、高校志愿服务团队、企业志愿服务团队、社区志愿服务团队等。例如，广州市志愿者协会将培育专才志愿者队伍作为一项重点工作，还通过开展“文明广州”志愿服务公益创投活动及“青苗计划”社区志愿服务项目资助活动等，扶持优秀志愿服务项目和团队。

第四，搭建志愿服务平台，促进服务转介与资源对接。如广州越秀区青年志愿者协会在全区每个街道每月举办一期“社区志愿服务集市”；广州市志愿者协会发起建设广州公益“时间银行”志愿服务技术支撑平台。

这些线下、线上平台或网络的搭建有助于促进志愿者、志愿者团队、志愿服务需求以及社会多元资源之间的有效对接。

第五，开展能力建设。志愿者培训是各枢纽型志愿服务组织均会开展的重点工作。此外，诸如广州海珠区青年志愿者协会、越秀区青年志愿者协会还负责运营“Hi 公益部落”“创益工场”等公益组织培育孵化基地，能够为志愿服务团队提供更加立体的支持。

第六，志愿者激励评选和志愿文化传播。对志愿者、志愿服务团队等定期开展表彰也是各枢纽型志愿服务组织的工作之一。此外，这些组织也积极开展志愿精神和志愿文化传播等相关工作，促进社会公众广泛参与，为志愿服务发展营造良好的社会环境。

第七，一些枢纽型志愿服务组织也承接政府购买服务项目或申报广州市社会组织公益创投项目，并着力打造自身的品牌特色项目。如从化区青年志愿者协会承接“青年地带”的运营。

2. 综合服务型志愿服务组织

这一类型的志愿服务组织数量较多，但是每个组织的收支规模均相对较小。志愿服务的内容和所涉及的领域较为广泛，以开展短期性的志愿服务活动为主，组织的运营与管理也相对“松散”。但是，也有一些具有一定影响力的综合型志愿服务组织，如广州市越秀区暐杰志愿服务工作中心①、越秀区心秀职业志愿者协会、越秀区爱心志愿服务中心以及南沙区阳光快乐志愿者促进会等。

3. 专项服务型志愿服务组织

这一类型的志愿服务组织一般聚焦于某一特定领域开展服务，服务的主题和特色较为鲜明。其中，又包括两种类型的组织：一类是在政府部门或群团组织的指导支持下成立的志愿服务组织，如广州市科普志愿者协会、广州市城市管理志愿者协会、广州文艺志愿者协会等；另一类是由民间发起成立的志愿服务组织，如广州市心丝带心理志愿者协会、广州市天廷救援志愿服务队、广州市黄埔区创思维志愿服务队等。

① 详见广州市越秀区暐杰志愿服务工作中心官网，http：//wj999. org/index. aspx。

4. 社群互助型志愿服务组织

这一类型的志愿服务组织一般由具有相同需求或特征的人士为主体自愿结合而成，通过搭建社群互助平台，开展互助服务。例如，广州市稀有血型志愿者协会（以下简称广州“熊猫会”）在2018年组织了70余位志愿者参与稀有血型的救助，共献出25000多毫升的“熊猫血”[①]。这类组织将原本分散的特殊需要人士凝聚起来，类似的社群互助模式具有很强的生命力。

5. 社区型志愿服务组织

这一类型的志愿服务组织主要基于特定街镇或基层社区开展志愿服务活动，组织成员一般以当地居民为主体。如南沙区东涌镇志愿者联合会、增城区爱心公社社区志愿中心、荔湾区逢源街长者义工协会、白云区嘉禾望岗志愿者协会等。这类组织也是本研究关注的重点，在本报告随后的章节中将有详细的论述。

除了上述五类志愿服务组织外，资源型或资助型志愿服务组织数量虽然较少，但在志愿服务组织体系建设中能够发挥独特价值。如在2009年12月成立的广州市羊城志愿服务基金会[②]，通过持续资助优秀志愿服务项目、支持举办“首届粤港澳大湾区青年志愿服务组织交流会”以及开展广州志愿服务国际化发展调研等活动，有力地促进了广州市志愿服务专业化水平的提升。

三、广州市社区志愿服务活动开展状况

（一）社区志愿服务的制度环境

1. 社区志愿服务工作组织领导制度

2019年7月，广州市精神文明建设委员会印发《关于进一步加强广州

① 资料来源：《广州市稀有血型志愿者协会2018年度工作报告》。

② 根据《广州市羊城志愿服务基金会2018年度工作报告》中的数据，2018年度基金会总收入为382.6万元，其中，380万元来自政府补助收入；总支出为176.3万元（资料来源：https://www.gdnpo.gov.cn/home/Pubbase/indexhjshow1new/gd001905071664004）。

志愿服务建设的实施方案》，对志愿服务工作部门职责、志愿服务工作体系等进行了规划，明晰了志愿服务工作部门的职责（见表6）。其中，社区志愿服务工作由广州市民政局统筹推进。

表6　广州市志愿服务工作部门职责

部门	职责
市文明委	统筹规划、协调指导、督促检查志愿服务工作，市文明办负责日常统筹指导协调工作
市民政局	负责全市志愿服务行政管理工作，统筹推进社区志愿服务工作
团市委	负责青年志愿服务，并承担大型赛会、大型活动等集中统一行动的志愿服务工作
市委组织部、政法委、市直机关工委、市总工会、市妇联等	在各自的工作范围内组织做好志愿服务工作

2. 社区志愿服务工作体系与重点

2019年10月，广州市民政局印发《关于学习宣传贯彻习近平总书记志愿服务重要指示精神的工作举措》，对全市社区志愿服务工作的开展作了更为详细的部署，重点内容见表7。2019年12月，广州市委宣传部、广州市文明办印发《推进新时代文明实践志愿服务机制建设的实施方案》，强调“组建群众身边的志愿服务队伍”，鼓励街道（乡镇）、社区（村）根据条件组建志愿服务队伍，培育本地志愿服务骨干，开展群众乐于参与、便于参与的志愿服务活动。

表7　广州市社区志愿服务工作体系与重点

工作重点	主要内容
发展党员志愿服务队	鼓励各镇（街）、村（居）成立党员志愿服务队，鼓励引导党员成为社区志愿服务骨干，打造符合居民群众需求的志愿服务党建工作品牌
建设志愿服务站点平台	优化社区志愿服务站点建设，将社区学雷锋志愿服务站点、社工站志愿服务站点和社区社会组织联合会志愿服务站点全部纳入民政业务领域志愿服务站点范畴
打造直属志愿服务队伍	推动每个社区成立至少1支民政领域直属志愿服务队，纳入市、区志愿者协会直属队伍管理，也可由社工站管理
发挥志愿服务作用	探索形成“社会工作+公益慈善+志愿服务”工作模式 对接“广州街坊”平安志愿服务系统，鼓励引导直属志愿服务队参加平安志愿服务活动 各社工站每月组织开展不少于2次的常态化志愿服务活动

（二）社区志愿服务开展情况

本研究利用广州市社区服务中心、广州市志愿者协会在2019年末开展的广州社区志愿者问卷调查数据，对社区志愿服务开展情况进行分析。接受此次调查的志愿者覆盖广州市11个区①，最终获得1522个有效样本。样本的基本构成情况见表8。

表8 调查样本的基本构成情况

特征		数量（人）	占比（%）
性别	男	385	25.3
	女	1137	74.7
受教育程度	初中以下	110	7.23
	初中	337	22.14
	高中/中专/中技	380	24.97
	大专	391	25.69
	本科	284	18.66
	研究生	11	0.72
	其他	9	0.59
政治面貌	中共党员（含预备）	188	12.36
	其他	1334	87.64
职业	学生	415	27.26
	企业人士	206	13.54
	机关事业单位工作人员	38	2.49
	社会组织从业者	210	13.8
	离退休人员	296	19.45
	农业劳动者	24	1.58
	自由职业者	128	8.41
	个体户	51	3.35
	其他	154	10.12

1. 社区志愿者的组织化程度

调查结果显示，已在相关志愿服务信息管理平台注册的志愿者占调查样本的69.25%。广州市在志愿服务信息系统建设方面走在全国前列，“志愿时”、公益“时间银行”以及“i志愿”等为志愿者参与志愿服务、需求和项目对接等提供信息管理和支持。此外，关于志愿者是否加入各类志

① 样本地域分布：荔湾区151人、越秀区106人、海珠区148人、天河区184人、白云区154人、黄埔区127人、番禺区167人、花都区114人、南沙区144人、增城区176人、从化区30人，广州市以外21人。

愿服务团体的情况，调查数据显示，受访的志愿者中有 58.87%的志愿者加入了志愿服务团队。整体而言，广州的社区志愿服务者呈现出较高的组织化程度。

2. 社区志愿服务的主要领域

调查结果显示，广州市社区志愿者参与频率最高的志愿服务活动类型是“助老助残”“文明宣传”“大型活动”这三类服务活动，其参与比例均超过 40%。此外，“健康宣传”“扶贫济困”“禁毒服务”“交通疏导”“生态保护”等也有较高的参与率（见图 4）。总体而言，广州市社区志愿服务的活动领域较为多元。

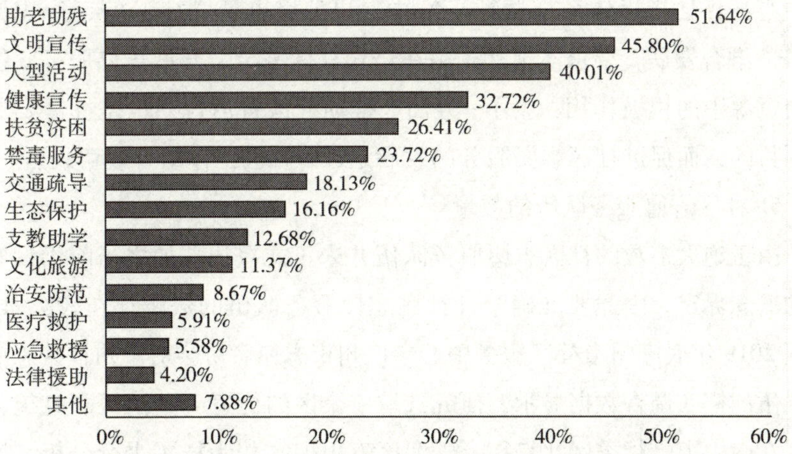

图 4　志愿者参与志愿服务活动类型

3. 社区志愿服务者的参与动因

诸多研究表明，志愿者是否参与志愿服务既与个人因素有关，也受到组织因素的影响[①]。调查结果显示，有 48.42%的受访志愿者参与志愿服务的时间在 1 年及以下，有 28.91%的受访志愿者参与志愿服务的时间在 1—3 年，22.67%的受访志愿者参与志愿服务的时间在 3 年以上。关于志愿者参与志愿服务的内在驱动因素，有 72.8%的受访志愿者选择了“能实实在在地帮助人”，有 59.59%的受访志愿者选择了“符合自己的兴趣”，有

① 陈锋、张网成：《志愿者参与更多志愿活动的影响因素——基于北京“志愿家庭”调查数据》，载《中国青年社会科学》2019 年第 5 期。

51.77%和40.28%的受访志愿者分别选择了“能学到东西”和“能发挥自身特长”。这一调查结果与国内外相关研究结论基本一致。例如，一项基于广东志愿者的调查研究表明①，志愿者参与志愿服务的动机结构由学习理解、职业发展、价值表达、自我提升、自我保护和社会交往六个维度构成。

4. 社区志愿服务活动的组织主体

调研结果显示，各街道社工服务站、依法登记的志愿服务组织是广州社区志愿服务活动的重要组织主体。其中，社工站的作用日趋明显。一方面缘于政策的推动，在2019年印发的《广州市社工服务站（家庭综合服务中心）评估指标体系（试行）》中，更加突出了“社工+慈善+志愿服务”的融合发展，要求体现社工站在培育社区基金、开展志愿服务、链接社会资源中的积极作用②；另一方面，推动社区自治自立也是社区发展的重要目的，而促进社区志愿服务的发展是社区社会工作的有效切入点。

5. 社区志愿服务队伍的数量

由于绝大多数的社区志愿服务队伍并未正式登记，加之当前仍没有统一的概念界定，因此要准确统计社区志愿服务队伍的数量存在较大难度。根据2019年底广州市社区服务中心、广州市志愿者协会对广州社区志愿服务队伍的摸底调查数据显示，研究选取4个区的街道（荔湾区彩虹街、海珠区江南中街、越秀区北京街、天河区五山街）作为样本进行分析，据不完全统计，城市社区平均拥有社区志愿服务队伍的数量为1.25支；研究同时也选取4个区的镇（增城区中新镇、从化区鳌头镇、番禺区石楼镇、南沙区黄阁镇）作为样本进行分析，据不完全统计，每个农村社区平均拥有社区志愿服务队伍的数量为0.26支。此外，特别值得关注的是，在已经统计的2256支社区志愿服务队伍中，在名称中直接包含“党员”“党群”等字样的占13.2%，带有“雷锋”字样的占4.8%。说明党建引领在广州市社区志愿服务队伍建设中发挥着日益明显的作用。

---

① 蒋巍：《中国志愿者服务动机结构研究——基于广东省志愿者的问卷调查》，载《中国青年研究》2018年第6期。

② 《广州市出台社工服务站评估指标体系》，金羊网，http://news.ycwb.com/2019-11/07/content_30379614.htm。

四、广州推进社区志愿服务的经验启示

（一）注重发挥党建引领社区志愿服务作用

党的十九大报告提出，要加强社区治理体系建设，推动社会治理重心向基层下移，发挥社会组织作用，实现政府治理和社会调节、居民自治良性互动。党建引领下的社区多元共治已成为当前基层社区治理创新的重要模式。在广州社区志愿服务推进过程中，特别注重发挥党建引领作用。2019 年，广州市委组织部印发《关于组织全市在职党员回社区报到并开展服务的通知》，推动全市在职党员回到社区报到，参与社区服务，实现“工作在单位、活动在社区、奉献双岗位”[①]。在此背景下，党员志愿者社区服务队数量增长较快，有力推动了志愿服务在社区的拓展。

（二）注重完善社区志愿服务制度供给

随着《志愿服务条例》的实施，广州主动适应志愿服务发展的新形势和新要求，积极探索志愿服务在打造共建共治共享社会治理新格局中的角色定位，优化作用发挥机制，不断完善制度供给，具体表现在如下四个方面：第一，机构改革后，各工作部[②]门的职责进一步明晰，并明确了由民政部门统筹推进社区志愿服务工作。第二，加快推进《广州市志愿服务条例》修订工作，突出广州志愿服务地方特色，全面提升志愿服务的法治化水平。第三，推进实施“社工+慈善+志愿服务”融合发展战略，将志愿服务作为基层社会治理体系和治理能力现代化建设的一项重要内容。第四，大力培育和扶持包括社区志愿服务组织在内的社区社会组织发展。早在 2016 年 11 月，广州市民政局就印发了《广州市民政局关于培育发展社区社会组织的意见》，将志愿者或义工协会等公益慈善类社区社会组织予以重点培育。

（三）注重搭建社区志愿服务支持平台

考虑到社区志愿者团队的非正式性、组织的相对松散性等特征，社区

---

① 胡莹莹：《广州实现镇（街）社会工作服务全覆盖，提供四方面专业服务》，《广州日报》2019 年 10 月 9 日。

② 《广州市民政局关于印发广州市民政局关于培育发展社区社会组织的意见的通知》，http：//www. gz. gov. cn/gzswjk/2. 2. 17. 1/201611/84ccecbfd8cf4df98f6f583219018ca4. shtml。

志愿服务支持平台的搭建就显得尤为重要。在广州的具体实践中，着力从三个方面予以推动。第一，在广州市出台的《关于改革社会组织管理制度促进社会组织健康有序发展的实施意见》中，明确提出到2020年全市实现每个镇（街）有1个社区社会组织联合会。截至2019年12月底，广州街镇社区社会组织联合会基本实现全覆盖。作为街镇层面的枢纽型社会组织，通过联合会作用的发挥，为社区志愿服务组织提供组织运作、活动场地、活动经费、人才队伍建设等方面的综合支持。第二，积极利用互联网，为社区志愿服务提供信息化支撑。2019年8月，广州公益“时间银行”正式上线。作为社会化运作的综合性志愿服务支撑平台，集志愿服务发布、志愿服务时数记录、志愿服务积分存储、积分捐赠和兑换等功能于一体，鼓励志愿者、志愿服务团队、企业等主体积极参与志愿服务，按照一定比例将志愿服务时数转换为时间积分，积分可用于兑换服务和物资，并倡导志愿者将时间积分捐赠给有需要的人兑换服务和物资，实现“二次公益”①。第三，整合多方资源，为社区志愿服务项目提供资金支持。2011—2019年，广州市志愿者协会持续实施“青苗计划”——社区志愿服务项目培育计划。2019年，共资助37个社区志愿服务项目的开展。其中，一类项目获得1万元资助，四类项目获得4000元资助②。项目实施对象涵盖社区老年人协会、社工服务站、大学生和企事业单位志愿服务队等。通过竞争性小额项目资助，一批有潜力、有特色的社区志愿服务项目得以落地实施，部分项目成为社区志愿服务的品牌项目。

（四）注重社区志愿服务与社工服务的联动

广州是国内最早推动专业社会工作发展的地区之一。当前已在172个镇街设立了201个社工站，包括182个镇（街）级社工站和19个社区级社工站，广州市基本实现了镇（街）社会工作全覆盖。每个社工站不仅有固定的服务场地、稳定的政府购买服务资金投入，而且有一定规模的专业社

① 资料来源：《广州公益时间银行正式上线　储存时间为爱“积分”》，广州文明网，http://gdgz.wenming.cn/gzjj/201908/t20190827_6022015.html，2019年8月28日。

② 资料来源：广州市志愿者协会官微。

工队伍。为了推动社区志愿服务与社工服务的联动，依托社工站设置社区慈善捐赠站点、公益“时间银行”志愿服务站等，为社区居民就近、就地参与社区志愿服务提供更加便捷的渠道。因此，社工站成为推动广州社区志愿服务规模化、常态化发展的重要载体和依托。与此同时，通过志愿者的参与以及社区本土资源的动员，也能够有效增强社工服务的延伸性和持续性，取得更好的服务效果。

五、广州社区志愿服务发展面临的问题与挑战

广州具有深厚的志愿服务文化基础。截至2019年2月，广州注册志愿者数量达255.3万人，居广东省第一①。党的十八大以来，基层社区治理的重要性越发凸显，打造共建共治共享社会治理格局成为国家治理体系和治理能力现代化建设的重要内容，加之《中华人民共和国慈善法》《志愿服务条例》等法律法规的陆续出台，为广州志愿服务事业的发展提供了重要机遇，特别是在社区志愿服务推动方面，广州进行了积极探索，取得了很多实实在在的成果，也为其他地区提供了可参考、可借鉴的经验。与此同时，在推进社区志愿服务发展过程中，也有一些问题值得特别关注。

（一）志愿服务组织整体发展水平偏低，对社区志愿服务的支持作用有限

截至2019年12月31日，在广州市、区民政部门登记注册的“志愿服务组织”一共有106家。其中，除了2019年新成立的6家组织以及未检索到2018年度财务报告的5家组织外，有43家组织在2018年度的收支为零。这一数据间接反映出志愿服务组织当前运营管理能力的不足，特别是在区级登记的组织这一问题更为突出。由此可见，诸多注册的志愿服务组织由于自身发展相对滞后，在志愿服务团队培育、志愿者能力支持、志愿服务项目规划、社会资源动员和链接、志愿服务活动管理等方面未能开展有效的工作，对所在地区志愿服务的带动和支持作用有限。

---

① 何雯飏：《广州注册志愿者超255万人居全省第一》，大洋网，http：//news.dayoo.com/guangzhou/201903/06/139995_52500699.htm，2019年3月6日。

（二）社区志愿服务组织数量不足、质量不高，培育机制亟待完善

近年来，随着社区社会组织在社区治理中的作用得到越来越多的重视，社区志愿服务组织的成长也在加快。但是，与社区日趋增长的志愿服务需求相比，社区志愿服务组织的发展仍显缓慢，主要表现在如下三个方面：第一，社区志愿服务组织的数量不足。在社区社会组织体系中，文化娱乐类组织所占比例普遍较高，而志愿服务、公益慈善类社区社会组织的发育度和活跃度较低。第二，已有社区志愿服务组织的活动碎片化，很多组织未形成常态化的服务机制。第三，对社区志愿服务组织的培育扶持、资金保障、协调联系等缺乏系统的政策支持。

（三）社区志愿服务模式创新不足，缺乏有影响力的社区志愿服务项目品牌

对于大多数志愿者和社区志愿服务组织而言，志愿服务项目的开发与策划是一大“短板”。对此，一方面应注重通过培训等方式提升志愿者的能力，但是受志愿者流动以及项目开发专业要求较高等因素影响，短期培训的效果有限；另一方面，可通过建立社区志愿服务“项目库”等类似方式，将服务需求度高、项目模式清晰、可操作性强、易于复制的志愿服务项目进行推广，降低一线组织志愿服务项目开发成本和专业门槛，逐步形成社区志愿服务规模化效应。在这方面，广州当前的探索与实践相对不足，社区志愿服务项目的品牌化程度偏低。

（四）社区志愿服务与本土资源的衔接机制不完善，资源呈结构性短缺状态

社区志愿服务组织大多未登记注册，也无专职人员，因此一般难以获得和承接诸如社会组织公益创投等对财务管理、项目管理有较高标准要求的项目。和其他社区服务一样，社区志愿服务的有效开展同样需要建立在相应的资源基础之上。作为建基于社区层面的志愿服务组织，来自本土资源的支持至关重要，这也是组织保持生命力、获得社区真正认同的根本所在。但是，当前社区志愿服务来自在地资源的支持明显不够，这一方面反映出社区志愿服务组织资源动员和整合能力的欠缺，另一方面也反映出社区资源衔接机制和平台建设的滞后。广州正在推进的“社区基金”期望实

现上述功能，但实际效果有待进一步观察。

（五）社区志愿者结构不均衡，保障和激励措施有待进一步强化

调查显示，社区志愿者当前以在校学生、离退休人员、社会组织工作人员为主，在社区也主要是开展基础志愿服务，而技能志愿服务及专业志愿服务的开展则相对较少，这与专才志愿者、行业志愿者的参与不足直接相关。此外，社区志愿者的保障和激励问题也值得特别关注。调查结果显示，有54.34%的受访志愿者认为非常有必要建立和完善志愿者激励办法与措施，特别是在志愿者保险购买、志愿者基本补贴提供、志愿者协议签订等方面需要进一步强化。

六、推动广州市社区志愿服务高质量发展的建议

社区志愿服务是中国特色志愿服务体系的重要组成部分。党的十九大报告要求推进志愿服务制度化，党的十九届四中全会提出健全志愿服务体系，习近平总书记对发展志愿服务事业也作出一系列重要指示，为社区志愿服务的发展指明了前进方向、提供了根本遵循。为了进一步促进广州社区志愿服务体制机制创新，为奋力实现老城市新活力、“四个出新出彩”，加快建设具有独特魅力和发展活力的国际大都市贡献更大力量，研究提出如下几点策略建议。

（一）社区志愿服务的战略定位与发展目标

1. 战略定位

根据中央对志愿服务发展的最新要求以及志愿服务国际发展趋势，充分考虑广州的城市定位与志愿服务发展实际，建议将社区志愿服务的战略定位确立为：广州“慈善之城”建设的基础工程、广州“幸福社区”建设的有机组成部分、服务群众“最后一公里”的重要形式和路径。

（1）社区志愿服务是广州“慈善之城”建设的基础工程。志愿服务是中国城市公益慈善指数的重要指标。广州将“慈善之城”建设纳入城市整体发展战略，打造“人人慈善为人人”的城市慈善发展样本。社区志愿服务是“家门口的公益”和“人人慈善”的重要体现，应作为“慈善之城”

建设的一项基础工程予以推进。

（2）社区志愿服务是广州“幸福社区”建设的有机组成部分。随着城市社区异质性的增加，不同社区的需求呈现更高的差异化。社区公共产品的属性也决定了社区公共服务的供给需要建立多元互动的合作机制[①]。其中，以社区成员为主体所开展的互助式的志愿服务或关爱服务在社区公共服务体系中具有不可替代的作用，应作为“幸福社区”建设的有机组成部分。

（3）社区志愿服务是服务群众“最后一公里”的重要形式和路径。在深入推进社会治理体系和治理能力现代化的进程中，广州市构建起“令行禁止、有呼必应”基层党建工作格局[②]，形成到基层一线解决问题的导向，打通社会治理的“最后一公里”。党员志愿者及党员志愿服务队正在成为社区志愿服务的先锋力量。因此，社区志愿服务应作为服务群众“最后一公里”的重要形式和有效路径。

2. 发展目标

基于对社区志愿服务战略定位的思考，本研究认为广州社区志愿服务的发展目标应以制度化建设为核心，健全和完善社区志愿服务体系，全面提升社区志愿服务的社会化、专业化、信息化和法治化水平，提高志愿服务工作在社区的覆盖面和深入度，推动广州成为具有国际影响力的“志愿之城”和“慈善之城”。

（二）社区志愿服务制度化建设的方向与重点

研究认为，广州推进社区志愿服务制度化应重点围绕六大制度建设展开，以期充分发挥社区志愿服务的慈善服务功能、社区教育功能、社区参与功能和社区融合功能。这些制度具体包括：社区志愿服务统筹协调制度、社区志愿服务组织培育制度、社区志愿服务活动管理制度、社区志愿服务资源保障制度、社区志愿服务激励制度、社区志愿服务统计制度。

---

① 王艳：《社区志愿服务组织与激励的制度分析》，载《社会》2003年第1期。

② 周甫琦：《“令行禁止、有呼必应”解决基层痛点，广州构建基层党建工作新格局》，《南方日报》2019年10月29日。

1. 社区志愿服务统筹协调制度

《志愿服务条例》出台后，广州市明确了由民政部门统筹推进社区志愿服务工作。与此同时，应充分发挥市、区两级登记注册的志愿服务组织的枢纽和平台作用，政社协同形成工作合力。建议在广州市民政局的指导下，由广州市志愿者协会牵头，联合其他志愿服务组织共同发起“社区志愿服务协作网络”或工作委员会，促进志愿服务组织在社区志愿服务中的协同合作与沟通交流。

2. 社区志愿服务组织培育制度

首先，需要进一步明确社区志愿服务组织的备案管理制度。建议按照广州市《关于改革社会组织管理制度促进社会组织健康有序发展的实施意见》的总要求，对社区志愿服务组织实行志愿服务组织“托管”或街镇备案管理。其次，建议建立社工服务站、志愿服务组织、社区社会组织联合会协同培育制度，发挥各自优势，为社区志愿服务组织的成长和发展提供立体、多元的支持。最后，建议编制社区志愿服务指导手册，研发线上培训课程，定期整理编写《社区志愿服务案例集》，提供鲜活生动、可推广性强的社区志愿服务实践案例，加强社区志愿服务组织和志愿者的能力建设。

3. 社区志愿服务活动管理制度

鼓励社区志愿服务组织结合所服务地域实际需求和志愿者兴趣、专长，开展多样化的社区志愿服务项目活动。依托社区公共服务空间载体，建立覆盖广泛、连通基层的社区志愿服务站点网络。与此同时，建议探索建立广州社区志愿服务“项目库”，遴选服务模式清晰、可操作性强的项目，并保持动态更新，通过项目资助或“配捐”等方式进行推广，打造广州社区志愿服务品牌矩阵，逐步形成规模化效应，增强社区志愿服务的社会影响力。

4. 社区志愿服务资源保障制度

社区志愿服务事业的可持续发展需要建立在一定的资源基础之上，社区志愿服务的性质又决定其主要资源应来源于所服务地域。因此，首先建议广州继续推动“社区基金”的设立和发展，为社区志愿服务项目活动的开展提供相对持续稳定的资助；其次，应引导和支持社区志愿服务组织主动创新资源募集模式，利用社区慈善捐助站点、互联网公募平台等载体，面向社区成员开展常态化募捐；最后，优化“青苗计划”——社区志愿服务项目资助模式，重点资助社区技能志愿服务及专业志愿服务项目，发挥资助对社会资源的杠杆撬动效应，扩大资助资金规模。

5. 社区志愿服务激励制度

严格落实《志愿服务条例》的相关规定，在开展社区志愿服务的过程中，充分保障志愿者各项合法权益。与此同时，建议充分利用广州公益“时间银行”等志愿服务信息管理平台，准确记录志愿服务时数，科学评估社区志愿服务价值，建立以精神激励为主、政策优惠和物质激励为辅的社区志愿服务激励回馈制度。此外，应特别注重志愿服务的社区增能效用，激励社区边缘或弱势社群参与社区志愿服务活动，建立自尊自信，实现自我价值，促进社会融合。

6. 社区志愿服务统计制度

基于大数据思维和方法，探索开发市域层面的社区志愿服务信息统计与分析评估制度，建立社区志愿服务统计指标体系，定期发布广州社区志愿服务发展报告，为民政等政府部门决策和社区志愿服务行业发展提供科学参考。

（三）社区志愿服务的发展模式与可能路径

党的十九届四中全会提出完善党委领导、政府负责、民主协商、社会协同、公众参与、法治保障、科技支撑的社会治理体系。社区志愿服务作为公众参与社会治理的重要形式，在营造共建共治共享社会治理格局中能够发挥重要作用。按照志愿服务的定义，志愿服务的主体包括志愿者、志愿服务组织和其他组织，志愿者可以参与志愿服务组织开展的志愿服务活动，也可以自行依法开展志愿服务活动。为了推进社区志愿服务制度化、常态化发展，本研究重点关注通过社区志愿服务组织开展志愿服务，并对社区志愿服务发展模式与可能路径进行初步勾勒（见图5）。

如下图所示，本研究根据社区志愿服务驱动力的不同，将社区志愿服务划分为五种发展模式：“社工+志愿者”联动模式、志愿服务组织驱动模式、枢纽组织培育引导模式、社区领袖引领模式（如社区党员志愿服务队等）、专业志愿者支持模式。在这里需要特别说明的一点是，上述五种模

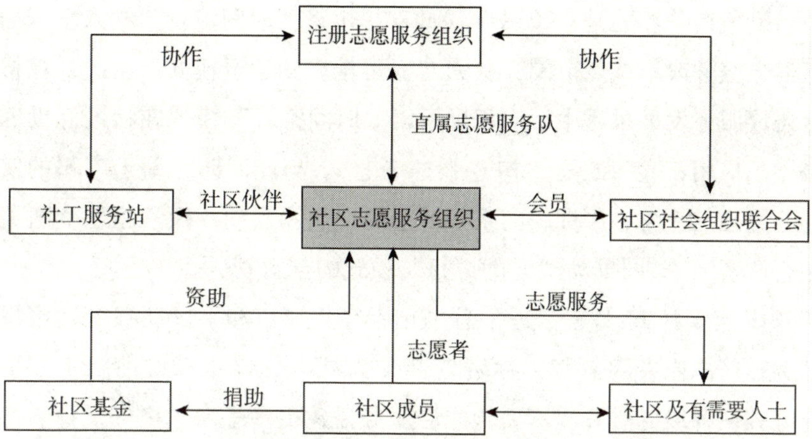

图5 社区志愿服务发展模式简图

式根据社区志愿服务组织发展的不同阶段可相互衔接、转换或整合。五种模式的具体运作机制见表9。

表9 社区志愿服务发展模式

发展模式	运作机制
“社工+志愿者”联动模式	社工服务站将社区志愿服务纳入整体服务规划，依托社工站的服务资源，专业社工协助组建社区志愿服务团队，赋能社区，并对志愿服务项目活动策划、资源链接等予以支持。社工与志愿者实现双向互动，构建常态化的社区互助服务体系
志愿服务组织驱动模式	正式登记注册的志愿服务组织重心向下、服务下沉，基于自身服务特色，促进直属社区志愿服务队的成长，推动社区特色型、专业型志愿服务的开展，并为社区志愿服务队提供业务指导、组织管理、志愿者能力建设以及必要的资源支持和保障
枢纽组织培育引导模式	镇（街）社区社会组织联合会发挥基层枢纽平台功能，整合当地多元资源，依托社区公共空间，建立社区社会组织综合服务平台和培育机制。为社区志愿服务组织提供党建指导、资金扶持、财务托管、人员培训、政策协调等相关服务
社区领袖引领模式	在城乡社区党组织的领导和支持下，以党员志愿者等热心公益、具有一定威信的“社区领袖”为发起人或核心骨干，发挥模范带头作用，整合社区内外资源，带动社区居民参与，推动社区志愿服务发展，助力解决社区群众面临的“急难愁盼”问题
专业志愿者支持模式	专才志愿服务团队或专才志愿者在社区开展专业性较强的志愿服务活动，并逐步带动社区有特长、有专业技能的居民参与志愿服务，开展多样化、常态化的社区便民活动

特别值得关注的是，2018 年民政部提出将“时间银行”纳入全国居家社区养老服务改革试点范围，探索建立可推广的运行模式。因此，在推进社区志愿服务发展过程中，应积极探索“时间银行”模式在社区互助养老服务中的应用，大力鼓励“初老服务老老”。与此同时，基于广州的实践经验，加强与上海、深圳、南京等城市的交流和互动，探索建立全国“时间银行联盟”，共同推动“时间银行”模式的创新发展。

2019 年 1 月 17 日，习近平总书记考察天津市和平区新兴街朝阳里社区，为社区志愿者们点赞，称赞他们是为社会作出贡献的前行者、引领者，并强调各级党委和政府要为志愿服务搭建更多平台，更好发挥志愿服务在社会治理中的积极作用[①]。社区志愿服务是中国特色志愿服务体系的重要组成部分，广州作为中国志愿服务发源地之一[②]，志愿服务事业一直走在全国前列。在深入学习贯彻习近平总书记志愿服务重要指示精神之际[③]，研究和推动新时代广州社区志愿服务发展具有重要的理论价值和现实意义。随着社会建设的深入推进，社区志愿服务必将在营造共建共治共享社会治理格局中展现更大的作为，发挥更加重要的作用。

① 《习近平在天津考察》，新华网，http：//www. xinhuanet. com/politics/2019－01/18/c_1124009647. htm，2019-01-18。

② 涂敏霞、陈建霖、沈杰：《广州志愿服务组织发展报告（2018）》，社会科学文献出版社，2018 年。

③ 《民政部关于学习宣传贯彻习近平总书记志愿服务重要指示精神的通知》（民函〔2019〕81 号），http：//www. gov. cn/xinwen/2019-08/02/content_ 5418265. htm，2019 年 8 月 2 日。

第二部分

专业发展篇

社会工作、志愿服务、慈善融合发展路径研究

——基于广州市的实践

李锦顺[1]　张　肖　王志强

摘要： 在党和政府的指导下，我国社会建设取得了显著成效。社会工作、志愿服务和慈善在参与公共服务建设中发挥着越来越重要的作用。在服务于国家发展和社会治理的过程中，社会工作、志愿服务与慈善可以优势互补，强强联合，加快推进国家发展和社会治理的进程。

本研究通过对社会工作、志愿服务与慈善的研究，分析三者融合发展的政策保障、法治保障，融合发展的必要性和可行性，根据广州市社会工作、志愿服务与慈善融合发展的经验，并参考全国其他地区三者融合发展的经验，结合融合发展过程中出现的问题，进而得出社会工作、志愿服务与慈善融合发展路径——个体融合层面、理念手法融合层面、资源融合层面、组织融合层面、项目融合层面、环境融合层面、战略发展融合层面等7个层面的融合，有效推动社会工作、志愿服务、慈善融合发展，共同打造共建共治共享的社会治理新格局。

关键词： 社会工作　志愿服务　慈善融合　发展路径

一、研究背景

党的十八大以来，习近平总书记对弘扬雷锋精神、发展志愿服务事业

[1] 李锦顺，华南农业大学公共管理学院社会工作系党支部书记、副主任，广东省惠诚社会工作评估中心理事长。

作出一系列重要指示。习近平总书记强调，志愿服务是社会文明进步的重要标志，是广大志愿者奉献爱心的重要渠道；志愿者事业要同“两个一百年”奋斗目标、同建设社会主义现代化国家同行。[①] 党的十九届四中全会通过的《中共中央关于坚持和完善中国特色社会主义制度、推进国家治理体系和治理能力现代化若干重大问题的决定》中，明确提出“发挥群团组织、社会组织作用，发挥行业协会商会自律功能，实现政府治理和社会调节、居民自治良性互动，夯实基层社会治理基础”。2019 年 4 月 2 日，在北京召开的第十四次全国民政会议上，传达了习近平总书记的重要指示：要大力发展社会工作和慈善事业，弘扬志愿服务精神，人人参与、人人尽力，使社会大家庭更加温馨和谐。2020 年 5 月 22 日，国务院总理李克强在作政府工作报告时说，围绕保障和改善民生，推动社会事业改革发展，加强和创新社会治理，完善社区服务功能，支持社会组织、人道救助、志愿服务、慈善事业等健康发展。

以上习近平总书记对社会工作、志愿服务、慈善工作的重要论述和国家创新社会治理，提倡社会协同为社会工作、志愿服务、慈善的融合发展提供了政策保障。《中华人民共和国慈善法》《志愿服务条例》《广州市社会工作服务条例》等法律法规的发布和通过，为社会工作、志愿服务和慈善的融合发展，提供了法治保障，使得三者的融合发展有法可依。

近年来，全国各地的社会工作、志愿服务、慈善得到了快速发展，然而，社会工作、志愿服务和慈善在各自的发展过程中都面临着较多的挑战，社会工作面临的挑战主要在于资源来源单一，过度依赖政府、服务内卷化，出现“选择性”服务及指标化和活动化，服务供给能力不足三个方面；志愿服务面临的挑战主要包括志愿服务专业水平有待提升、志愿服务管理有待改善、资金保障不足及人员稳定性不高四个方面；慈善面临的挑战主要包括慈善组织伦理建设滞后、慈善行业人才培养系统性不强及慈善资源投放不精准三个方面。基于三者面临的挑战，有必要将三者进行优势互补，融合发展，才能有效回应各自遇到的挑战。

① 《民政部关于学习宣传贯彻习近平总书记志愿服务重要指示精神的通知》（民函〔2019〕81 号）。

社会工作、志愿服务和慈善在各自的发展过程中体现出的优势，使得社会工作、志愿服务、慈善的融合发展更具可行性。具体体现在社会工作的专业优势：专业的价值和伦理优势、专业知识理论优势、专业实践优势；志愿服务的协同优势：志愿服务广泛的群众基础、强大的号召力和影响力、突出的行动力和执行力、明显的低成本性以及慈善的资源优势。

二、广州市社会工作、志愿服务、慈善融合发展的现状

（一）发挥社会工作专业优势，推动三者融合发展

2019 年《广州社会工作服务大数据报告》显示，广州登记在册的社工机构 381 家，在广州从业的社会工作服务从业者达 10950 人，广州全市通过国家职业水平评价考试的人员总计 20840 人，占全省持证社工的 20%，居全国前列。截至目前，广州设立社工站 201 个，专项社会工作服务项目 14 个，每年开展社工服务超过 300 多万人次。2015 年以来，广州社工每年募集社会资源价值约为 1.58 亿元至 2.13 亿元，培育志愿服务队伍上千支，形成了较为完善的“社工+志愿服务+慈善”的融合发展体系。

1. 夯实社工服务阵地

广州市坚持以需求为导向，以社工站为依托，更好地发挥社工站发现需求快、链接路径熟、提供帮扶准的专业优势。一是政策指引，激发社工能动性。广州市先后出台了《广州市社工服务站（家庭综合服务中心）管理办法》《广州市社工服务站（家庭综合服务中心）评估办法》《广州市社工站服务清单指引》等系列政策文件，将链接慈善资源、开展济困帮扶、培育志愿组织、开展志愿服务，纳入社工站评估指标体系，激发社工的主观能动性。二是三社联动，提升服务精准性。广州市完善优势主导型“三社联动”机制，建立“一社区一社工”制度，引导社工扎根社区、走家串户，挖掘困难群体需求、建立服务对象台账、制定服务清单、绘制资源地图，打通慈善、志愿服务资源精准对接通道，解决慈善、志愿服务资源匹配度不高、精准性不强、可及性不畅等问题。

2. 培育融合发展品牌

广州市调整确立社工站“113X”服务模式，合理设置核心项目、重点项目、基础项目、特色项目，开展“一月一主题”社工服务活动，以需求为导向，策划培育“微心愿”“爱心待餐”“旧楼加装电梯”“爱蕾行动”“爱在跌倒前”等集慈善、社工、志愿服务于一体的特色公益慈善品牌项目，调动多方社会资源，把原来分散的慈善、志愿服务力量集中起来、优化组合，引导慈善、志愿服务资源聚焦脱贫攻坚、聚焦特殊群体、聚焦群众关切，为困难群体构建慈善、社工、志愿服务三重服务支持网络。

3. 拓宽融合发展渠道

广州市深化“社工+”战略，建立完善“社工+慈善”工作机制、“社工+志愿服务”协作机制，利用社工站平台设置社区慈善捐赠站点、公益“时间银行”志愿服务信息系统，积极培育社区基金、培育社区志愿服务组织，实施社会组织“公益创投”、政府资金“以奖代补”，积极扩宽资源渠道，广泛调动慈善、志愿服务资源，形成多元参与的工作格局。

（二）发挥志愿服务协作优势，推动三者融合发展

广州市引导志愿者积极参与社会公益事业和共建共治共享社会治理，着力打造服务平台、信息平台和资源平台，发挥志愿服务的协作优势，推动社会工作、志愿服务、慈善融合发展。截至目前，广州市注册志愿者超过 297 万人，注册志愿服务组织及团体 12358 个，文明实践志愿服务队伍 880 支，累计奉献志愿服务时数 5777 万小时，人均服务时间近 20 小时，“一起来，更精彩”的志愿服务口号深入人心，志愿服务蔚然成风。

1. 着力搭建服务平台。一是依托慈善地标、社工服务站等平台，引导社区志愿者、志愿服务组织、志愿服务工作者发挥人数多、热情高、来自群众、贴近群众的优势，配合专业社工，积极发掘、反馈和响应社区服务需求。二是以公益慈善为切入点，通过专业社工联系引导，在慈善资源的支持下，以特长或专业在社区从事志愿服务，助力社区居家养老、困境儿童关爱、特困人员和家庭救助等民生保障工作，不断丰富和深化社区服务的内容和形式。

2. 着力打造信息平台。一是广泛推广广州公益“时间银行”。联合政

府、市场、社会力量资源，通过信息化、智能化手段，聚焦脱贫攻坚，聚焦特殊群体，聚焦群众关切，精准对接养老服务、社区治理、扶贫济困等民生服务热点、难点问题，实现志愿服务需求、服务、资源的有效对接，并健全完善广州公益“时间银行”积分捐赠兑换、服务需求发布对接等功能机制，倡导志愿者将时间积分捐赠给有需要的人兑换服务和物资，实现“二次公益”，为爱加分。二是推动广益联募等慈善互联网服务系统互联互通。通过专项模块开发、公益产品定制、开设月捐项目等方式，积极联动各社工站线上平台，提供资源，引导志愿服务组织进行项目化运作。

（三）发挥慈善的资源优势，推动三者融合发展

2017 年，广州在全国率先启动创建“慈善之城”，四年多来，坚持“慈善为民”的核心理念，并借助“慈善+”发展战略，通过开展“慈善+互联网”“慈善+运动”“慈善+民俗”等系列活动，让公益慈善融入市民的日常生活，营造了人人参与慈善的良好社会氛围，激发了全社会参与慈善的热情。

1. 搭建资源对接平台。一是印发了《广州市实施“社工+慈善”战略工作方案》，配套印发《广州市慈善会社区慈善基金合作服务指引（试行）》和《广州市慈善会社区慈善捐赠站点合作服务指引（试行）》，推动慈善、社工、志愿服务高质量融合。二是通过慈善平台，在社区设立慈善基金、社区慈善捐赠站，将慈善资源下沉社区，推动社区资源融合，目前全市已设立社区慈善基金 93 个，已设立 201 个社区慈善捐赠站。三是运用社区慈善捐赠站平台，推动社区志愿服务工作，鼓励社区居民自愿以自己的时间、知识、技能、体力、财力等参加所在社区的志愿服务活动。同时，广州市推动建成慈善标志 236 个，为社会工作、志愿服务提供日常活动场所。

2. 开放公开募捐权限。《中华人民共和国慈善法》的出台实施，要求登记或认定为慈善组织，获得公开募捐权限后，才能开展公开募捐。一是广州市鼓励慈善组织开放公开募捐权限，开展联合募捐。二是广州市自 2016 年打造广益联募平台，入选民政部首批全国慈善组织互联网公开募捐信息平台，成为全国唯一入选的慈善会信息平台。其开设善捐、善助、善

品、善行、善知五大板块，为社会工作、志愿服务切实提供募捐平台。

3. 资助社会服务开展。慈善汇集社会爱心资源，为社会工作、志愿服务提供资助。一是通过开展广州市福彩公益慈善项目大赛、广州市社会组织公益创投活动、广州市社区公益微创投项目等形式，直接资助优秀的社工服务、志愿服务项目。二是通过慈善资金购买医务社工等社工岗位，提供社工就业机会。三是开展善知学园、“慈善之城”系列培训等为社工、志愿服务输入慈善知识，提高其服务技能。四是通过开展慈善医疗救助、福彩及时雨、珠珠救助平台等社会救助项目为社工服务对象提供资助资金。五是结合社工站“113X”模式，打造“社工+慈善”品牌服务，通过社区慈善基金为社工、志愿服务社区项目提供资金支持，已开展耆乐安居长者居家安全改造项目、“微心愿·善暖羊城”项目。

三、全国其他地区开展社工、志愿服务、慈善融合发展探索

除了广州，深圳、上海、成都等地区也在积极探索社会工作、志愿服务、慈善的融合发展，结合各自发展状况，形成了各具特色的发展经验。

深圳市出台社会工作发展的“1+7”文件，率先探索“社工+义工”的双工联动模式。目前，深圳市通过“社工引领志愿者，志愿者带动各方”的双工联动模式以及慈善生态系统建设推动了社会工作、志愿服务、慈善融合发展。

上海市把回应需求作为社会工作发展的内驱动力，坚持职业化、专业化并举，发挥政府、高校、社会组织合力优势，不断完善社会工作发展路径，为社会工作、志愿服务、慈善融合发展提供了专业保障。在慈善服务方面，实现了慈善组织网络全覆盖，有力促进解决社区问题，推动社区发展，为社会工作、志愿服务、慈善融合发展提供了平台。此外，还探索形成了“两工联动”机制，采用“社工引领义工（志愿者）开展服务，义工（志愿者）协助社工改善服务”的运行机制，充分发挥社工的专业优势，充分调动志愿者的积极性，整合慈善资源，推动社会工作、志愿服务

与慈善的融合发展。

成都市大力探索和创新“三社联动”机制实践和创新，探索出“社区发现需求、社会组织开发项目、社工提供专业服务、政府予以财力保障”的“三社联动——成都模式”，按照“政府推动、社会实施、公众参与、专业运作”的思路，完善成都慈善工作政策体系，培育发展慈善组织，推动社会工作、志愿服务、慈善三者的融合发展。

四、社会工作、志愿服务、慈善融合发展中出现的问题

（一）社会工作、志愿服务、慈善合作环境有待优化

随着国家与社会治理现代化步伐的加快和共建共治共享社会治理新格局的建设与完善，社会工作、志愿服务和慈善的发展上升到社会治理层面，受到了党和政府更多的重视。由于我国正处于社会主义初级阶段，各地区经济发展水平存在差异，资源禀赋不一，社会工作、志愿服务和慈善在我国发展程度水平不一，服务机制搭建及政策支持力度的程度差异较大，缺乏融合发展的政策环境，较难实现三者的融合发展和互利共赢。

因此，要实现社会工作、志愿服务、慈善高质量融合发展，创新和完善社会治理格局，就需要大力优化合作发展环境，明确新时代下三者融合发展的定位，坚持以人民为中心的发展思想，敢于负责，勇于担当，注重平台搭建和资源整合，加强构建三者融合发展的制度体系及发展机制，如加强制度设计、加大政府购买服务、建设服务平台、促进部门联动和资源整合，加强服务队伍规范化管理。同时，要发挥地方合作优势，加强地域间民生社会事业对接合作，实现民生领域的互联互通和合理有序流动，探索社会工作、志愿服务、慈善融合发展下的理论与实践创新，共同营造共建共治共享的社会治理新格局。

（二）社会工作、志愿服务、慈善工作理念和手法的差异

社会工作、志愿服务、慈善有各自的发展重心，工作理念和手法的差异对社会工作、志愿服务、慈善融合发展有一定的影响。

志愿工作具有志愿性、无偿性、公益性、组织性四大特征，志愿服务

的精神是奉献、友爱、互助、进步，强调爱心、助人，利用自己的业余时间和精力帮助他人，对服务的专业性和有效性没有明确的要求。随着时代的发展，志愿服务也越来越强调志愿者的专业背景与所服务领域专业需求的契合，更加强调志愿服务的成效。

慈善是对人的关怀，特别是对困难群体的关怀。慈善是一种助人的社会活动，出发点是施助者的爱心和同情心，所提供的帮助多是单纯的物质、资金等帮助，保障的是困难群体的基本生活，在助人过程中，施助者扮演的更多是支持者的角色。

社会工作强调助人自助的服务理念，不仅关注服务对象当前困境的解决，更注重服务对象个人能力的提升和社会功能的发展，既注重个人的改变，又注重社会环境的改善。社会工作的工作过程，强调施助者和受助者的互动关系，社会工作者不仅扮演着支持者的角色，还扮演着影响者的角色，帮助服务对象提升自我能力，挖掘自我改变的潜能，实现助人自助。

社会服务实践中，社会工作、志愿服务、慈善同根同源，既可以相互独立，也可以融合发展。在构建基层社会治理格局中，要做到对社会工作、志愿服务、慈善认识准确、导向明确、支持精准，促进社会工作、志愿服务、慈善工作理念及手法的互鉴共通，并在此基础上各取所长、融合发展，协同解决社会问题，助力打造社会治理新格局。

（三）社会工作、志愿服务、慈善从业人员素质有待提升

加强社会工作、志愿服务、慈善融合发展，人才队伍建设是关键。需要着力提高人才队伍专业化水平，建立常态化教育培训机制，打造高素质的专业化服务队伍，夯实社会服务实现创新融合发展的基础。

近年来，我国社会工作人才得到了快速发展，高校培养的社工专业毕业生和通过社会工作职业资格考试的人员不断增多。但是社会工作从业人员相对年轻，实务经验相对有限，加上较高的社工流动率和近年来行业准入门槛的降低，使得从业人员整体素质受到一定的影响。

志愿者是志愿服务的主体，在志愿者广泛参与志愿服务的过程中，存在着活跃志愿者比例下降、志愿者缺乏必要的培训、志愿服务管理运作不规范、缺乏激励制度等情况，使得志愿者的人员素质和能力有待进一步提

升。如部分志愿者只是单纯做好事，对服务内涵没有深刻了解，缺少专业服务理念的指导，不能为受助者提供行之有效的服务，这些均是志愿服务当中亟待改进的问题。

慈善组织由于缺乏系统的学历教育和职业准入机制，慈善工作人员水平参差不齐，部分慈善组织专职人员少、工作人员老龄化较为严重，缺乏系统的慈善领域专业知识和技能的培训，救助方式和工作方法单一，影响了慈善服务的工作成效。

（四）社会工作、志愿服务、慈善主体优势发挥不足

社会工作、志愿服务、慈善分别在社会系统中发挥着积极主动的作用，从专业角度上看，发展社会工作、志愿服务、慈善事业，需要依据各自不同的社会功能有所侧重。但着眼于宏观，在解决相对贫困和社会治理的长效机制建设中，则更应该强调融合发展，发挥三大主体独特优势，系统性、根本性地解决社会问题。例如针对困难群体，应该建立扶贫、扶志、赋能相结合的长效帮扶机制，使其从根本上摆脱贫困。

目前来看，社会工作、志愿服务、慈善彼此之间相对来说缺乏应有的默契。一方面，志愿者的专业技能所长与志愿服务需求之间对接不足，加上社会工作对志愿服务的指导作用发挥得并不明显，使得志愿服务难以有效聚焦解决社会难点、热点问题；另一方面，慈善服务更多关注各地慈善总会、基金会的筹款募捐上，聚焦于物质帮扶，对物质支援之外的需求关注较少，也缺乏与社会工作、志愿服务组织的信息对接，影响了慈善服务的成效。

因此，需要建立社会工作、志愿服务、慈善协调一致的运作机制，从信息、资源、人员到管理进行全方位无死角的对接，发挥社会工作、志愿服务、慈善各自的主体优势，才能有效实现“1+1+1>3”的协同效应，推动社会工作、志愿服务、慈善的融合发展。

五、社会工作、志愿服务、慈善融合发展的路径

（一）个体融合层面

相比志愿服务与慈善，社会工作具有系统的理论知识体系和专业的人才培养体系，专业化水平更高；同时，志愿服务和慈善也开展了相关的服务人才培养工作，提升了服务的专业化水平。但随着社会的快速发展，更多的社会问题凸显出来，在推进社会治理的过程中，国家和社会对社会工作、志愿服务和慈善的专业化水平提出了更高的要求，开发三者融合发展的岗位设置，推动三者在个体层面的融合。

1. 提升社会工作人才的能力

一方面，强化社工实务和理论知识的学习和训练，其中，针对新入职的社工，需要在实务过程中应用所学的专业理论、方法与技巧，将理论和实务相结合，提升自身专业服务能力；针对实践经验丰富但非社工专业出身的社会工作者，可以通过参加行业协会培训、社工组织培训、自我学历深造等方式，强化对社会工作理论的学习。另一方面，社会工作者需要学习慈善服务、志愿服务的相关理论和方法，参与到慈善服务和志愿服务的实践中，成为精通社会工作、志愿服务和慈善的专业人才。

2. 强化慈善服务人才的培训

一方面是加强组织管理、项目管理、志愿者管理等方面的培训，提高慈善服务的专业化水平；另一方面进行社会工作理念和理论的培训，了解社会工作和志愿服务的情况，为实现社会工作、志愿服务和慈善的融合发展奠定基础。

3. 加强对志愿者的多层次培训

以志愿服务技能和社会工作、慈善服务、志愿服务的基本知识为重点，把通用性培训和特定专业技能培训相结合，采用游戏、小组、沙龙、团建等不同的方式，建立志愿者入门培训、阶段性培训和临时性培训相结合的多层次培训体系，提升志愿者的服务能力，包括服务策划技能、服务对象沟通技巧、服务风险管理等。

4. 推进志愿服务骨干的培育

在社会工作、志愿服务和慈善融合发展的过程中，志愿者骨干连接着社工和普通志愿者，链接着社区慈善资源，发挥着重要的纽带作用。一方面志愿服务骨干可以协助社工联系、沟通志愿者，做好志愿者的管理和社区慈善资源的动员工作；另一方面志愿服务骨干自身的行动与状态，都能影响和带动整个志愿者团队的发展。

5. 推动志愿者向社会工作者的转型

志愿者是社会工作者的潜在来源，目前已有不少志愿者在志愿服务的过程中对社会工作感兴趣，考取社会工作资格证书转型为职业社工，其独特的经历能有效推动社会工作、志愿服务和慈善的融合发展。社会工作者可以因势利导，推动志愿者特别是骨干志愿者向社会工作者的转型，壮大社会工作服务队伍。

6. 增加三者融合发展岗位的设置

目前不少政府部门和群团组织增设了社会工作、志愿服务、慈善等不同的工作岗位，在条件允许的情况下，建议考虑增加社会工作、志愿服务、慈善融合发展岗位的设置，或将原有的岗位转变为三者融合发展的岗位，提升岗位工作人员的职业素质，推动社会工作、志愿服务和慈善的融合发展。

（二）资源融合层面

基于专业优势和资源限制，目前的社会工作项目倾向于小而美的服务，为服务对象提供深入的服务，但项目服务的地域性特征明显，单个项目服务的人群有限。而慈善项目基于专业情况和资源优势，所开展的服务地域分布广阔，所服务的人群数量多但服务深度有限，同时服务类型也相对单一。社会工作与慈善的项目融合发展，则能有效反映二者在服务上的不足，并扩大服务的规模，提升服务的品质。

1. 发挥社会工作专业资源优势

鼓励慈善组织在项目设计和实施中，引入社会工作助人自助、个别化等服务理念和个案工作、小组工作、社区工作、社会政策等服务手法，提供心理疏导、情绪支持、家庭关爱、社会支持等多样化的服务，推动慈善组织从单一的物质救助向物质救助与精神支持、能力提升并重转变，为服务对象提供精准化、精细化的专业服务。

2. 发挥慈善的资金和资源优势

通过建立社区慈善基金（会）、社区捐赠站，开展福彩公益项目大赛、公益创投、社区微创投等方式，搭建资源对接平台，开放公开募捐权限，资助社会服务开展，鼓励社会工作借鉴慈善的募款方式和资源筹集渠道，获得慈善资源的支持，以拓展项目的资金来源，推动社工项目的规模化发展，有效解决更多的社会问题。

（三）理念手法融合层面

社会工作、志愿服务和慈善在工作理念和手法上会有一定的差异，但是三者具有一致的精神内核，都强调利他，从他人的利益出发提供服务，也面临着相似的服务情景。社会工作、志愿服务和慈善共同服务于国家建设、社会建设和人的发展需要，面临着相同的服务情景，所遇到的现象、问题、困境等都呈现相似性；感同身受、换位思考，顾及受助者的感受等，是三者共有的服务理念和手法。另外，“促进改变”是社会工作的工作职责和要求，对于志愿服务和慈善而言，则是深层次的服务附加值。

然而在实际工作中，社会工作、志愿服务和慈善在工作理念和方法上的交流较少，对彼此服务的认可度有待提升。因此，需要加强三者的合作交流，结合“中华慈善日”“中国慈展会”“社工宣传周”“99 公益日”“3·5 学雷锋日”“12·5 国际志愿者日”等时机，通过开展培训交流、主题论坛、服务学习等方式，强化三者服务理念和手法的互鉴互通，求同存异，推动三者的融合发展。

（四）项目融合层面

项目是目前社会工作、志愿服务和慈善开展服务的主要形式，服务项目化运作能有效提升服务的效率和效能，扩大服务的社会影响。因此，可以通过项目设计、项目执行、项目监控等方面，推动社会工作、志愿服务和慈善基于项目的融合发展。

1. 社会工作项目加强志愿服务组织的培育

一方面，社会工作项目中加入志愿服务组织培育的内容，可以推动服务对象的参与，展现项目的服务成效，体现助人自助的专业服务理念；另一方面，项目培育的志愿服务组织，熟悉社区和服务群体，其作为人力、智力、网络资源，可以有效协助项目的实施，节省社会工作者的时间、精力投入，提高社会工作项目的服务效益。在此过程中，社会工作者可以通过协助志愿服务组织选举负责人，制定组织制度，设计恒常服务和策划特色服务等方式，来加强志愿服务组织能力建设，提升其管理和服务水平。例如，目前的广州市社工服务站项目就把志愿者组织培育纳入其项目的设计和执行过程中，促进了居民的社区参与，提升志愿者组织的服务能力，推动了社区的共建共治共享，取得了良好的服务效果。

2. 志愿服务项目引入专业社会工作的力量

由于志愿者参与的自愿性、人员的流动性、时间的业余性，再加上志愿服务组织相对缺少专业的项目管理和社会服务管理的经验，志愿服务项目的策划和实施过程中面临较多的挑战。在志愿服务项目中引入社会工作者，特别是资深社会工作者，对项目进行督导，可以优化项目的设计，并监控项目的进展，及时识别项目遇到的风险和挑战，有效推动实施，提升项目的服务成效。

3. 开发三者融合的社会工作服务项目

围绕居民需求和基层社会治理需要，以社会救助、长者服务、儿童青少年服务、家庭服务、残障群体服务等为重点，开发实施社会工作服务项目，利用慈善服务的资金和资源等优势，发挥志愿者人数多、技能多、熟悉社区等优势，为服务对象提供多元化的精准性服务，推动社区参与，营造共建共治共享的社区氛围。例如，广州以社工服务站项目为依托，结合社工站“113X”模式，围绕民政重点服务领域，由社区慈善基金（会）为项目提供资金支持，按照“成熟一个培育一个”的原则，重点打造一批创新性强、示范性好的“社工+慈善”品牌服务项目。

4. 开发三者融合的志愿服务项目

根据社区各种活动和居民需求，科学设计志愿服务项目，依托慈善服务的资金和丰富的资源来支持志愿服务，并引入专业社会工作指导志愿服务，提升服务水平，打造高标准、高参与、高成效的志愿服务项目。例如，广州依托公益“时间银行”，通过社区公益微创投、志愿服务公益创投等形式，挖掘了一批优质的志愿服务项目，并借助社工的专业指导和慈善组织的资源，开展了一系列的志愿服务项目，提升了服务的成效和影响力。

5. 开发三者融合的慈善服务项目

在扶贫、助学、健康、环境保护等不同领域的慈善项目中，引入专业社会工作者和志愿者，参与项目的开发和实施，切实提升慈善的专业水平和服务质量。例如，广州开展的“微心愿·善暖万家”项目，慈善组织发动企业和社会参与来筹集社会资源，社工站负责从社区收集微心愿并逐一核实需求，志愿者上门探访、赠送物资，满足困境群体的“微心愿”，项目取得了良好的服务效果和社会影响。

（五）组织融合层面

组织是社会工作、志愿服务和慈善运行的有效载体，基于社会工作、志愿服务和慈善的发展历程和当前的发展现状，社会工作、志愿服务和慈善可以在组织层面进行融合发展，实现优势互补。

1. 社会工作组织增设志愿服务部门

一方面社会工作组织承接的项目中经常有发展志愿者、培育志愿服务组织等内容；另一方面，社会工作组织在开展服务的过程中，往往需要志愿者的参与和协助。目前不少的社会工作组织建立了自己的志愿者队伍、志愿服务管理制度，但志愿者的管理较为零散，系统性不强。因此，社会工作组织可在原有基础上增设志愿服务部门，专人负责组织的志愿服务管理，提升组织的志愿服务管理水平，进而推动组织战略和使命的达成。

2. 志愿服务组织转向社会工作组织

在政府大力购买社会服务的背景下，部分志愿组织向社会工作组织转型，可以解决管理人员短缺、经费不足、组织能力不足等问题。例如，广州市青年志愿者协会启智服务总队，成立于1995年，注册志愿者超过1万人，活动的骨干志愿者超过1000人（周大鸣、杨小柳等，2008），于2012

年在民政局注册成为启智社会工作服务中心，实现了组织的转型。转型后，启智社会工作服务中心把社会工作与其已有的志愿服务工作经验相结合，承接多项政府购买服务，开发了志愿服务项目，服务涵盖儿童、长者、流动人口、残障等多个领域，提升了志愿服务的专业化水平，实现了社会工作与志愿服务的融合发展。

3. 社会工作服务组织认定为慈善组织

鼓励符合条件的社会工作服务机构申请认定为慈善组织，发挥慈善组织在资源募集上的优势，并结合社会工作贴近基层、了解群众需求、链接慈善资源的优势，利用社工服务站、社区捐赠站点、社区志愿服务站等平台，动员社区居民积极参与慈善活动。

4. 慈善组织设置社会工作岗位

慈善组织可根据实际情况设置社会工作岗位，招聘社会工作者，充分发挥社会工作在需求评估、服务设计、组织培育、服务评估等方面的专业能力，为服务对象提供精准化、精细化的专业服务，并促进资助者与受助者的有效对接，提升慈善组织的服务水平。

（六）环境融合层面

社会工作、志愿服务和慈善在各自的发展过程中，都存在制度体系建设方面的短板，在推动社会工作、志愿服务和慈善融合发展的过程中，需要建立三者的联动机制，优化政策环境、法律环境和社会环境，促进社会工作、志愿服务和慈善三者的有效融合。

1. 推进三者融合发展制度化建设

一方面，明确以民政部门为主要负责部门，文明办、团委等配合的合作工作机制，明确职责分工，协同推进社会工作、志愿服务和慈善融合机制的建设与实施，同时建立联席会议制度，定期召开专题会议，实现政府、社工、志愿者、慈善组织的直接对话，促进联动工作的开展。另一方面，成立社会工作、志愿服务、慈善的合作促进组织，设立专项资金，用于建立联动工作信息共享平台，建立健全需求与服务对接机制，资助社会工作者、志愿服务、慈善融合项目，同时明确社会工作、志愿服务、慈善融合服务中三方的主体责任，通过政策进行指引和规范，提升融合发展的效能。

2. 搭建三者合作的资源与信息共享平台

一方面，搭建社工人才库、志愿服务需求数据库、志愿服务供给数据库、慈善服务资源库，依托资源共享平台，社会工作者可以利用供需匹配数据库、资源库，实现网上匹配、网下对接，盘活志愿者队伍和慈善资源，推动志愿者、慈善资源与服务需求的精准对接。另一方面，要加快信息化建设，搭建社会工作、志愿服务、慈善合作的信息平台，建立省级或市级的慈善信息统一管理平台，建立健全民政部门与其他部门之间的慈善信息沟通共享、信用信息披露机制，提供政策法规宣传，信息公开，社会工作服务和志愿服务、慈善宣传等综合性服务，实现信息供给与需求的有效对接，推动社会工作、志愿服务和慈善三者的精准协同，促进社会工作与志愿服务的融合发展。

3. 完善相关政策，为三者融合发展提供良好的政策环境

一方面是明确三者融合发展的战略定位，不能把它们仅仅看作社会保障的补充，而是应视为与政府、企业并列的第三部门，作为经济、科技、教育、文化、卫生、体育、环境保护等社会各项事业发展的重要组成部分纳入国家经济社会发展规划，总体部署、统一实施。另一方面是明确三者融合发展的政策导向和具体措施，既要有税收优惠等方面的物质鼓励和引导政策，又要有先进事迹及人物的广泛宣传和表彰奖励等精神鼓励措施，还要在全社会创造有利于开展社会工作、志愿服务和慈善的各种条件和宽松氛围。

4. 健全法律法规体系，为三者的融合发展提供良好的法治环境

社会工作、志愿服务和慈善三者的融合发展，既要有《中华人民共和国慈善法》等基本法，也要有志愿服务、社工服务、慈善等重要方面的专门法，还要有与基本法、专门法配套的具体法规、实施办法、实施细则和部门规章等；既要有中央层面的法律法规，也要有地方各级人大、政府结合当地实际制定的地方性法规、规章和具体办法。只有形成法律法规门类齐全、位阶衔接、上下有序、有机结合的法律制度体系，才能为实现三者融合发展提供有力的法治保障。

5. 建设服务平台，为三者的融合发展提供良好的社会环境

一方面，鼓励社区依托具有相应资质的慈善组织和基金会，建立社区慈善基金，有条件的地方可以发起成立社区慈善基金会，形成下沉基层、服务群众的慈善捐赠平台，为融合发展服务项目提供资金、资源支持；另一方面，建立慈善社工志愿服务融合示范社区，以社区为基础，搭建常态化联动服务平台，将“慈善+社工+志愿者”通过项目化的方式落地实施，推进社区开发社会工作专业岗位，引进专业社会工作人才，为联动服务提供专业支持。此外，可以依托现有的社区新时代文明实践站、社工站、妇女儿童之家、家长学校等平台，整合现有的社会工作、志愿服务和慈善资源，搭建三者融合发展的平台。

（七）战略发展融合层面

社会工作、志愿服务和慈善三者同根同源，在实践中呈现出既相互独立又融合发展的趋势。在三者的战略发展层面，在解决相对贫困、社区参与、社会治理等问题的长效机制建设中，更应该强调三者的融合发展，通过发挥各自的比较优势，系统性、根本性地解决可能出现的社会问题。

1. 优化组合，聚集社工、慈善和志愿力量

通过加强社会工作、志愿服务和慈善的顶层设计、整体规划和统筹协调，形成更加完备和成熟的三者融合发展制度，推动三者基于各自的比较优势进行分工合作，提高服务的效率和效能，促进社会工作、志愿服务、慈善事业高质量融合发展，助力基本民生保障、基层社会治理和基本社会服务。

2. “三个聚焦”，服务党和国家中心工作

社会工作、志愿服务和慈善是社会各界参与扶贫济困、服务民生、奉献社会、参与社会治理的重要渠道，三者的融合发展可以更好地发挥社工、慈善、志愿力量形式多样、机制灵活、贴近基层、针对性强的特点，能更好地聚焦脱贫攻坚、聚焦特殊群体、聚焦群众关切，更好地引导社会工作、志愿服务和慈善助力基本民生保障、基层社会服务和基层社会治理。

3. 扎根社区，打造社会治理新格局

充分利用社会工作的专业优势，发挥社区基金、社区基金会的资源动员优势，培育社区志愿服务组织，搭建社区慈善体系，探索“社会工作+社区基金+社区社会组织”联动机制，来聚合本地资源，协调本地利益相关方，推动社区居民参与订定本地解决方案，解决社区问题，推动社区发展，打造共建共治共享的社会治理新格局。

参考文献

[1] 陈卫红．支持社会力量参与社会救助工作的政府作为［J］．中国社会组织，2014（20）：14-15.

[2] 崔光胜．政府购买公共服务中的利益博弈与风险防控［J］．湖北社会科学，2017（2）：40-45.

[3] 高玉姣．社会管理创新背景下街道社会工作指标化现象分析［C］．硕士学位论文，辽宁：沈阳师范大学，2015.

[4] 琚崇皓．中美志愿服务事业对比及发展建议［J］．文教资料，2013（12）：90-91.

[5] 雷杰，罗观翠，段鹏飞，蔡天．广州市政府购买家庭综合服务分析研究［M］．北京：社会科学文献出版社，2015.

[6] 黎熙元．社区技术治理的神话：政府项目管理与社工服务的困境［J］．兰州大学学报（社会科学版），2018，46（3）：33-39.

[7] 李祥杰，张卓华，王冠．深圳“社工+志愿者”协同开展志愿服务“双工联动”参与社会治理效果好［J］．大社会，2019（9）：21-24.

[8] 刘淑琼．社会服务“民营化”再探：迷思与现实［J］．社会政策与社会工作学刊，2001（12）：7-56.

[9] 马伊里．上海社会工作的实践探索［J］．行政管理改革，2010（3）：27-30.

[10] 王清．项目制与社会组织服务供给困境：对政府购买服务项目化运作的分析［J］．中国行政管理，2017（4）：59-65.

[11] 文军，何威．社会工作“选择性服务”现象及其反思［J］．学习与探索，2016（7）：38-45.

[12] 吴月．社会服务内卷化及其发生逻辑：一项经验研究［J］．江汉论谈，2015（6）：131-137.

［13］钟礼银．公益慈善创新发展的深圳实践［J］．中国民政，2015（11）：43-45.

［14］周大鸣，杨小柳，揭英丽．中国志愿组织的典型个案研究——对广州市启智服务总队的考察［J］．中国青年政治学院学报，2008（3）：26-29.

［15］周雅妮．一线社工实务中的新管理主义［C］．硕士学位论文，内蒙古：内蒙古大学，2019.

广州公益“时间银行”探索与实践社区志愿服务

广州市志愿者协会①

摘要：广州公益“时间银行”平台基于“初老服务老老”的理念，通过科技手段实现技术赋能，为志愿服务实现贡献量化、低本高效、精准有序提供了实现的路径，对推动广州社区志愿服务发展发挥了积极作用。本文聚焦广州公益“时间银行”在社区志愿服务发展的探索与实践，介绍其建设背景、功能模块以及服务成效，并对推进广州市社区志愿服务发展提出了对策建议。

关键词：社区志愿服务　初老服务老老　时间银行

“时间银行”（Time Bank）由美国律师埃德加·卡恩（Edgar Cahn）于1980年提出。他认为，在每个社区建立一个“时间银行”，动员每位居民参与，在帮助邻里间互信互益关系的同时，为儿童、青少年树立社会公益和社会责任的榜样，其宗旨是用“时间币来交换服务”。20世纪90年代末，上海市率先引入“时间银行”服务模式，并将其应用到社区互助养老实践中。1999年，广州寿星大厦设立“时间银行”，方便入住的健康老人储存为他人服务的时间。随后，北京、武汉、南京等地相继引入“时间银行”社区服务模式。但是，由于信息化建设滞后，志愿者从事志愿服务的相关信息难以得到准确的记录、留存、传递和共享，致使一些志愿者在需

① 广州市志愿者协会成立于2002年10月，是广州市民政局主管的5A级公益性社会团体，作为协助政府统筹全市社区志愿服务工作发展的品牌社会组织，致力于发挥行业枢纽作用，整合志愿服务工作资源，主要开展志愿者团队培育、志愿服务转介、志愿者培训、志愿服务活动组织与策划、志愿者表彰和激励。

要开具从事志愿服务的相关证明时出现种种问题，在一定程度上抑制了人们从事志愿服务的主动性和积极性。导致理论上美好的“时间银行”模式在运行中出现了诸多困难，多地出现了“时间银行”模式难以为继的问题。广州公益“时间银行”借助互联网技术，对传统的“时间银行”模式进行拓展和延伸，在社区志愿服务信息化建设方面进行了有意义的探索。

一、广州公益“时间银行”建设背景

（一）贯彻落实习近平总书记关于志愿服务重要指示精神的具体举措

改革开放以来，广州志愿服务在制度创新、平台创新、方法创新等方面取得了很多宝贵的实践经验，一直走在全国前列。为深入学习贯彻习近平总书记关于志愿服务重要指示精神，全面贯彻落实《志愿服务条例》和市委、市政府《关于进一步加强广州志愿服务建设的实施方案》，在学习国内外先进经验、总结既有志愿服务实践成功经验基础上再探索、再创新，精心打造“时间银行”平台，搭建广州志愿服务尤其是社区志愿服务的重要平台，积极引导广大志愿者、志愿服务组织、志愿服务工作者、公益慈善组织和爱心企业等社会力量持续广泛开展志愿服务，进一步延伸民生服务工作臂力，推动广州志愿服务展现新作为。

（二）新时代科技支撑社会治理的政策导向

党的十九届四中全会提出，“必须加强和创新社会治理，完善党委领导、政府负责、民主协商、社会协同、公众参与、法治保障、科技支撑的社会治理体系”，把科技支撑作为完善社会治理体系的重要内容。在科技支撑的志愿服务发展过程中，主要议题是如何利用互联网等现代信息技术为志愿服务管理提供技术支撑，实现志愿服务管理的信息化。中央文明委《关于深入开展志愿服务活动的意见》提出“建立完善志愿者注册管理系统和志愿服务信息平台，并实现互联互通、信息共享”。2015 年 9 月 14 日，中央文明办、民政部、共青团中央下发关于推广应用《志愿服务信息系统基本规范》的通知，这是我国志愿服务信息化建设领域第一个全国性行业标准，是开发、完善志愿服务信息系统的基础标准和重要参考。2018

年9月，民政部印发《“互联网+社会组织（社会工作、志愿服务）”行动方案（2018—2020年）》，要求落实《志愿服务条例》关于志愿服务信息化建设的要求，升级改造全国志愿服务信息系统，组织开展相关地域、领域的志愿服务信息系统指定工作，推动信息系统之间互联互通，汇聚志愿服务大数据资源，为社会公众便捷参与志愿服务、形成完整志愿服务信息、掌握志愿服务发展动态、科学进行决策管理提供技术支撑。

（三）助力广州市养老服务的有效补充

广州是全国最早进入人口老龄化的城市之一。目前，广州市60岁及以上户籍老年人口数达169.27万，占户籍人口的18.25%。2018年，广州市人大第20182361号建议提出，“推动建立公益‘时间银行’形成一个可持续社会互助性养老机制”。2019年，国务院办公厅印发《关于推进养老服务发展的意见》要求各地探索“时间银行”等做法，培养志愿者队伍。为了积极应对人口老龄化的挑战，破解养老服务不足的难题，广州市社区中心在市民政局党组的指导下，积极回应市人大代表建议，通过搭建“时间银行”平台，着力探索广州可持续互助养老机制，引导广大市民通过参与志愿服务积累“爱心时间”来服务未来的自己，引导低龄健康长者投身志愿服务行业，实现“初老服务老老”，对广州市养老服务形成有效补充，在协助解决养老问题的同时，让人与人之间更有温度，让社会更有正能量，让养老服务发展更可持续。

（四）构建“公益慈善+社会工作+志愿服务”联动机制的生态湿地

广州市公益慈善、社会工作和志愿服务在各自领域均走在全国前列，但三者之间的联动机制尚不完善。近年来，市民政局党组紧紧围绕广州市委、市政府关于创建“慈善之城”、实施“社工+”战略的决策部署要求，积极探索大慈善、大社工、大志愿服务发展新路径。通过搭建“时间银行”平台，深化“互联网+”工作模式，依托慈善地标、社工服务站等平台，推动实现民生需求与志愿服务响应在线化、便捷化，慈善资源配对和服务兑换智能化、多元化，推动社区群众通过专业社工联系引导，在慈善资源的支持下，以特长或专业在社区从事志愿服务，助力社区居家养老、困境儿童关爱、特困人员和家庭救助等民生保障工作，不断丰富和深化社区服务的内容和形式。

二、广州公益“时间银行”实践成效

广州公益“时间银行”（以下简称“平台”）按照“党委领导，政府指导，市场支持，社会力量参与”的建设思路，由广州市民政局直接指导，由广州市志愿者协会（以下简称“广志协”）成立运营中心并负责具体的运营实施。平台于2019年8月26日正式上线，截至目前，平台共注册13万名志愿者，2013支志愿者团队，199个社工服务站，发布超1.1万个活动，参与志愿者超13.6万人次，服务超380万人次，通过政府兜底保障与社区志愿服务有机结合，在推动社区志愿服务发展、助力织密织牢民生兜底保障方面汇聚了强大的志愿服务力量。

（一）功能作用分析

1. 实现社区志愿服务在线管理

平台有效实现个人用户（普通市民、志愿者）与团体用户（志愿服务组织、社会服务机构、企事业单位、政府机关、志愿服务团队等）在线发布志愿活动/培训、招募志愿者、签到签退、时数记录、服务证明开具等功能，以及志愿团队的在线管理，全程信息化操作与实时跟踪记录等功能。通过信息化、智能化的服务数据统计分析功能，平台实现对志愿服务数据的归集与统计，如志愿者人数、服务时数、志愿服务数量、志愿团队数量等。例如，通过平台数据可以清晰地看到（见图1），目前志愿者注册数量排在首位的是天河区（14604人），其次是黄埔区（8496人）。

而从志愿活动发布数量来看，排在前三位的地区分别为荔湾区、越秀区、海珠区（具体见图2）。从参与人次来看，如图3所示，“文明建设”类志愿服务活动的参与人次最高，达31903人次。通过这样直观、透明地呈现用户参与志愿服务的详细情况，为志愿服务管理方提供决策参考，并且通过数据的分析统计实现个性化服务的定制与推送。

2. 实现社区公益资源精准匹配

平台通过需求调研以及动员众多社区服务网点、社区志愿者收集分析

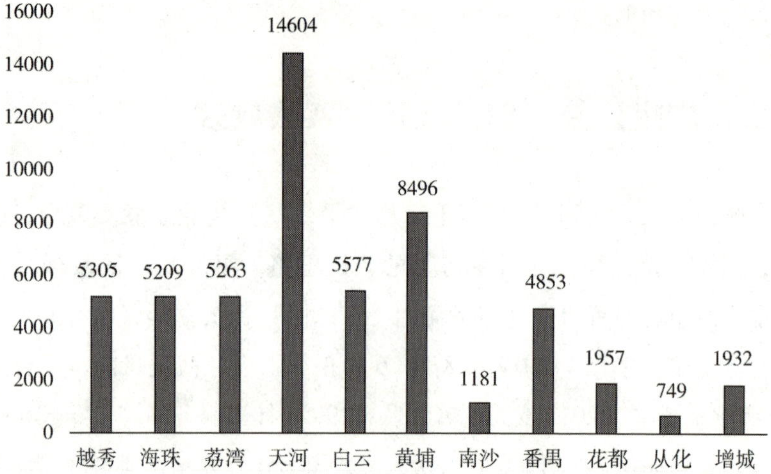

图1　全市志愿者分布情况（单位：人）

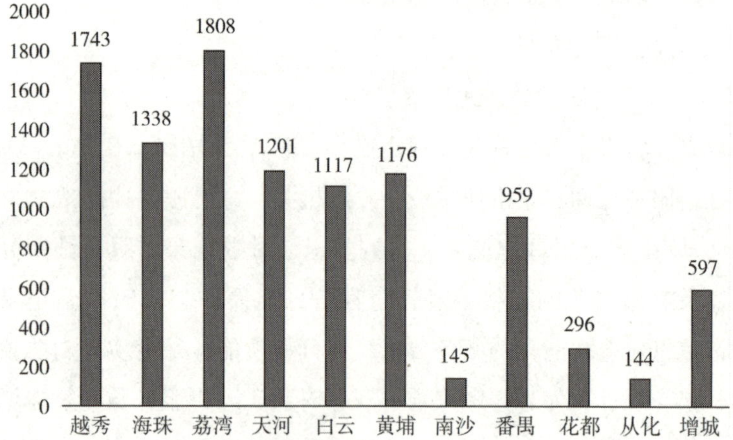

图2　各区志愿活动发布数量

“服务需求”，然后贴合社区群体的服务需求精准寻找、链接和匹配社会资源，并根据需求变化动态调整资源链接方向。通过将企业、服务、物资、场地等多方面公益资源汇聚社区，建立起社区公益资源库。平台用户可通过平台与资源零距离接触，减少资源与需求的匹配盲点，盘活资源，实现资源与需求的有效对接。平台还积极联动政府、企事业单位、公益机构等，为社区有需要的服务对象发起公益行动，引导志愿服务组织、队伍及志愿者根据自身能力加入行动，汇聚力量为有需要的困难群体提供志愿服务。

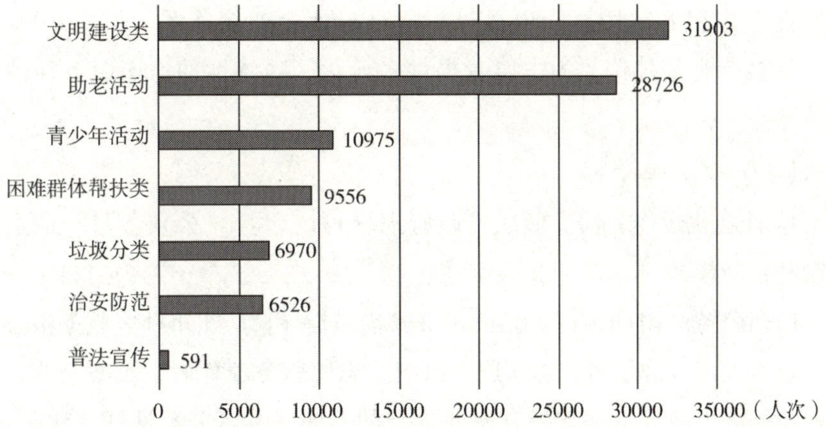

图3　志愿者参与人次最多的活动类型排序

3. 助力困难群体兜底保障服务

平台聚焦脱贫攻坚、特殊群众、群众关切，积极引导志愿服务团队开展助老、青少年、困难群体帮扶等志愿服务。其中，困难群体帮扶类志愿服务占23.81%，充分凸显了平台在社区困难群体兜底保障中的积极作用。

平台还设有“党员服务”专区，充分发挥党员先锋模范作用，进社区、察民情、纾民困，在社区开展困难群体结对帮扶服务，以志愿服务形式关心群众生活，解决群众困难，推动党员服务落地社区。积极探索打造困难群众兜底保障供需对接平台，如开展“耆望成真”计划，根据社区困难老年人的愿望清单，为社区困境长者定制了探访关怀、上门送餐等“志愿服务”以及家居环境清洁、康复理疗等“专业服务”。接下来“微心愿”服务功能还会扩展到困境儿童等其他社区困难群体，助力特殊困难群体兜底保障。

4. 建立时间储蓄和社会激励机制

通过时间积分兑换捐赠功能，志愿者可将参与志愿服务的时间存进“时间银行”，志愿服务时间按照一定比例自动生成时间积分，通过积分服务模块，实现时间积分的存储、兑换、捐赠等功能。当志愿者本人遇到困难时可从中支取积分兑换相应的物资或服务，也可根据个人意愿将积分捐赠给他人使用，实现“二次公益”。开展全市性表彰行动，表彰鼓励优秀志愿者、团队、项目等。同时与社会征信体系、积分入户/入学、社会荣誉等挂钩，为志愿者提供多元化、系统性的志愿服务回馈激励体系。

（二）创新性分析

1. 社会化运作，初步形成“政府主导+社会运作+公众参与”的运作机制和创新模式

广州公益“时间银行”是广州市民政局指导，广州市社区服务中心联合广志协发起，志愿者、志愿服务组织、志愿服务工作者、热心企业、社区志愿服务团队等群体支持开发并参与的共建、共享公益性社会化平台。该平台由广志协负责平台技术开发、系统运维、活动审核、监督管理、组织参与、日常咨询、资源兑换；在广州市慈善会成立了“时间银行”专项基金，保障平台可持续运营和发展；整合了广益联募、公益创投、福利彩票公益金等公益慈善资源设立常态化社区志愿服务项目；联动了广州市文化广电旅游局、建设银行、中国人寿等单位、企业，初步形成了“党委领导、政府主导、社会协同、公众参与”运作机制。

2. 专业化运作，做实做细“扎根社区+聚焦民生+供需并重”的服务机制和保障模式

平台立足社区，扎根基层，联动全市 11 个区 201 个社工站设立广州公益“时间银行”服务点和培训点，建立起覆盖全市的线上线下社区志愿服务网。由专业社工带动社区志愿者开展多种类型的社区志愿服务活动，精准把脉、主动挖掘孤寡老人等困难群众需求，充分调动社区内有专业技能的志愿者参与志愿服务活动，丰富服务的种类和提升服务专业性；志愿者可依托“服务地图”查找就近志愿服务，实现需求、服务、资源的有效对接。社工站根据平台数据，对服务需求和各单位、各志愿者资源优势进行分析和匹配，精准有效地开展更具有针对性的志愿服务，让服务内容更贴近居民需求，特别是通过时间共享和资源互换达到了人际互动互助目的，进而增强“初老”自我养老的参与感、获得感和幸福感。

3. 系统化运作，探索建立“物资激励+荣誉激励+持续公益”的长效机制和生态闭环

在借鉴国内外成功经验的基础上，平台探索建立以志愿服务时数为基础、时间积分为形式、服务评价为补充的社区志愿服务激励体系。倡导“初老服务老老”，根据互助性、公益性、激励性原则，60周岁以下志愿者按1：1比例整数自动生成时间积分，60周岁以上（含60岁）志愿者按1：1.5比例整数自动生成时间积分。在本人需要时，使用个人时间积分兑换相应的服务或物资。大力倡导利他原则，突出“二次公益”元素，一方面建立志愿服务时间积分用于兑换包括社区居家养老服务在内的服务模式；另一方面通过荣誉嘉许，鼓励志愿者捐赠时间积分，用于链接企业、社会资源再次服务困难老年人等社区困难群体，实现“时间银行”的“二次公益”生态闭环。

（三）发展成效分析

1. 初步建立了一个比较规范的社区志愿服务发展闭环。建立了一套社区志愿者管理、项目管理、队伍管理、积分激励回馈等志愿服务信息化流程和工作规范，与社区“随约”服务实现互联互通；开通一码通办功能，实现电子志愿服务时数证书线上开具功能；联动全市11个区201个社工站、建设银行劳动者港湾设立平台服务点和培训点，建立起覆盖全市的线上线下社区志愿服务网；建立常态化的平台监督服务队伍，对社区志愿服务实现线上动态监测和实地督导；联合中国人寿保险有限公司，建立覆盖全平台全流程的保险保障体系，探索形成社区志愿服务可持续化的良性发展闭环。

2. 探索构建了一个“初老服务老老”互助养老模式。设立“初老服务老老”志愿服务专区，打造精细化、便捷化的助老志愿服务平台，联动全市“慈善+社工+志愿服务”的资源，深入全市社区开展助老志愿服务活动，满足社区困难长者需求。通过“群众点单—平台派单—志愿者接单—群众评单”的服务模式，实现社区长者在家一键下单，助老志愿服务团队或专业养老服务机构在平台线上接单，助老志愿者在线下上门服务的一站式流程化服务场景。推出初老志愿者注册好礼，提升60岁以上长者的时间

积分生成比例至1∶1.5，兑换服务或物品享20%折扣比例，整合资源培育初老志愿服务团队等多项举措，全方位、全流程、多维度激励初老志愿者在社区常态化开展上门探访、送餐派餐、义修义诊等助老志愿服务活动。

截至目前，时间银行注册的50岁及以上志愿者约占10%，相当于每十位注册志愿者中有一位是初老志愿者。在累积志愿服务时数排名前一百名的注册志愿者中，初老志愿者占比达到60%，其中，最高服务时数的初老志愿者累计达到2712小时，初老志愿者已成为社区志愿服务的重要力量。

3. 探索开发了一个覆盖全面的困难群众兜底保障供需对接平台。打造系列助老等民生志愿服务矩阵，培育助老志愿服务队伍，引导志愿服务团队为困境长者等六类困难群体开展常态化志愿服务。截至目前，平台先后组织超2.8万人次志愿者为超22万人次社区长者提供服务。实施“积分公益”计划，上线爱心待餐、金秋送暖等公益项目，鼓励志愿者捐赠时间积分，支持平台为社区困难长者、困境儿童等派发超过8万份爱心饭餐和金秋大礼包；上线“耆望成真”困境长者等困难群体微心愿公益项目，联动“广益联募”平台，精准对接困难老人个性化服务需求，对广州市养老服务形成有效补充，并以此为模式应用至困境儿童服务及其他困难群体帮扶领域。截至目前，已为超过1062户困难长者和困境儿童实现微心愿。

4. 集中打造了一个互助共享的志愿服务激励体系。链接中国人寿、李锦记、香江救助基金会等社会资源，上线生活、卫生用品等700件兑换品，为社区志愿者提供支持和激励；优化志愿服务价值体系，对推进平台发展的单位和个人、优秀社区志愿者、志愿服务组织、志愿服务工作者、志愿服务项目进行嘉许和表彰。下一步，平台将联动广州市慈善会等平台募集社会资源，在“时间银行”专项基金设立“初老服务老老”关爱专区，每年募集社会资金用于保障“时间银行”积分兑换服务，建立完善“初老服务老老”激励回馈机制；整合企业资源，构建健康、生活、购物、消费于一体的积分兑换体系，以群众喜闻乐见的折扣券、消费券、生活用品和社会礼遇等多种形式，增强志愿者服务“黏性”，实现社区志愿服务可持续良性发展。

三、时间银行推动广州市社区志愿服务发展的对策建议

广州公益“时间银行”是推进广州市社区志愿服务发展的平台，在促进社区志愿服务规范化、制度化方面发挥了重要作用。然而，由于发展的时间尚短，平台的运行仍有不够畅通之处，受地域范围、行政管理、居民生活水平、文化氛围等限制，在发展和推动社区志愿服务方面仍面临着很多掣肘。如何推进广州市社区志愿服务可持续高质量发展，让广州公益“时间银行”发挥更大作用，需要多措并举。

（一）打造社区“初老服务老老”志愿服务矩阵

因应当前的老龄化压力，“初老服务老老”既释放了初老者的能量，让低龄长者的自我价值得到体现，又充分激活社区的志愿服务精神，有效缓解家庭、社会的照顾压力，降低了养老事业的成本，有助于营造守望互助社区。因此，一方面，要大力倡导“初老服务老老”，鼓励更多低龄长者参与志愿服务，积极培育社区助老志愿服务队伍，大力开展助老服务志愿活动，形成敬老爱老尊老的良好社会氛围。另一方面，要积极为低龄长者参与社区志愿服务创造条件。如开展长者智能化设备使用培训，通过培训教会长者使用智能手机、平板电脑等设备，学习在信息化平台上注册志愿者并报名志愿活动，让长者也能享受现代科技带来的福利。

（二）织密织牢困难群体兜底保障志愿服务网

当前，我国已经进入脱贫攻坚战的决胜阶段，脱贫攻坚是一场硬仗，社会救助兜底脱贫是打赢这场硬仗的重要组成部分，也是民政工作的重中之重。困难群体是社区志愿服务的重点瞄准对象，其中，困难老人更需要重点关怀。因此，需要精准挖掘和对接社区困难老人等困难群体的个性化服务需求，为困难群体推出更多专项服务行动。对于困难长者，可以提供派餐送餐、探访陪诊、义剪义修等助老志愿服务和生活照料、家政服务、医疗护理、康复保健、辅具租赁等社区居家养老帮扶服务。另一方面，利用信息化平台的数据分析和统计功能，找出现有志愿服务中较为薄弱的领域，针对性地打造志愿服务项目，提升社区志愿服务覆盖的广度和深度，

完善优化社区志愿服务供给体系。

（三）引入区块链技术推进信息系统互联互通

区块链本质上是一种分布式去中心化的不可更改的数据库记账技术。目前，广州市有多个志愿服务信息化平台，如“i 志愿”“志愿时”、广州公益“时间银行”、“广州街坊”、广州南沙“时间银行”等，这些系统的主管部门不统一，注册、管理和激励方式也不一样，各平台的账号、积分等不能通用，最终导致各部门掌握的志愿服务数据处于分割状态。因此，可以引入区块链技术来推动现有的志愿服务信息化系统实现数据互联互通和有效对接，让志愿服务的记录真实准确、公开、透明、不可更改，可以追溯，共同推动构建社区互助共同体，助力打造“大城市大养老”的“广州样本”。

（四）加快完善志愿服务顶层设计

顶层设计是社区志愿服务能够落到实处的根本保障，包括各管理主体的责任、志愿者的责任和义务、监督与评估机制、资金管理方式、激励体系等一系列制度。只有厘清和明晰制度规范，信息化平台才能真正对社区志愿服务发挥有效作用。目前，志愿服务信息化平台都对志愿者的服务时数进行记录，以便志愿者用于积分入户、积分入学、实践证明等用途，有的平台还制定了积分兑换规则，为志愿者提供物品或服务的兑换，从而不断深化社会激励体系建设。全国政协委员鲁晓明在调研广州公益“时间银行”时曾提到，可以借鉴瑞士、比利时等国家的成功经验，从国家政策层面推动志愿服务积分纳入个人社保账户。

（五）推动志愿服务纳入社会信用体系

完善志愿服务信用激励机制与信用修复机制，将志愿服务信息纳入社会信用评价指标体系。一方面，可以在广州市的信用平台增设“志愿服务”类别，将志愿服务记录转换为个人或企业的信用积分。志愿者、企业可以通过本市信用平台查询个人及单位信用，并可以在金融贷款、评选表彰、入户留学、工作就业等领域享受信用积分带来的优待激励。志愿服务信用积分可以换取优惠减免、优先办理、“绿色通道”和重点支持等礼遇优待，且信用积分越高，得到的优待级别越高。另一方面，将志愿服务信用积分作为信用修复的一种方式，建立健全志愿服务信用修复机制，鼓励失信者积极参与志愿服务，积累一定的志愿服务信用，修复自身的失信行为。将志愿服务纳入社会信用体系，将优化全市社会信用评价标准，推动社会信用评价体系发挥更大功能。

（六）持续优化线上线下平台建设

一是持续升级技术优化数据管理功能。坚持用户至上，简化注册流程，减少信息填写时间，让广大市民即时快捷完成简易注册，增强用户体验。优化界面，让志愿者更容易找到自己想参加的活动，提升信息化平台的便捷性和易及性。加强平台各层级数据管理模块建设，实现志愿者管理、志愿服务组织管理、活动管理、时数记录等数据的快速统计、管理与应用。二是完善线下服务规范监管。信息化平台作为社区志愿服务的技术支撑，确实大大提升了社区志愿服务的便利度，但不能因为有了信息化平台，线下的志愿服务活动管理就认为不重要了，导致线上线下“两张皮”。为此，需要建立健全社区志愿服务信息化平台的客户服务、咨询审核、应急处理快速响应机制，制定完善志愿服务时数管理、项目管理、安全保障等制度体系，条件允许的时候应建立监督机制或专门化监督队伍，对社区志愿服务活动开展动态监测、实地检查。

（七）进一步拓展多元化资金渠道

政府部门应为社区志愿服务信息化平台提供财政预算支持，如设立专项财政资金，为信息化平台正常运营提供稳定的经费保障。同时，现有信息化平台也应积极通过募捐、融资等社会化渠道筹集资金，依托福利彩票公益金、公益创投、社区慈善基金、公益招募平台，链接慈善组织、爱心企业、爱心人士等社会资源，不断畅通慈善公益资源与志愿服务需求的供需对接渠道，为推进社区志愿服务信息平台可持续健康发展提供坚实保障。

参考文献

[1] 党秀云．论志愿服务可持续发展的价值与基础［J］．中国行政管理，2019(11)：23.

［2］陆士桢、李泽轩．论新时代中国特色志愿服务的新格局［J］．中国青年社会科学，2019（5）：31.

［3］陈友华、施旖旎．时间银行：缘起、问题与前景［J］．人文杂志，2015（12）：111-118.

广州市社区志愿服务组织能力建设研究

蔡静诚[①]

摘要： 当前，我国志愿服务发展已经从建成志愿服务组织体系迈向健全志愿服务体系，并将组织能力建设作为新时期创新发展的重要目标。作为社区志愿服务的领航者，广州市要想进一步在社区促进志愿服务事业发展，必须在重新思考社区志愿服务与一般志愿服务的差异上探索加强社区志愿服务组织能力建设的路径。社区志愿服务作为治理共同体中重要的社区治理力量，决定了其发展必须依靠组织化来完成。如何加强志愿者组织化是组织能力建设的首要问题，解决优势志愿组织与社区志愿服务需求不匹配的困境是当前组织能力建设的主要问题，而如何迈向新时期对志愿服务新要求的新台阶则是组织能力建设的发展问题。本研究围绕这三类问题对广州市社区志愿服务组织能力建设进行了详细解析。

关键词： 社区志愿服务　志愿服务组织　能力建设

一、志愿服务与社区

当前，我国的社区不仅是居民的生活单元，也成为社会的治理单元，具备社会性与政治性的双重特性，自然而然地成为开展志愿服务的主要场域与空间。

---

① 蔡静诚，广东财经大学社会学系主任，中山大学社会学博士，主要研究方向为经济社会治理、生活质量、城市社会学。

（一）社区志愿服务的基本类型

现代志愿服务主要有互助服务、抗险救灾、大型活动三种基本服务类型①，以解决群众最急需的民生问题为主。相应地，社区志愿服务则是以社区的基本民生需求为主，主要有三个基本类型。

1. 生活互助。此类社区志愿服务是最为常见的类型，以邻里互助性服务为主，涉及扶贫、济困、养老、扶幼、健康、教育、康乐等诸多领域，其目标是解决社区居民生活中的各种问题并提升社区生活质量，打造睦邻关爱的社区生活共同体。

2. 风险防范。此类社区志愿服务包括恒常性服务，如居民治安巡逻队等，也包括应对突发自然或社会风险状况的应急性服务。其目标是协助居民应对各类社会风险、保障社区生活的安定有序。

3. 社区活动。此类社区志愿服务以社区教育、宣传、康乐等为主，其目标主要在于普及社区生活基本知识，如消防安全、垃圾分类等，以及社区动员、社区文化凝聚等，是促进社区精神文明建设的有效手段。

（二）社区志愿服务的主要功能

我国之所以大力推广社区志愿服务，是因为其有三个方面的社会功能：

1. 美好生活创建。新时代的社会主要矛盾是“人民日益增长的美好生活需要和不平衡不充分的发展之间的矛盾”，解决这个矛盾就需要以实现人民的“美好生活”为当前重要的发展目标。而人民的美好生活，必然安放于容纳人民的栖身之所——社区中。以社区志愿服务营造出每个居民生活的美好社区，就自然能创建广泛意义的美好生活。

2. 解决社区问题。不论是居民在社区生活中面临的个别化困境，还是普遍困扰的共性化问题，都可能通过志愿服务，以短距离、快速地在社区内通过志愿服务得以解决，从而将问题和矛盾化约在社区之内，促进整个社会的持续、健康与和谐运转。

---

① 陆士桢：《国家治理现代化进程中的中国特色志愿服务》，载《中国社会工作》2019 年第 34 期。

3. 实现社区自治。在社区志愿者的动员、培训和志愿服务组织的培育过程中，社区居民逐渐参与到社区治理之中，并增强了公共精神与自治能力，为社区自治打下坚实的群众基础。

正因为社区志愿服务具有上述功能，部分地区的民政部门将“三社联动”（即社区+社工+社会组织）升级为“四社联动”（即社区+社工+社会组织+志愿者），广州市也在全国率先推广了“社工+义工”模式。志愿服务组织在社区并非可有可无的存在，也绝非形象工程的符号，而是在整个广州社区的治理共同体中发挥着独特而不可替代的作用。社区志愿服务具有非营利、内生性、纯服务的特点。它的非营利性、无偿性服务，不会受到个体经济能力和公共财政实力的影响，对低收入者或处于经济低迷时期的社会是有效的生活保障。它是由社区居民组成的内生性组织，更了解居民的切实需求，并能给予最快的需求反馈。同时作为纯粹服务型组织，这种奉献式邻里服务也是凝聚社区生活共同体的黏合剂，在拉近居民之间的距离、营造美好社区生活中有着最明显的自下而上的推动作用。

二、社区志愿服务与组织化

上述社区志愿服务的功能与意义，归根结底缘于当前社区志愿服务已经超越传统的“学雷锋、做好事”。从本质上看，它是治理共同体中重要的创新社会治理力量，而这种力量的集结和发挥则更需要以组织的形式去完成。现代社区志愿服务因为参与系统化地解决社区问题、提升居民整体生活质量而成为社会治理共同体的重要组成部分，而这种参与已经远远超出个体的爱心层面，并且肩负国家与社会的双重期望，其实践更需要以组织化的形式去完成，因而志愿服务组织能力建设成为重中之重。

要想实现社区志愿服务的组织化，需要厘清几个关键问题：

（一）谁能成为稳定的联结点

社区志愿服务组织存在的意义在于能够建构一个符合居民向往与追求的生活共同体，满足他们多样化的社区参与动机，成为他们在原子化社会中相对稳定的联结机构，通过这种联结，他们不再孤独地面对社会生活的种种风险。社区志愿服务组织作为社区中个体与社会的联结点，其稳定性至关重要。志愿服务的志愿性使成员的流动成为一种必然，但流动性过大对组织的持续健康发展会有不利的影响。所谓“铁打的营盘流水的兵”，“兵”可以流动但营盘才是组织存在和发展的根基。因此，社区志愿服务组织能力建设不仅是志愿服务组织自身的问题，而且需要整个志愿服务事业规划予以协助。具体包括：

1. 谁支持

制度支持——构建更具吸引力的政策体系，如社区志愿服务组织发展指引政策、志愿服务组织孵化和培育政策、大学生公益创业项目就地转化政策、社区精英志愿服务创业支持计划等。在政策体制中，要明晰政府职能部门和枢纽组织对志愿服务组织的管理职责以及志愿服务组织的权责，为社区志愿服务组织创造稳定可预期的制度环境。

项目、平台支持——建立地方政府社会治理项目长效管理机制，搭建财政资金、公益基金支持的社区志愿服务项目管理平台，定期发布项目需求信息，给社区志愿服务组织提供项目或小额资金支持，使志愿服务组织能让志愿者找到可为的领域和可期的未来。进一步完善志愿者登记和奖励平台，如 i 志愿、公益“时间银行”等，让志愿服务组织在实现管理和激励规范化的同时，将组织成员纳入更广大的爱心共同体网络。

运营空间支持——鼓励社区为志愿服务组织提供日常运营的工作空间，如可供挂牌、办公、议事的社区共享空间。运营空间是“铁打的营盘”最明显的物理标识，也让志愿精神有一个相对稳定的可以安放、集结、培育的现实空间。除了现有的社区居委会、星光之家等，还可以通过社区营造的方式创意开发社区内的闲置空间，如对社区内的废弃房屋、祠堂、建筑物夹层、顶层花园等进行创意改造，其改造过程也是社区志愿服务和社区建设的过程；也可以邀请社区内企业、居民以参与社区志愿服务的方式将经营空间或私人空间部分共享给志愿服务组织，如挂牌志愿者之家的咖啡屋、美术教室等。

2. 谁负责

谁负责，是指由哪个机构或角色来固定进行志愿者招募、管理、培训、服务对接、激励等主要组织工作。截至2019年底，广州已有志愿服务团体10448个，其中，注册志愿服务组织3025个，从事社区志愿服务的大多为未注册的团体，一般在居委会或社工服务站的引导下开展服务。

社区居委会的性质决定了其可以协助社区志愿服务组织建设并在社区内提供相应的发展支持，也会倡导和组织各类社区志愿活动，并通过社区志愿服务组织建立与居民的紧密联系。但是，社区居委会只是一个支持性单位，并不直接为志愿服务组织负责。

在广州市大力推广专业社会服务的同时，“社工+志愿者”模式也得到有力推广。尤其在以街区为服务单元的家庭综合服务项目推广期，在对社会工作服务的评估中将“义工志愿者培育与服务”作为考察选项，激发了进驻各街区的社会工作服务中心加强辖区内志愿服务团队建设的积极性和主动性，并将志愿者纳入社区服务提供体系中，有效解决了社工人手不足的问题。在社工的推动下，广州市的社区志愿者注册人数明显增加。将社会工作者作为社区志愿服务的引领者和负责人的确能较好地发挥“三社联动”的效果，并且能在社区一线回应社区需求。但是在实践中也衍生出新的问题。社工机构在街区的服务是契约式的，一旦合约到期无法继续拿到该街区的项目就会出现机构的更迭，而社会工作本身是高流动的职业，通常一个合约期内负责志愿者管理的社会工作者会发生多次更换。志愿者本身也具有较大的流动性，所以更需要相对稳定的机构或角色来进行引领。然而，近些年社工行业的不稳定为本就松散的志愿服务组织加强组织化工作带来了更多负面影响。

因此，不论是社区居委会还是社工服务站，在新时期对志愿服务的工作重点应转向“授之以渔”，从培训志愿者、带领志愿者服务转向培育志愿服务组织的自我管理和可持续发展能力。在未来的社区评估和社会工作服务评估中，可将所培育的社区志愿服务组织的组织化水平与活力等作为主要评判指标。

（二）组织（团队）建设的关键是什么

将组织目标提升到加入治理共同体参与社会治理的高度时，就对志愿服务组织建设提出了更高的要求，同时反映在服务能力和团队情感两个方面。

1. 服务能力建设

社区志愿服务组织的直接目标是提供社区服务，因而相关专业服务能力的建设是基础。对于普通的社区志愿者，在掌握基本的生活服务技能之外，更需要经过专门的岗前培训来加强专业服务的能力。如长者探访服务，它并非邻里串门，而是需要学习专门的探访语言，做详细的观察与记录，并及时反馈和形成跟踪服务等。对于具备一定专业技能的专业志愿者，在发挥其专业特长之外也需要对志愿服务价值与伦理规范有清晰的了解，如与服务对象的沟通、关系建立等方面的技巧，避免出现如司法志愿者将庄严面貌、医务工作者将权威形象不自觉地带入社区服务中反而拉开与服务对象距离的现象出现。志愿服务组织开展的志愿服务与个体献爱心的不同在于更规范化、系统化，而这些都需要通过服务能力的建设来实现。

2. 团队情感建设

尽管开展服务是组织的目的，但要想凝结成可持续发展的生活共同体，情感建设同样重要，它是志愿者对组织产生归属感，从而将个体价值融入共同体价值的关键。“幸福感不仅来自内心，也与外部有所关联。它来自我们与他人，我们与我们自己的工作，我们与群体的正确关系中。”①志愿服务组织就是通过情感建设给志愿者营造幸福感。其主要方式包括通过团建活动、沟通系统打造志愿者间“亲密的伙伴关系”，提倡组织内部的互助关怀，让每个志愿者都生活在友爱的群体中。在组织文化方面，让志愿者体验到加入志愿服务组织不仅是向社会奉献爱心，更是来到一个友爱的群体中接受更多伙伴的关爱；在宣传导向方面，从传统的强调无私奉献的伟大到强调加入志愿服务组织后的收获，如积极自信的自我塑造、社会价值的实现、友爱新生活的开启等；在群众视角塑造方面，要让更多居民不再仅仅仰视与尊敬（仰视与尊敬之后常伴随敬而远之），而是切实羡

① 丁元竹：《新中国70年激发社会活力体制机制的探索》，载《中国发展观察》2019年第19期。

慕志愿者的生活方式，从而让加入志愿服务组织参与社区服务成为新时期令人向往的时尚生活方式。

（三）该建立怎样的组织结构

志愿服务组织作为个体与社会联结的生活共同体，该建立怎样的组织结构呢？简言之即因人而异。事实上，志愿服务组织结构并没有固定的模式，虽然大多数为松散结构，是弱关系的联结[①]，但也有部分是紧密结构，如机关团体单位内部的志愿服务队；有组织架构清晰的，也有围绕一个“克里斯玛型领袖”的追随型。这主要取决于志愿服务组织内的人员构成，有什么样的志愿者，就会形成怎样的组织角色，就会塑造怎样的组织结构。对于以人力资源为核心资源的志愿服务组织而言，这种因人而异的结构设置是合理的。但因此形成的百花齐放的组织结构也是一把“双刃剑”，一方面有利于发挥志愿者的主动性、创新性并保持生活共同体的温暖气息，但另一方面也会阻碍组织的长期稳定发展。要想减少弊端，在制度建设上应突出选举制度和权责制度，以此维系组织的稳定运转。

三、广州社区志愿服务的成效与组织化困境

（一）广州市社区志愿服务的成效

截至 2019 年底，广州市共有志愿服务团体 10448 个，志愿服务团体数量在广东省各地市中排名第一，其中注册志愿服务组织 3025 个，在广东省各城市中排名第二。注册志愿者人数达 309. 8 万人，参与志愿者服务的人数占广州市常住人口比例的 7. 65%，注册志愿者人数排名第一且遥遥领先其他城市。广州市志愿者主要从事的志愿服务领域是青少年服务、敬老助残、扶贫帮困、公共文明、环境保护、康乐文化、便民服务等，大部分是以社区服务的形式完成。其中，最有代表性的是社区养老服务，已经形成了较为成熟的三大模块：一是开展丰富老年人的业余生活、送关怀为主的活动；二是以招募低龄长者为高龄独居、生活困难长者提供一对一帮扶的

① 陈艺华：《弱关系的力量：社区工作领域中的志愿服务研究》，载《社会工作》2020 年第 1 期。

以老养老互助活动；三是整合社区资源为社区老人提供生活照料服务的社区居家养老服务。通过这三大模块组成的社区志愿服务已经成为广州市社区养老服务领域重要的支撑力量，它既满足了中国传统文化中长者对家庭的依恋，也有效缓解了家庭养老的压力，是解决老龄化社会问题的有效手段。

广州市社区志愿服务依托社区建立起全覆盖的服务网络体系，让居民在家门口就能找到志愿服务组织，有时间做志愿者、有困难找志愿者成为可能。全市11个区的201个街（镇）社工服务站全面推行“社工+志愿者”的发展模式，将社工站打造成社区志愿服务者的家园。此外，还有120家“志愿驿站”、170间“康园工疗站”、83个公共文化设施志愿服务站点、75个景点景区志愿服务站点、597个窗口类志愿服务站点、2个残疾人就业孵化基地、146个居家养老服务部、24个居家养老服务示范中心、1460个星光老年之家、1113个农村老年人活动站点、170个日间托老机构、392个助餐点等各类社区服务站点，服务网络体系在全国处于领先地位，为志愿者参与生活互助、风险防范、社区活动等各类型的社区志愿服务活动创造了便利的条件，真正让志愿者成为社区治理的主力军。

（二）广州社区志愿服务面临的组织化困境

尽管成绩斐然，但社区志愿服务在进一步组织化中面临的困境也非常明显。目前已有的10448个志愿服务团体中，有4364支来自党政机关和事业单位，以党员志愿者为主体，有2956支来自高校，以学生志愿者为主体，有242支来自企业，以企业员工志愿者为主体。可见，来自机团单位的志愿服务组织占了大多数，它们的优势是可以利用机关团体单位已有的高度组织化实现较好的团队协作，高效完成志愿服务任务，并且具有一定专业性服务上的人力优势。但缺点是这些机关团体单位只是为本单位实践精神文明创建和展示社会责任感的需要而定期开展服务，不能更好地契合社区服务对恒常性、快速反应性的要求。但布点于广大社区的社工站、星光老年之家、助餐点等服务网点，才是真正的社区志愿服务一线。

表 1　广州志愿服务组织与社区志愿服务网络

	广州主要志愿服务组织	广州社区志愿服务网络
组织构成	机团单位为主（数量排名前五：机关、事业单位、学校、企业、行业协会）	社区服务站点为主（数量排名前五：星光老年之家、农村老年人活动中心、助餐点、社工站、日间托老服务站和工疗站）
组织特性	依托于强关系为主的既有工作单位，组织化程度较强、稳定性高	弱关系为主的松散型组织，组织化程度较弱、流动性高
服务类型	定期服务	恒常服务
服务导向	以既有工作单位的公益性为主，对社区服务需求反馈较慢	以社区居民的服务需求为主，对社区服务需求反馈较快

从表 1 可以看出，目前，广州社区志愿服务组织化最主要的困境是志愿服务组织与社区基本服务网点需求不匹配。广州市以机团单位为主的志愿服务组织虽然也可以参与服务网络内的志愿服务，但是这批组织化程度高、专业化强的志愿服务组织却不可能以社区需求为导向提供不间断的恒常服务。而社区内部的志愿服务组织却存在组织化程度低、专业性弱、流动性高的弱势状态。这个不匹配问题在广州的志愿服务时长上就能明显地反映出来。广州市志愿者总数在广东省位列第一而服务总时长则以 5640 万小时位列第二，且广州市志愿者人均服务时长为 18 小时，不到深圳市志愿者人均服务时长 38 小时的 1/2。可见，众多的广州志愿者并未能通过志愿服务组织有更好的服务发挥。要解决这一困境，需要同时从两方面入手。

一是引导机关团体单位志愿服务组织与社区合作，倡导机关团体单位在社区开展在地性志愿服务。如将企事业单位的社区贡献作为其社会责任考评的重要指标，或设立针对机关团体单位的社区志愿服务排行榜、贡献奖等。从组织能力建设角度来看，这一类型志愿服务组织专业化较强，但需要加强其在地化服务设计能力、志愿服务价值与基本技巧的培训，以协助此类组织更好地融入社区服务中，实现单位公益价值和社区需求的双赢。

二是加快社区内生性志愿服务的组织化进程，力争建构更稳定、更专业的服务队伍。从组织能力建设角度来看，这一类型志愿服务组织首先需要加强组织管理能力建设，完善落实志愿者招募与管理、志愿服务项目对接、志愿者培训、志愿服务评估、志愿者激励五大部分的工作。可通过遴选一批优秀的以社区居民为主的内生性志愿服务组织进行示范性宣传推广，也可通过设立志愿服务组织成长阶梯计划，激励志愿服务组织完善自身的组织建构。其次，需要加强专业服务能力的建设，可由行业协会组织相关专业培训或定期专业内分享的方式建立辅助性长效志愿培训机制，也可由行业协会组织督导专家定期、分领域进驻组织指导，还可以由专业志愿者下沉到志愿服务组织指导等多种方式来进行。同时，应建立对志愿服务的评估，以评估促进服务的规范化，提升服务质量。这里的评估与专业社会服务评估不同，更多的是以激励、提升为主，同时将专业化责任意识传达给志愿者，促进志愿者主动关注服务质量。

四、新时期广州志愿服务组织能力建设的新要求

尽管许多社区内生性志愿服务组织尚未实现完善的组织化，新时期的社会治理环境已经对志愿服务组织的能力建设提出了新的要求，这意味着广州志愿服务组织在能力建设上需要面临更多的进阶。

（一）进阶一：从小众活动到大众/社区传播

一直以来，社区志愿服务存在重活动、轻传播的问题。尤其是在“社工+志愿者”模式中，由于志愿者参与程度成为服务评估的指标，社工在社区服务中往往只注重团结一部分社区积极分子去开展志愿服务活动以完成工作指标，而且为了成果的便利和高效率，每次都是将同一批最热心的志愿者送上服务一线，其结果就是社区志愿服务变成少数热心居民的小众活动，未能推广到更多群众、唤起更多群众参与，难以形成更广泛的社会影响。其中固然有各种现实性的制约因素，但也是必须要突破的瓶颈。无论是志愿者招募还是志愿服务推广，都需要志愿服务组织重视做好传播工作，要具有品牌意识与营销意识。不论是对社会大众还是对社区居民，都需要讲好新时期社区志愿服务的故事，真正将志愿服务作为一种生活方式进行宣传普及。要善于运用项目营销手段打造志愿服务品牌、塑造志愿者

形象，并加强新媒介的运用，通过不同媒介进行优质志愿服务品牌的社会推广。

（二）进阶二：从松散、粗放型组织到紧凑型、精细化组织

志愿服务组织的结构可以是多样化的，但要想提升服务效能并具备可持续发展的能力，则必须从松散、粗放型组织向紧凑型、精细化的组织进阶。这里的紧凑、精细主要通过两方面实现：一是建立组织文化。志愿服务组织除了传统的奉献爱心等志愿服务文化以外，还需要凝聚自身独特的价值与文化，并鼓励组织文化的传承。从群体的角度出发，只有形成共同的群体文化才能加强群体认同感，而只有群体成员意识到自己是群体文化传承的主体才更有动力去实践组织文化。二是确立组织结构与规范。如果志愿者认为志愿服务组织只是自己想来随时来、想走随时走，想做什么服务就做什么服务的自由领域，则难以完成组织的服务目标，也与推广社区志愿服务的初衷背离。在不影响志愿性的前提下，志愿服务组织应在成员民主协商的基础上确定组织的结构与规范，明晰成员的角色与权责，并通过一段时间的制度化运作，让组织结构与规范相对固化下来。

（三）进阶三：从分散式、不定期服务到集中式、可持续服务

社区志愿服务致力于解决社区问题、建设社区美好家园，而常见的分散、不定期献爱心式的服务很难实现这一蓝图，更难以将志愿者整合进社区治理共同体。因而，集中式、可持续的服务必然成为新时期志愿服务组织的进阶目标。对于机关团体单位主导的志愿服务组织，可实行在地性或一对一帮扶的形式开展志愿服务，以集中应对社区的某些生活困境或发展性问题。此举也有利于机团单位产出集中、深入的志愿服务成果，摆脱做形象工程的质疑。对于内生性社区志愿服务组织而言，则需要加强志愿服务团队建设，形成目标明晰、分工明确、团结一致的工作作风，让志愿者将持续参加志愿服务作为一种常态。

（四）进阶四：从展示型到解决型

志愿服务本身具有体现公益、奉献、关爱的展示价值，国家和社会也都大力提倡推广这些价值。但是若要将志愿者纳入治理共同体以成为社会治理的重要力量，就不再只是精神文明创建，而是要切实成为解决社会问

题、增进社会福利、提升生活质量的主力军。这就需要志愿服务组织将服务项目从传统的展示型转换为解决型。新时期志愿服务组织开展的服务不再只是组织社区大妈参加广场舞大赛，而是培育社区文艺骨干开展适合各类居民的、丰富多彩的文娱活动，并在活动中激励居民加入社区公共议事以推动社区自治；也不再是学雷锋日探访社区独居老人拍照留念，而是签订“一对一”或“多对一”的长期帮扶协议，提供更持久的情感支持和生活照料；更不是植树节蜂拥而至栽树苗然后任其自生自灭，而是开展“社区花园”项目，以社区营造的理念真正帮助居民拓展一片让生活更绿更美的公共空间。简言之，新时期对志愿服务成效的评价不仅是“做了”，而且要“做好了”，即真实有效地回应了居民的日常生活需求和社区发展需求。

（五）进阶五：从一般服务到专业服务

要想切实解决社区问题，志愿服务组织要开始从提供一般服务向提供专业服务进阶。专业志愿服务不仅是具有专业特长的机关团体单位的领域，社区中的确需要涌现更多的“钟南山团队”“赵广军团队”开展专业服务。这一进阶包括两个方面：一方面是社区需要与现有具备专业特长的机关团体单位志愿服务组织进行对接与合作；另一方面是加大对社区内生性志愿服务组织志愿者的专业化培训。对于社区居民为主的志愿服务组织而言，提升专业服务能力最直接有效的方式是吸纳有专业特长的社区精英作为组织骨干带动整体专业水平的提升，或直接组建某一专业领域居民组成的服务队，如由社区退休警务和保安人员组成的联防队、退休教师组成的“430”课堂辅导团等。同时，志愿服务组织需要认识到传统的一般性服务也需要加强专业性，哪怕是简单的上门居家照护服务，不是有爱心去帮忙即可，也需要在诸如怎样给老人翻身、擦洗、换药等方面进行专业指导。一直以来，部分居民感觉志愿者的服务不专业，无法满足自身需求，因此认为自身不需要志愿服务，也不愿意参与志愿服务。在新时期，志愿服务组织应力争用更专业的服务为自身正名，更新大众的认知。

（六）进阶六：从接受项目到开发项目

目前，广州市社区志愿服务组织自主开发项目的能力普遍较弱，大多处于接受社区居委会、社工服务站及其他机构的项目委托阶段。这造成两个不良后果：一是习惯性等米下锅，无米下锅时志愿服务组织就处于名存实亡的状态，让本就是松散结构的组织更松散，引发志愿者的大量流失；二是有部分经常会接收到委托项目的志愿服务组织疲于被动应付，没能更好地将志愿者个体需求与服务需求相结合，同样会造成志愿者的流失。最终使部分注册志愿者成为“僵尸志愿者”，存在于志愿者注册系统却没有任何志愿时数登记记录，这无疑是对人力资源的极大浪费。新时期志愿服务组织在服务项目的设置上应该更具主动性，能够结合自身人力优势让更多志愿者参与到对自己服务的设计、开发中，兼顾个体需求与社区需求，提倡创意与坚守，勇于通过参与服务项目竞投、链接资源寻求合作、发起众筹等方式实践自己的价值追求，并能够通过创立自身的品牌服务项目壮大组织，提升社会影响力。

（七）进阶七：从传统助人到创新治理

当志愿服务开始成为治理共同体的重要构成力量时，也意味着志愿服务组织需要将理念从传统助人进阶至创新治理，即随时意识到志愿服务组织不仅应以爱心去急人之所难，更要推动社区善治。目前，广州市各社区对志愿服务的潜在需求量巨大，如长者服务领域虽然已经是广州志愿服务的亮点，但是广州市现有 65 岁及以上人口 114.5 万，现有服务体系能够覆盖的依然只是少部分长者群体。以日间托老服务为例，188201 个镇街仅有 170 个日间托老机构，这意味着还有大量有需要的家庭因本镇街的容纳量有限而无法享受服务，甚至部分家庭至今不知道广州有日间托老服务。社会化养老服务作为每个市民都可以享受的基本公共服务，其均等化的实现需进一步依靠志愿者的加入。因此，作为社区志愿服务组织，不能简单坐等收到本镇街日间托老中心的邀请，而是应更具前瞻性地去思考该如何为现有服务体系尚未覆盖到的长者居民服务。一方面，志愿服务组织可以自主开发创新型日间长者服务项目，如在社区中长者聚集的公共空间开展流动性健康服务等，以作为现有服务体系的有效补充；另一方面，应积极向有关部门建言献策，推进服务网络建设并主动承担任务，让更多的广州市民享受到更美好的社区生活。

参考文献

[1] 丁元竹. 志愿服务指标体系研究 [M]. 北京：清华大学出版社，2018.

[2] 共青团中央青年志愿者工作部，等. 中国志愿服务培训大纲 [M]. 天津：天津社会科学院出版社，2017.

[3] 涂敏霞，等. 广州志愿服务组织发展报告 2018 [M]. 北京：社会科学文献出版社，2018.

[4] 陶倩，等. 新时代中国特色志愿服务发展研究 [M]. 北京：社会科学文献出版社，2018.

[5] 王洪松. 当代中国的志愿服务与公民社会建设 [M]. 北京：中国政法大学出版社，2015.

[6] 佘逸群，纪秋发. 中国志愿服务：历史、实践与发展 [M]. 北京：北京理工大学出版社，2016.

广州市社区志愿服务项目创新发展研究

郭　媛[①]

摘要：本研究基于广州市不同类型社区志愿服务项目的创新实践案例，探索社区志愿服务的价值和作用，分析当前社区志愿服务创新发展遇到的瓶颈，指出要处理好几对关系，并就推动社区志愿服务项目创新发展提出对策建议。

关键词：社区志愿服务项目　创新发展

一、广州市社区志愿服务项目创新的背景

党的十八大以来，习近平总书记对弘扬雷锋精神、发展志愿服务事业作出一系列重要指示。广大志愿者、志愿服务组织、志愿服务工作者积极响应党和人民的号召，弘扬和践行社会主义核心价值观，走进社区、走进乡村、走进基层，为他人送温暖、为社会作贡献，充分彰显了新时代中国志愿者的理想信念、爱心善意、责任担当。习近平总书记强调，希望广大志愿者、志愿服务组织、志愿服务工作者立足新时代、展现新作为，弘扬奉献、友爱、互助、进步的志愿精神，以实际行动书写新时代的雷锋故事，为实现中国梦作出新的更大贡献。

我国的志愿服务最早就是从社区志愿服务起步的，由于其服务的兜底性、需求的恒常性、供给的可及性，社区志愿服务的重要性日益显现。在

① 郭媛，新闻传播学硕士研究生，广州市社会服务发展促进会执行会长、爱德基金会品牌传播督导、广州市爱德公益发展中心副理事长。主要研究方向为公益慈善资源调配与社会服务赋能机制下的“社工+社区志愿服务”创新模式。

社会转型的特殊时期，伴随着政府职能的转移和社区治理模式的创新发展，作为社会基础单元的“社区”获得了更大的自主发展空间。社区志愿服务组织对于社区建设与社区发展具有重要的意义。首先，社区志愿组织是社区居民因为“共同的社会目标”与“共享的价值观”而形成的自愿组织，这有利于居民更好地参与社区建设；其次，社区志愿组织能够整合社区资源，弥补政府部门在社区服务供给方面的不足，更好地满足社区居民个性化、多元化的需求；最后，社区志愿组织的完善能够形成良好的社会资本，有助于社区居民的沟通，有利于社会信任的重建，促进社区建设与社区发展。

作为全国志愿服务起步最早、发展最快的城市之一，近年来，广州市把培育和发展社区志愿服务队伍作为社区治理创新的主要内容来抓，大力发展社区志愿服务项目，共建共享和谐社区，立足扶贫帮困、文化教育、社会安全、美化环境、社区营造等领域，不断创新服务载体，探索出社区志愿服务项目的新路径，构建了“党群齐参与、多层次共建、全方位发动”的服务模式，把社区志愿服务项目发展作为文明创建的一项特色工程来抓，在打造共建共治共享和谐社区中获得了明显的成效。

广州市各级社区志愿服务组织围绕社区居民的实际需求，以“慈善+”“社工+”“联合服务”“创新发展”等关键词作为载体，完善基础保障，促进机制健全，积极倡导和开展丰富多彩的社区志愿服务活动，推动设立可持续运行的社区志愿服务项目，紧密结合社区需要做好志愿服务工作，探索出了一条特色鲜明的和谐社区建设之路。

广州市社会服务发展促进会（以下简称“广州社促会”）开展的“广州社区志愿服务项目创新发展研究”问卷调查结果显示，广州市社区居民对于志愿服务需求最大的是“帮困助残等社区公益服务”和“便民利民服务”，占比皆为55.17%；紧接其后的是“丰富精神文化生活需求”，占比48.28%；“环境绿化服务”和“义务教育”的占比均为36.21%；还有“获取信息”，占比31.03%（见图1）。

如图2所示，广州社区开展志愿服务项目，最多的首先是社区公共卫生服务，占比37.93%，这与广州创建国家卫生城市的目标相契合；其次

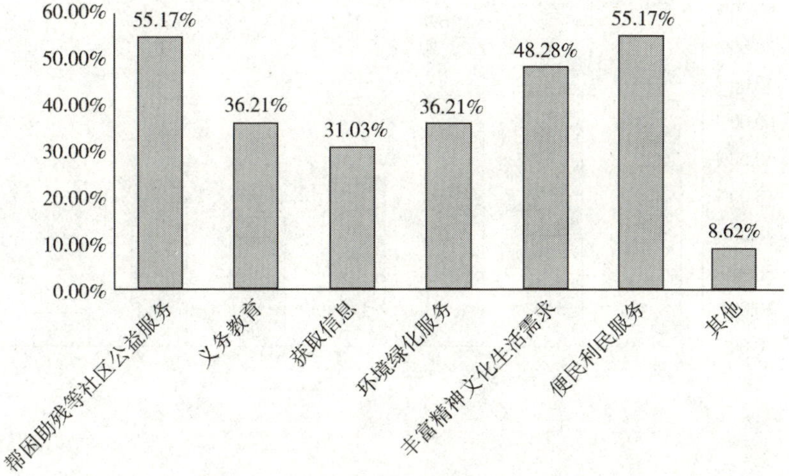

图 1　社区居民的志愿服务需求情况

是为老服务，占比 36.21%，与广州老龄化社会的严峻形势相吻合；最后是社会保障服务，占比 27.59%，与党和政府大力推进的民生建设相呼应。

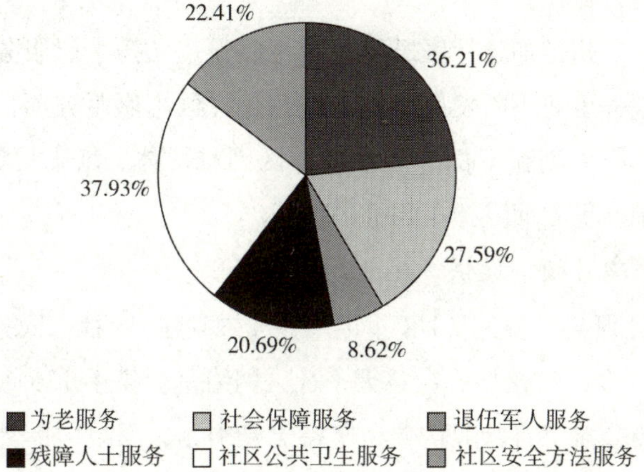

图 2　广州市各类志愿服务项目开展情况

如图 3 所示，在服务群体方面，残障人士是社区志愿服务项目最重要的服务对象，占比 82.76%；其次是困境儿童，占比 68.97%；最后是兜底服务长者，占比 48.28%。

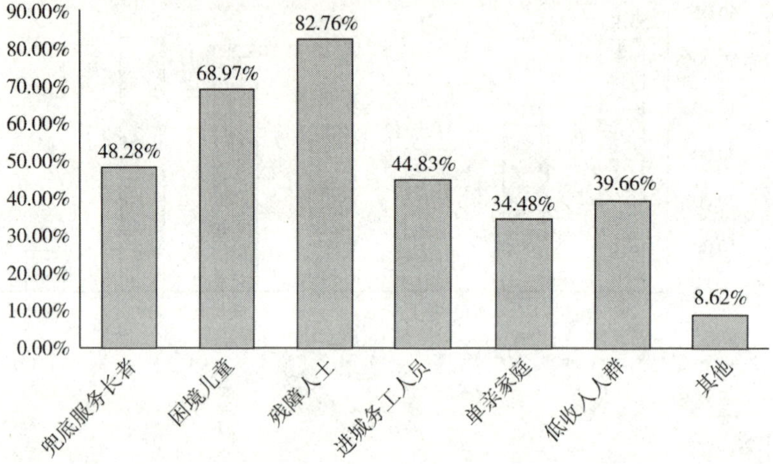

图3　社区志愿服务主要服务群体

二、广州市社区志愿服务项目创新发展的典型案例

近年来，广州市加强社区志愿者队伍建设，弘扬志愿服务精神，推动公益性社会服务事业不断发展，打造特色化社区志愿服务项目，积累了大量的社区志愿服务创新案例。在帮助社区困难群体、增强居民自治意识、提升居民幸福感等方面发挥了积极的作用。

（一）党建引领，提供多元化志愿服务

1. 广州社促会：益天平社区网络平台，“党建+”社会服务资源调配

2019 年至今，广州社促会益天平社区网络平台携手 136 个会员乃至更多社会服务与公益慈善行业伙伴，坚持党建引领，围绕“跨界、融合、创新，立足社区、激能自助、共建和谐”为重点定位，链接社会多元化主体跨界公益资源，打造品牌社会服务项目和公益慈善类组织，研发“益天平”互联网+社会服务资源调配机制，努力发展成为社区志愿服务的第三方网络传播支持力量和公益慈善资源调配枢纽。

益天平社区网络平台基于“益天平”互联网+社会服务资源调配机制，创建了善德计划、善德萃、公益季、益天平、求索纪、炬 LIT 6 个线上+线下的 O2O 自主品牌项目，并以平均每周一场的频率，开展了丰富多彩的社

区志愿服务活动，包括沙龙、论坛、培训、探访等，发展成为政府、企业、社会组织、志愿团体等多元主体提供跨界资源对接、新媒体传播督导等专业支持的服务模式。

益天平团队根据互联网特点，利用新媒体、新技术、新手段，将“互联网+公益”的传播方式方法进行创新，通过文字、图片、声音、视频、条漫等表现方式，提供包括新闻采写、项目介绍、人物专访、专题策划、海报、长图、条漫、短视频、微纪录片等多种社区志愿服务的网络传播内容。据不完全统计，短短1年时间里，益天平社区网络平台产出原创文稿超过1000篇，包括项目活动600余篇、海报及条漫65篇/个、短视频48个、人物访谈34篇，纪录片及广告宣传片56个等创新性传播成果；其微信公众号平台累计访谈、采写、调研及发布图片、文字、视频等文稿超过500篇，总阅读量高达10万次；其中，多篇原创文稿为中新社、《广州日报》《南方日报》《羊城晚报》《信息时报》、新浪广东、腾讯大粤网等大众媒体及网站广为报道传播。

为促进社会多元主体的资源融合，推动树立社会服务资源共享理念，益天平社区网络平台打造了公益慈善与社会服务资源链接平台，通过整合、调配社会资源，实现资源的有效配置，开辟了一条跨界合作、开放共享的慈善发展新路径。

以广州市各区社会组织或社工机构开设的“430”课堂项目为例，益天平社区网络平台通过线上资源链接及调配方式，一方面了解到为解决小学生课后无人照管、家长接送难等问题，各区社会组织或社工机构正努力联合多方力量开展“430”课堂服务，该项目需要大量的社会服务工作者或志愿者；另一方面，与广州市多支志愿服务团队在线交流时得知，其有一批志愿者可提供长期志愿服务。据此，益天平社区网络平台牵线有志愿者需求的社会组织及社工机构，与邻近的志愿服务团队进行志愿者和志愿服务资源对接，通过精准输送志愿者进社区服务，助力探索广州市中小学生课后特色课程开发与实施的路径。

2. 广州市法泽城市与公益研究中心：三元里社区大学，“党建+”社区基层治理创新

作为外来人口大市，广州市不断探索外来人口治理的新路子，开发了不少引导外来人员参与基层治理的社区志愿服务项目，让外来人口由“外来人”变“自家人”——“三元里模式”就是其中的特色样本。三元里毗邻广州火车站，位于多个区的交界点，大量外来人口聚集，商业交往频繁，社会治理难度大。2014 年，广州市法泽城市与公益研究中心（以下简称“法泽”）将视线投向了三元里，创办流动孩子亲子早教班，为来穗妈妈们解决了育儿问题，实施“垃圾不落地”行动，培养来穗人员和居民的环境意识。

2015 年，法泽开始了三元里社区大学的试验。这是全国首家扎根城中村为来穗人员服务的社区大学，开设有来穗人员写作班、商务英语班、演讲口才班、就业创业技能班等多种类型的培训班，不仅提高了来穗人员的能力，也增强了他们在城市生活的信心。法泽还重点培养来穗人员的社区参与意识和社区参政能力。2016 年，三元里推动创建社区“五个一”的探索实践，即创建一个来穗人员党支部、一个来穗人员融合工作服务站、一个社区共治议事会、一个来穗人员融合学堂和一支来穗党员志愿服务队。其中，三元里来穗人员党支部在第二年升级为党总支，下设 4 个来穗人员党支部，实现“流动党员人在哪里，党组织就建在哪里”。社区共治议事会在松柏岗社区试点成功后，2017 年底已推广至三元里街另外 12 个社区。为更好地管理社区各条巷子，议事会还建立起“巷长制”，实现每条小巷皆有人管。

三元里社区大学致力于建设来穗人员“党建+志愿者服务”的新模式，围绕人的城镇化、城市公益等主题，实现社区服务网络+社区创新+品牌构建的目标。以党建引领，给予来穗人员更多关爱和服务，引导他们以主体地位参与议事决事，推动来穗人员与当地居民的融合。为应对城镇化过程中“人的城镇化问题”，法泽扎根于流动人口聚集的“城中村”，用以外管外的手段，通过社区教育和社区工作的方式服务流动人口，帮助他们实现城市融入和融合，探索流动人口社区可持续发展的协同治理新机制。

（二）“互联网+”，创建智慧志愿服务体系

1. 广州市志愿者协会：广州公益“时间银行”，储蓄社区志愿服务

工余闲暇，如何让时间变得更加有意义？积累的志愿服务时间，怎样才能变得更加有温度？2019 年 8 月 26 日，广州公益“时间银行”正式上线。该平台是在政府指导下，由社会组织、企业、社工站和志愿者等社会力量共同搭建的社会化运作的综合性志愿服务支撑平台。广州市志愿者协会负责日常运营。广州公益“时间银行”项目的活动主要包含助老助残、扶贫济困、流浪救助、社区治理、环境保护、文化传播、文明实践、便民服务等。该平台集志愿服务发布、志愿服务时数记录、志愿服务积分存储、积分捐赠和兑换等功能于一体，鼓励志愿者、志愿服务团队、企业等主体积极参与志愿服务，按照一定比例将志愿服务时数转换为时间积分，积分可用于兑换服务和物资，并倡导志愿者将时间积分捐赠给有需要的人兑换服务和物资，实现“二次公益”，为爱加分。

2. 广益联募：“慈善+精准扶贫”，为社区捐助保驾护航

广益联募是民政部指定的首批全国慈善组织互联网公开募捐信息平台之一，以“做慈善事业的支持者”为宗旨，以“联结力量、增进公益”为使命，坚持“开放、透明、多元、融合”的理念，打造成为影响全国的“集善地”和全民慈善的便易平台。作为全国唯一慈善会（广州市慈善会）信息平台，广益联募平台自上线以来，一直发挥“慈善+精准扶贫”链接器的作用，通过赋能、传播推广、资源链接等方式，为精准扶贫项目筹集善款。

广益联募规划“善捐、善助、善品、善行、善知”五大板块，其中，“善捐”板块核心功能为慈善项目在线公开募捐；“善助”板块核心功能为个案求助；“善品”板块核心功能为慈善义卖；“善行”板块核心功能为慈善活动在线支持；“善知”板块核心功能为慈善行业能力支持。

目前，广益联募平台可为全国各地慈善组织提供注册入驻、认证审核、项目审核、项目认领、公众捐赠、信息公开、慈善活动发布、义工招募等一系列服务。自平台正式上线以来，已有近 300 家公益组织入驻并发布公益慈善项目进行公开募捐，并逐步从广州辐射到全国，为全国公益慈

善组织提供服务。

（三）“社工+志愿者”，实现“1+1>2”

1. 碧心基金：“医务社工+会讲故事的病房”

儿童肿瘤、白血病等大病因治疗周期长，医院成为幼小儿童们的家。这些患儿不得不离开校园、同伴1—3年，甚至更长的时间。因为长久地与社会隔离，正在孩子探索世界、建立世界观的年纪，普通孩子享受到的教育在他们身上却面临缺失。正在接受治疗的儿童还面临着环境转变、化疗带来的身体及精神痛苦、治疗过程中社交中断等情况。

“会讲故事的病房”项目由广州市海珠区碧心公益服务中心策划开展，通过联合“医务社工+绘本故事志愿者”，以医院为社区，为院内儿童血液肿瘤科长期住院的患儿，设计出贴近患儿及家庭的绘本故事会，让好故事的力量释放孩子们在治疗过程中的情绪，减少他们因未知而产生的不安和恐惧感，保持阅读和探索的兴趣，与同龄人享有共同学习和成长的权利。

该项目以病房故事会（线下）+有声故事录制（线上）为主要开展形式，同时在合适的定点医院儿科援建绘本图书角，向患儿提供书籍借阅，丰富他们的住院生活。其中，绘本志愿者的培养是一大亮点：为惠及更多的患儿，通过举办绘本主持人培训，成功培养故事志愿者。

项目自2017年开展至今，已累计在4家合作医院儿科开展绘本故事会150余场，受惠患儿1000多人次，累计参与志愿者800多人次。志愿者们带着更为专业的绘本解读和讲故事能力，为患儿“上演”一节节精彩的故事会。

2. 齐志社工：护苗计划——为社区困境儿童托起梦想

2017年，广州市越秀区齐志社会工作服务中心链接政府、企业和媒体资源，启动困境儿童支援计划，为广州多个社区的困境儿童提供帮扶服务。

在服务的过程中，齐志社会工作服务中心了解到社区困境儿童普遍存在着家庭生活困难、居住环境较差、文化教育缺失、亲情关爱缺失等问题。为了助力改善这一问题，齐志社会工作服务中心设计了“护苗计划——为困境儿童托起梦想”项目，通过整合社区资源、社会企业、心理和教育专家、志愿者和社工组织等资源，发挥中心自身的平台及专业优势，“社工+志愿者”的模式，开展“护苗志愿者服务”“梦想圆梦帮扶”“自信素质培养”等专题服务活动，增强困境儿童及其家庭的社会支持网络，解决困境儿童学习和生活困难，发掘自身潜能，提升综合素质，加强内部和外界群体之间的联系，从而更好地适应环境和融入社区，为困境儿童托起梦想。

（四）社区慈善基金，创新志愿服务模式

1. 海珠区：赤岗街社区慈善基金，两个项目专注“一老一小”

赤岗街辖内本地户籍人口有 10 万多，其中 60 岁以上的老年人超过 2.6 万人。2019 年 4 月 29 日，广州市慈善会赤岗街社区慈善基金成立，重点支持长者居家安全和困难家庭儿童圆梦计划两个项目。在长者居家安全服务项目实施过程中，赤岗街社工服务站的社会工作者了解到一位 80 多岁的独居长者，居住的旧房子没有阳台，每次晾衣服都要搭凳子爬到窗台上晾晒，之前还摔伤过。经过与老人沟通，赤岗街社区慈善基金管委会联系工程队上门进行改造，增加安全实用的台阶，方便其晾晒衣物。社区困难家庭儿童圆梦计划，根据困难家庭儿童的实际情况和个性化需求，向赤岗街社区慈善基金申请资金，为他们提供家庭学习环境改造、个人学习用具购买等服务。

赤岗街社区慈善基金除了获得广州市慈善会支持的 3 万元启动资金外，还通过社区活动现场义卖、爱心企业捐赠等方式筹集到了部分资金。目前，其管委会有 8 名成员，包括街道人员、辖区幼儿园和小学负责人、社区医院医生、爱心企业代表和居民骨干等，其中有 3 名监督员。每次管委会开会，都需要监督员在现场，并且每 3 个月向社会公开社区慈善基金的财务信息，包括基金支持的项目、基金日常收支等。

街道加强引导，社工积极行动，社会广泛参与，街坊真正受益。赤岗街大力推动社区慈善基金与社会资源有效对接，建立多元化公益慈善资源募集渠道。通过社区慈善互助平台，让社区志愿者、爱心企业、热心人士、专业机构、政府资源等形成合力，为困难居民办实事、解难题，增强社区居民的获得感和幸福感。

2. 番禺区："五社联动"，激发社区治理活力

番禺区提出社区、社会组织、专业社工人才、社区企业、社区基金会"五社联动"的共治生态圈建设，推动社区治理从"被动组织模式"转变为"主动活跃模式"，营造共建共治共享的社会治理格局，为社会各界参与社区建设提供平台。

"五社联动"在党建引领下，创立基金，拓展渠道，激发基层治理活力。一方面，社企联动共建社区基金。调动社区企业积极性，为社区服务提供资金支持。目前，参与爱心捐款的社区企业超过300家，行业协会16家。如南村总商会和慈善会牵头，发动辖内企业定向募捐，设立南村雅居乐社区基金、锦绣香江社区基金、坑头村社区基金。另一方面，社区基金反哺社区治理。社区基金立足社区发展，从社区建设、社区服务、社区文化等角度关注民生，探索社区治理和服务，推动社区发展。如丽江社区利用社区基金帮扶长者、残疾人，协助开展配餐服务，累计服务超过2.6万人次。

番禺区通过"五社联动"，依法有序地组织各方主体参与社区治理，推动实现人人参与、人人尽力、人人共享。一是共商共议。建成"五社联动"试点议事厅90个，实现村（社区）居民议事厅全覆盖，开展城乡社区居民议事活动，共同协商解决社区公共事务。截至2019年4月，累计议事次数1104次，形成决议数1289件，执行落实数1160件，执行率90%，落实决议涉及资金约2.3亿元，解决了一批如环境卫生、矛盾纠纷化解等民生实事。二是共治共建。通过民主决策，解决小区车辆乱停乱放、宠物管理、物业管理、基础设施破损、治安防范等问题，激发了群众参与社区建设的积极性。如沙园社区借助辖内社区社会组织"人财物"的优势，实现多方联动，助力翻新居民楼铁门。三是共参共助。依托镇（街）社工服务站，发挥社工人才专业优势，定期与试点社区（村）对接服务，搭建"仁人来俱乐部"，运用专业知识和手法孵化培育社区社会组织和志愿者队伍106支，开展绿色环保、慰问帮扶等社区活动，服务群众超过1.1万人次。四是共融共享。建立社区互助圈子，通过"公益集市"形式调动社区内社会组织、企业、社区居委会、热心居民等社区资源，推动社区问题的

自我消化。目前，“五社联动”已举办36场公益讲座和公益集市活动，参与活动人数达9000多人次。

（五）建设志愿服务生态圈，发挥社群志愿者作用

1. 合木学院：手心咖啡，残障社群的社区融合实践

“合木学院”由广州市合木残障公益创新中心发起，面向全国的残障青年群体提供心智提升、社会认知以及能力提升三方面的培训与实践，并以创新实验室的方式开发了“手心咖啡”“买时间”等残障多元就业项目。通过兴趣社团，借由兴趣爱好重新把游离在主流教育边缘的残障群体聚集起来，激发其学习动力，探索出依据残障经验发展的共学形式，弥补残障群体在自我提升方面选择过少的缺憾。如针对残障人士普遍存在的人际交往与社会融入问题，通过发展社群骨干和组织多元社团活动，支持残障人士重新理解和学习基本社交技能和丰富多元社交知识。

“合木有学”残障成长计划突出残障群体的主体性，强调由残障社群主动参与、自我组织活动，赋能社群骨干，触动更多社群转变。其目标在于支持个体提升社会认知，重获社交能力和信心，为重回主流社会、融入社区打基础。赋能社团骨干，提升其服务社群的能力和信心，有机会成为创新者。倡导社会大众重构对残障群体形象和能力的新认知，为残障群体打造共融空间。

2. 心秀职协：电工社群打造居家安全志愿服务队

在越秀区农林街，有一支身穿红马甲的居家安全志愿服务队，他们身背专业设备走进街坊们的家里，为各类家庭电器进行“体检”，守护着大家的社区居家安全。居家安全诊疗服务已开展3年，由共青团广州市越秀区委员会指导，广州市越秀区心秀职业志愿者协会组织实施。这个由电工专业志愿者组成的社群，以其专业的知识、敬业的态度走进千家万户，为空巢老人、贫困户、老民房等上门进行家居安全检测，实地、有效地宣传安全用电、用气、消防、应急等知识，通过梳理总结问题形成一套可借鉴、可复制的出租屋安全诊疗服务体系，并联合越秀区平安促进会共同制定出租屋居家安全诊疗服务工作手册，推动全区居家安全诊疗项目有效执行，减少社区安全隐患，促进平安越秀建设。

该活动旨在通过建立专业化、系统化的居家安全检查志愿服务队，排查隐患插座、电器并提醒居民不要超额使用电压，排查燃气炉具是否存在漏气并提醒居民不要超期使用燃气炉具，普及居家防盗安全知识并提醒居民注意居家安全。为全区的居家安全知识普及打下坚实的基础，着力提升社区用电、用气的安全保障，减少居家安全的事故发生。

三、广州市社区志愿服务项目创新发展的瓶颈及思考

当前，广州市社区志愿服务项目在贴近性、适用性和综合性方面，有着不可比拟的优越性和强大的生命力。然而，复杂的人口结构及独特的地域文化，为广州社区志愿服务项目开展带来了相应的挑战，对其创新开拓提出了更高的要求。

（一）创新发展的瓶颈

1. 志愿者主体建设、运作机制和专业人才不足

一方面，志愿组织能力有待提升，包括志愿者的团队建设、年龄结构、文化程度等方面。资源类组织缺乏对志愿者的有效动员和整合能力，服务类组织缺乏对志愿服务的有效供给能力，倡导类组织缺乏对志愿行动的有效组织能力和社会影响力。另一方面，志愿服务组织的治理结构和运作机制仍待完善。例如运作不规范、作用不明显、管理制度不完备、组织公信力不高等。整体缺乏激励机制，运行效能低，可持续发展能力较弱。此外，志愿服务组织管理和项目运作方面的专业人才储备不足。社区志愿者队伍技能水平低，知识基础薄弱，导致志愿服务内容单一。

2. 志愿服务尚未形成完整的系统生态链

志愿服务不同主体间的依存关系尚未形成，志愿服务机构、组织信息、资源共享程度较低。缺乏完备的社区志愿服务运行机制，包括社区志愿者招募、培训、使用、考核、退出机制等。志愿服务体系缺乏整体规划，志愿服务所涉及的领域未能得到较好的拓展。大部分集中于“老年关怀”“社区卫生”“扶贫济困”等志愿服务领域，在居民所需的“便民利民”“文化精神生活”“社会信息”等方面还有待深度拓展。

3. 志愿服务项目过程管理及宣导不足

目前，广州市各社区所开展的志愿者服务项目，在内容丰富、实际需求和创新有趣等方面还有着较大的改善空间，社区志愿服务项目同质化、形式化等问题情况较为严重。加上社区志愿者队伍不稳定，未能在志愿服务的过程管理中形成一定的管理制度，导致社区居民的参与意识及参与能力都比较低，社区志愿服务的联动性、辐射能力欠缺，影响着志愿服务项目的开展及效果的达成。此外，对于社区志愿服务的宣传工作较少，社区居民对于志愿者和志愿活动的了解不深入、印象不深刻。

4. 志愿服务的文化建设及相关研究较少

在日常的社区志愿服务中，侧重于志愿服务项目的实施，对于社区志愿服务的文化建设不够重视，难以形成持久的影响力，不利于树立全民参与社区志愿服务的社会意识，现阶段对于社区志愿服务的相关研究也较少，无法形成一定的志愿服务学术氛围。

（二）创新发展要处理好的关系

社区志愿服务项目创新对于社区建设、社区志愿服务发展至关重要。如何进一步创新和发展社区志愿服务项目，要着重处理好以下关系。

1. 处理好“机制建设”与“开展活动”的关系。社区志愿服务工作的目标是使志愿服务进入千家万户，并吸引更多居民加入志愿服务行列。要实现这个目标，必须以活动项目为支撑，以机制作保障。只有把机制建设和活动开展有机结合起来，才能把社区志愿服务工作落到实处。

2. 处理好“需求”与“可能”的关系。社区志愿服务要得到社会认可，保持生命力，就必须紧密结合社区实际需求，确定明确的目标和项目。同时，由于社区志愿服务工作本身只是社会保障体系的补充，只能量力而行。要把社区需要而志愿者又能做到的事情，作为工作发展的目标和方向，发挥优势，突出重点，找准定位，形成自身的特色和品牌。

3. 处理好“助人”和“育人”的关系。“助人”是开展社区志愿服务工作的宗旨，志愿者在参加服务中得到锻炼和提高，被帮助者受到感召和启迪，进而实现“育人”的目的。因此，要把“助人”和“育人”有机结合起来，充分尊重志愿者的愿望和要求，针对不同志愿者和不同受助者开展不同的服务。

4. 处理好“分散”和“集合”的关系。集合既是项目的综合、人力资源的结合，也是组织体系的整合。分散就是以小组、小队为单位开展常规性、小规模的日常服务。根据社区的实际情况，组织大型活动并不是越多越好，关键是要满足社区居民的现实需要。通过社区志愿服务力量的合理配置，做到分合适当，相得益彰。

5. 处理好“群众性”和“专业化”的关系。不能因为现在志愿服务事业的发展迅速，对有些领域的专业化要求越来越高，就忽略志愿服务的群众性，也不能忽视提升重要服务的专业化水平。志愿服务从根本上讲是一项社会事业，是群众性的事业。

四、广州市社区志愿服务项目创新发展的实现路径

（一）建立完善的工作制度体系，促进志愿服务规范化

1. 构建“党建+志愿”的工作体系，形成以党建引领志愿服务的工作格局。建立党员进社区常态化机制，以志愿服务为纽带，搭建党员参与社区服务的平台，号召和动员志愿服务机构、组织、协会及社区党员带头参加志愿服务活动。构建以党员为中坚力量的志愿服务队伍体系，充分发挥基层党组织的堡垒作用。党员下沉到社区参与建设、管理、服务等志愿活动，使社区志愿服务“红起来”“强起来”，为百姓解难，为社会分忧，为文明出力。

2. 创建“专业社会服务+社工+社区”的三级联动系统，为社工和社区志愿服务团队增能、赋能，提高社区志愿服务团队的专业性、稳定性和创新性，形成以“专业引领非专业”的创新服务模式。

3. 用好现有的志愿者管理和服务平台，形成“互联网+志愿服务项目”创新管理。如利用广州公益“时间银行”平台进一步完善志愿者的统一分类、注册和管理，形成相关部门的快速联动、各类志愿服务的无缝对接，促进志愿者资源的有效利用和管理效用的最优化。

4. 健全志愿服务内外部制度体系。建立工作制度体系包括内部制度和

外部制度。在健全内部制度方面，第一，建立和完善志愿者招募机制，保障志愿者队伍的稳定性和工作的连续性。第二，建立和完善志愿者注册制度，实现互联互通、信息共享和资源共享。第三，建立和完善志愿者培训机制，着力提高社区志愿者的服务意识、服务能力和服务水平。第四，建立和完善志愿者保障激励机制，为社区志愿服务持续开展提供基本保障和动力。在健全外部制度方面，建立协调机制，形成整体合力，促进社区志愿服务与社会志愿服务体系相融合；建立统一的社会认可和评价制度，加快推进志愿服务和社区志愿服务的一体化进程。

（二）创造良好的运行条件和氛围，推进志愿服务专业化

加强对社区志愿服务的领导和支持，以专业社工带志愿者的模式，推动志愿服务机制化、常态化。搭建新型的志愿者工作平台，培育和孵化社区社会组织，为社区志愿服务探索新的载体。培育浓厚的志愿服务文化，运用“互联网+”等创新宣传手段，结合网站、App、公众号、微信、微博等宣传途径，扩大社区志愿服务活动宣传的覆盖面和影响力；以“互联网+”模式为桥梁，拓宽社区志愿服务的信息传播渠道，增加与社区居民、社会群体的互动活动。构建“线上互联、线下互动”的智慧公益生态系统，形成志愿服务的良性生态圈。同时，提升居民对社区志愿服务的知晓率和参与率，促进志愿服务理念的传播、弘扬志愿精神，形成我为人人、人人为我的良好氛围。让更多的志愿者得到人们的认可与尊重，转变爱心奉献的“单向流动”，实现正能量的“双向循环”。

增进“慈善+志愿”的项目运行，实现财政资金的合理化使用。将“公益慈善”与“志愿服务”相结合，利用慈善事业在粤港澳大湾区的腹地资源优势，把社区志愿服务的资金用到实处，推动设立专项财政资金或慈善基金，以保障社区志愿服务资金使用的规范性，同时增加社区志愿服务对民众的吸引力。

（三）全面推进社区志愿服务工作，推动志愿服务常态化

推行未成年人社区志愿服务示范基地。建立学生社区志愿服务激励制度，志愿服务时间可列入学生参加社会实践和素质教育的成绩。

建立社区志愿者辅导站。请学校老师到社区担任志愿者，引导和帮助

学生参加社区志愿服务。

建立跟踪培育制度。建立从小学到大学的长期培育制度，使学生在社区服务中接触社会，接受公民道德教育。

建立社区志愿服务回馈机制。激励志愿者积极参与，增强志愿服务的社会尊重和认同，促进社区志愿服务事业健康发展。

（四）建设志愿服务示范项目，打造志愿服务品牌化

推行关爱空巢老人社区志愿服务示范项目。可以采取“结对帮扶”，“一对一”“一对多”“多对一”开展生活照料、心理抚慰、应急救助、健康保健等服务。在人员构成上可以采取“低龄老人关爱高龄老人”的方式，在长效运作机制上可以探索志愿与低偿补助相结合等新模式。推行医疗救助社区志愿服务示范项目。紧密贴近社区居民需求，重点开展心理健康咨询、卫生知识普及、紧急救助、家庭健康教育等服务，切实提高居民的健康水平和生活质量。探索广州市社区志愿服务项目更多的可能性和创新力，形成属于广州市的社区志愿服务特色，打造地域性志愿服务品牌，树立较好的社会形象，在服务和奉献中绘制文明城市的美好蓝图。

参考文献

[1] 习近平致中国志愿服务联合会第二届会员代表大会的贺信［J/OL］. 新华网，2019-07-24，http：//www.xinhuanet.com/politics/leaders/2019-07/24/c_1124792815.htm.

[2] 社区志愿服务守望邻里和谐 制度建设推进常态化进程［J/OL］. 武汉文明网，2014-04-23，http：//www.wenming.cn/lianmeng/lmwz/201404/t20140423_1892603.shtml.

[3] 李红梅. 筑牢疫情防控的“社区防线”［N］. 人民日报，2020-02-21.

[4] 民政部社管局召开专题学习会学习领会习近平总书记关于志愿服务的重要指示精神［J］. 成都社工，2019-01-05.

[5] 高和荣. 论社区志愿组织与志愿服务的完善——以福建三个社区为例［J］. 福建论坛·人文社会科学版，2011（4）：150-154.

[6] 习近平致中国志愿服务联合会第二届会员代表大会的贺信［N］. 新华社，2019-07-24.

[7] 王波. 坚持以人为本 紧密结合社区实际需求做好志愿服务工作［J/OL］. 武汉文明网，2014-05-19.

[8] 杨旭．社区营造中的社区志愿服务发展研究［C］．硕士学位论文，广州：华南理工大学，2018.

[9] 广州市白云区三元里街开创“五个一”融合社区模式［J/OL］．广州文明网，2018-09-03，http：//gdgz. wenming. cn/wmcj/201809/t20180903_ 5418555. html.

[10] 法泽简介，广州市法泽社会工作服务中心官网，https：//www. faze. org. cn/blog/post/intro.

[11] 王名．中国公益慈善：发展、改革与趋势［J］．中国人，2016-05-03.

互联网时代的志愿传播：意义、特征与策略路径

周如南[1]

摘要：互联网的普及，特别是移动互联网的兴起，给公众参与社区志愿服务的方式带来了重大影响，使志愿服务传播有了全新的形态、功能和价值。大数据的利用，给了志愿服务传播更多的发展机会。本研究通过分析互联网时代志愿服务的传播生态及其特征，总结互联网志愿服务传播的动员结构，并在此基础上积极探索社区志愿服务的传播策略与路径，为有效做好互联网时代的志愿服务传播提供参考。

关键词：互联网时代　志愿服务　传播

以互联网为终端的一整套技术，彻底改变了信息传播和人们沟通的方式，并且带来了社会结构深层次的变化，对社会价值观、生活方式产生了冲击。它席卷了政治、经济、文化等社会各个层面，我们认为它将会带来一场传播革命。互联网的普及，特别是移动互联网的兴起，给公众参与社区志愿服务方式带来了重要的影响，使志愿服务传播有了全新的形态、功能和价值。大数据的利用，给了志愿服务传播更多的发展机会。事实上，互联网在志愿服务传播领域的创新潜力，已经远远超出了我们的想象。

---

① 周如南，中山大学传播与设计学院副教授，主要研究方向为社会组织、公益慈善、社会治理、公共传播。

一、志愿服务传播的意义

志愿服务是指志愿者、志愿服务组织和其他组织自愿、无偿向社会或者他人提供的公益服务。做好事，不但把事情做好做专业，同时要通过对典型人物和事件的宣传，弘扬社会正气，动员更多的人参与志愿服务，最终希望通过倡导和传播，影响结构性政策和制度，让世界更美好。

传播学理论告诉我们，无论是政府、企业还是志愿服务组织主体，如果只行动不发声，就会发生“沉默的螺旋”效应。“沉默的螺旋”是指一种因为主体沉默而导致一方声音逐渐强大，另一方越来越沉默下去的螺旋式传播发展过程。社区志愿服务行动者如果不做好传播工作，在政府、企业、媒体、志愿者、受助对象和公众等利益相关方层面上还会造成“议程设置”的缺失，即无法通过提供信息和安排相关议题来有效影响和引导人们关注志愿服务这一议题，从而降低志愿服务在不同层面的议题能见度。因此，志愿传播应当被定义为伴随志愿服务全过程的意义和影响力的有效扩散行为。

二、互联网对志愿服务传播的影响

（一）互联网技术发展带来志愿服务传播的质变

1. 互联网的普及为志愿服务传播提供了高效、便捷、多元、低成本的工具

互联网的信息传递速度之快、资源共享度之广是传统媒体不可比拟的。互联网赋予了每个人创造并传播内容的能力，以微博为始的社交媒体出现后，人们对话题的关注度精确到了秒，其即时化信息生产在一定程度上确保新闻热点和社会焦点能够达到真正的实时更新。以互联网，尤其是以移动互联网为基石的新媒体作为一种参与式的互动传播媒介，改变了传统媒体时代自上而下的传播模式，不仅公益组织自身能够作为传播主体发布信息，公益参与者和普通公众也可以参与传播的过程，扩大了传播的参

与基础。同时，在互联网时代，传播媒介更为多元、反馈更为迅速，传播的目标从劝说和教育变成倾听、沟通对话和动员鼓励。

2. 互联网的发展促进了中国志愿服务理念与实践的变革

互联网的出现改变了人们发布、接收信息的方式，打破了之前由少数权威机构和人士所垄断的话语权，并促进公众理性、广泛关注社会事务、参与社会话题，从客观上推动了社会进步，也推动了中国的志愿服务事业从官办主导向“人人志愿服务”发展。在互联网平台上，越来越多的公众开始关注各种社会需求、保护困难群体利益，推动社会公平和正义。互联网技术大大降低了志愿服务传播的运营成本，使志愿服务项目的运作和参与门槛大大降低，很多草根志愿服务组织与公益人完全借助博客、微博、微信公众平台、抖音快手等社交媒体与手机 App 等，就能成功实现项目发起、传播推广、资源筹措和志愿者招募等一系列活动，移动支付的发展使得捐赠行为的门槛以及资源流通的难度都大为降低，这一切都极大地推动了全民公益理念与实践的形成。

3. 大数据的挖掘使得志愿服务传播趋向专业

大数据时代，数据作为和人、财、物比肩的资源，正在成为志愿服务组织的财富和创新的基础。通过数据的挖掘和析出，组织可以精准掌握受众的人口学特征、媒介使用习惯与网络心理，即可针对受众的特点有针对性地制定组织在传播倡导、筹资营销等方面的技巧和策略，为志愿服务传播决策提供全方位、多层面的参考，使传播行为更具针对性，传播效果更具精准性，传播资源得到更进一步的整合和利用，传播的导向判断和趋势把握也变得更加有据可依。大数据的应用使得志愿服务组织针对受众“定制”个性化的传播方案成为可能，划时代地打破了以往志愿服务组织在传播与营销资源上的弱势局面。

（二）互联网时代志愿服务传播的全新特征

互联网以强大的社会动员力与凝聚力全面推动社会组织品牌传播的发展。移动互联网的普及更使得品牌传播主体及传播渠道发生革命性的巨变，其独特的平台属性颠覆了传统媒体时代的传播方式，为互联网时代社会组织的品牌传播带来了全新的特征。

1. 个性化传播

基于互联网的社交媒体是众多个体的聚合，它以非组织性的用户为主体，将网络上的一个个用户联系起来，通过用户间的协同合作实现其公益价值。正因如此，社交媒体中志愿服务传播的内容和题材的选取能够更多地体现个体的需求和特质，在主题筛选、表达形式和表现风格上具有较强的个性化色彩。这种个性化的志愿服务传播，从某种意义上讲，表达出了更多的公益需求，形成了更加丰富的观点，将个体的力量汇聚起来，创造巨大的传播价值，也是对政府、企业、传统媒体主导的志愿服务传播的有力补充。

2. 公共化传播

互联网具有自由、开放、互动、社区化的特点，能够促进以社交媒体为基础的社会网络的形成。在志愿服务传播的过程中，公益组织作为传播主体，主要表达的是公共利益诉求，而互联网则不仅是公众表达意见和见解的平台，也是公众监督公益行为的重要渠道。从对公益信息由认知、接受到自主传播、付诸行动再到监督、管理的过程中，公众的志愿服务传播理念在不断地发展，公民意识及参与热情获得了提升。

3. 多元化传播

互联网实现了志愿服务传播平台的多元化。一个社会热点的公益活动往往不仅能成为许多网络媒体的报道热点，也能吸引传统媒体的关注和支持。在这个过程中，社交网络、即时通信等多平台之间的信息充分互动，涵盖人际传播、组织传播、大众传播等各种传播形态，传统媒体与网络媒体相互设置议程，共同推动事件的发展，体现了传播渠道的多元化与各平台之间的互动连通性。在这个过程中，公众依托互联网形成的个体力量的会合与政府、企业、传统媒体以及公益组织的力量形成对接与整合，集结线上线下的资源，实现各种传播媒介的整合，促进了多元传播主体的互补。

三、互联网志愿服务传播的动员结构

新媒体低门槛、互动性、参与性的特点使得它在推动志愿服务实践发展方面具有得天独厚的优势。它调动起每个个体的积极性，汇集大众的力量，将来自民间的、广泛的热情和诉求展露无遗。在社区志愿服务项目开展和推进过程中，互联网发挥了不可替代的作用，在快速汇集人们的公益意愿和捐赠的同时，也让全民公益的理念和文化得到了最广泛的自动传播。加之大数据的支持，使得服务方、资助方、受助方的需求得到收集、分析与汇总，以往在传播链上细枝末节的地方如今可以被关注。

第一，以意见领袖为中心。互联网是一个信息开放的环境，具有一呼百应的号召力，为志愿服务传播提供了适宜生存的土壤。由意见领袖发起倡导的、点对点的直接公益是互联网时代志愿服务传播的一个显著特点。这些意见领袖包括著名学者、企业家、社会精英、影视明星等，他们以社交网站等新媒体为平台，通过自身的影响力和社会关系，迅速吸引普通民众的关注并进而参与到具体的志愿服务活动中。通过意见领袖引领的对各种活动的关注，志愿服务传播得以慢慢渗透发展。

第二，自下而上由民间推动。互联网时代的志愿服务传播充分利用了新媒体的大众性、草根性、即时性、参与性，极大地促进了公益的平民化、常态化，使得公益更像是一种生活方式，不仅推动了民间公益事业的发展，更传递了一种“人人公益”的理念。近年来，新媒体作为一种社会化程度高、成本低廉的新兴媒体形式，给志愿服务传播提供了一个全民参与的渠道，发挥出极大的社会动员力。

第三，基于众包的社群动员机制。互联网使得每个人的力量都变得很重要，每一分钟、每一个参与并不是想象中那样“微不足道”，世界已从“少数人做很多”变为“每个人都做一点点”。网络的高效互联互动，给无助的人们构筑了一个寻求帮助的新平台，给善良热心的人们提供了帮助他人的新途径，使得志愿服务传播变得更为简单、直接和有力。

四、社区志愿服务的传播策略与路径

（一）社区志愿服务传播策略

首先，社区志愿服务传播要基于CI战略定位传播策略。Corporate Identity System，译成中文是组织识别系统，简称为 CIS 或 CI，属于市场经济的产物。CIS 包括组织理念识别、行为识别和视觉识别三个子系统。是把组织文化、经营理念、管理行为融入现代商业策划设计和企业管理活动中，使之系统化、规范化、标准化。对内统一经营观念，规范行为识别，强化员工的凝聚力和向心力，形成自我认同，提高工作热情，降低经营成本；对外传播企业理念和树立品牌形象，使社会公众对企业确立牢固的认知与信赖，避免认同危机，提高沟通的效率和效果，以取得更大的经济效益与社会效益①。汶川地震之后，我国公益慈善事业蓬勃发展，社会组织的数量与规模不断增加。在市场化的浪潮下，社会组织之间的竞争也日趋激烈，一些卓有远见的志愿服务组织在参考现代企业管理理念的基础上采用市场化的品牌管理手段，也开始建设自己的 CI。

MI 是组织最高层的思想系统和战略系统。包括组织使命、愿景和宗旨、组织经营哲学与方针策略等。BI 是组织运行的所有规程策略，包括行为方式、管理方法、机构设置、公关手段、文化活动等。行为系统是动态的识别形式，它规范着组织内部的管理、教育以及对社会的一切活动，实际上是组织的运作模式。通过这种运作模式，既实现了组织的理念，又产生一种识别作用。即人们可通过组织的行为特征去识别认知这一组织。VI 是组织视觉识别的一切事物。包括组织标志、名称、商标、标准字、标准色、事务用品、传播媒介、交通工具、制服等。VI 是静态的识别符号，是 CIS 最外露、最直观的表现，也是 CIS 中分列项目最多、层面最广、效果最直接地向社会传递信息的部分。MI、BI 与 VI 共同构成了 CI。CI 不仅具有紧密的关联性，而且具有很强的层次性（见图 1）。

其次，社区志愿服务要根据拉斯韦尔 5W 模型梳理传播策略。拉斯韦尔的 5W 模式为线性传播过程模式。即谁（Who）、说什么（Says what）、通过什么渠道（In which channel）、对谁（To whom）、取得什么效果（With what effect）。这五个要素构成了传播策略五个方面的基本内容，即控制分析、内容分析、媒介分析、受众分析和效果分析②。做社区志愿服

① 陈洪涌：《CIS 策划教程》，上海·复旦大学出版社，2010 年版。

② 董璐：《传播学核心理论与概念》，北京·北京大学出版社，2016 年版。

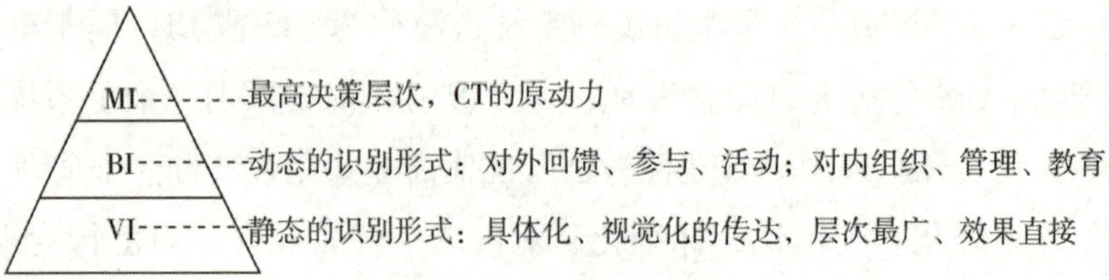

图1　战略定位传播策略

务传播策略，也要明确谁来做这件事、受众是谁、传播什么内容、通过什么渠道和希望取得什么传播效果，在5W模型基础上制定传播策略。

（二）社区志愿服务传播路径

社区志愿服务传播策略的实现可以细分为以下五种路径：

一是广告传播。广告传播是指品牌所有者以付费方式，委托广告经营部门通过传播媒介，以策划为主体、创意为中心，对目标受众所进行的以品牌名称、品牌标志、品牌定位、品牌个性等为主要内容的宣传活动，广告是提高品牌知名度、信任度、忠诚度，塑造品牌形象和个性的强有力的工具[①]。广告的使用通常是在组织品牌建立或者项目服务推出之初，受众对组织或项目还没有形成印象，通过广告，组织可以直接传达信息，从而使受众迅速认知。这一对于商业公司而言使用较为普遍的传播策略，对于大部分志愿服务组织而言也是适用的。

二是新闻报道传播。新闻报道是指通过大众媒体或新媒体等渠道，把组织信息传递给受众的一种传播方式。新闻报道是一种有效的、低成本的品牌传播方式。首先，新闻报道的受众广泛、接受度高，其权威性是任何其他传播方式都无法比拟的；其次，新闻报道的转载功能可以使得组织信息迅速、相对自发地在各种媒体中传播，扩大了影响范围，也有利于人际传播。积极的新闻报道对于建立组织品牌形象和提升品牌美誉度都有非常大的帮助。

无论是社区志愿服务活动，还是机构公关活动，组织都要有意识地寻求积极的新闻报道，这就要求组织与媒体之间保持良好的互动关系。组织可以与特定的新闻媒体、新闻记者保持联系，举办活动时准备媒体席位、

① 黄静：《品牌营销》，北京·北京大学出版社，2014年版，第114页。

主动邀请媒体参与，活动前准备质量较好的新闻通稿。组织专业人士就某一热点话题在媒体上发出代表组织的评论、观点与声音。志愿服务组织应该有意识地通过与新闻媒体的良性互动，创造获得新闻报道的机会。

三是事件传播。事件传播是指志愿服务组织在真实、不损害公众利益的前提下，有计划地策划、组织、举办和利用具有新闻价值的活动，通过制造有“热点新闻”效应的事件，吸引媒体和社会公众的注意与兴趣，以提高社会知名度、塑造品牌形象。事件传播是近年来国内外非常流行的一种传播手段，集新闻效应、广告效应、公共关系、形象传播、客户关系于一体，为品牌展示创造机会①。

事件的制造促使媒体帮助组织传播，增加了传播的权威性和可信度。但需要注意的是，事件传播虽然是一种“制造事件”的手段，但它必须符合公众利益并考虑公众感受，而不是一味地博取眼球。在事件传播的过程中，组织应该与媒体、公众等各种相关方进行良性的互动，避免引起不满与质疑，造成公关危机。

四是领导者传播。领导者传播是指社区志愿服务组织的领导者，比如创始人、志愿服务队队长等将自己的个人形象传递给公众，以期在公众心目中确立一个理想形象的过程。领导者传播的渠道可以是电视、报纸、杂志等传统媒体，也可以是个人网站、博客、微博、微信公众平台等新媒体，还可以是通过积极出席峰会或论坛、接受媒体采访、发表个人著作等途径，扩大个人品牌的传播，从而引领组织品牌的提升。

相比于明星等公众人物，志愿服务组织领导者充当组织品牌代言人，其代言人身份与组织的关系更加深刻，也更具有象征意义，有助于增强品牌识别。领导者作为品牌形象代言人或品牌拟人化的象征，其个人魅力对公众的态度与行为有较大的影响。当形象越来越好时，公众对组织的评价与信任也会越来越高。当然，个人总是可能说错话或做错事，一旦出现领导者负面消息，个人与组织的切割或提前设立防火墙也是必不可少的举措。

五是自媒体传播。社交网络的出现降低了志愿服务组织信息发布的门

① 黄静：《品牌营销》，北京·北京大学出版社，2014 年版，第 116 页。

槛，也给了社会组织以建立自媒体，系统、定期、快速进行品牌传播的机会。与其他传播渠道相比，社交网络作为一种自媒体，传播成本较低，传播内容可以自行设计与控制，并且便于组织与受众进行一对一的主动、双向沟通，实现多种传播功能。社会组织可以通过自己的社交工具，发布服务信息、推广品牌理念、开辟参与通道、进行内外互动、凝聚受众人群。

组织应该充分利用现有的自媒体平台，积极开通组织网站、博客、微博、微信公众平台、抖音等主流自媒体渠道，组建自己的自媒体运营团队，规划与设计组织自媒体传播方案，进行有序的品牌传播，做到信息的同步生产发布，满足公众对信息的即时需求。同时，组织也要鼓励用户生成内容（User Generated Content），增强受众的参与感，进一步塑造社区志愿服务的形象。

五、社区志愿服务传播中的危机应对

社区志愿服务传播中的公共关系，经常会受到各方面因素的影响，并非总是处于平稳的发展状态。这是一个“危机四伏”的转型时代，由于社会环境变化快速而带来高度不确定性，组织只要与外界有所互动，就随时处于危机的威胁当中。

大众媒体的报道加速危机的蔓延，也扩大危机的冲击面；科技的发达使得组织的疏失与危机风险增加；社会变化趋势导致组织面临变动的风险；公众的权利与表达意识增强，对组织的要求与监督加强；网络的发达使得危机传播迅猛，为危机管理带来了很大的挑战。危机是对志愿服务组织公共关系最富挑战性的考验，面对危机，组织需要在时间压力和不确定性很强的情况下对其作出关键性决策。危机可能带给组织以毁灭性的打击，组织能否化险为夷、安然度过危机，公众是否给予组织信任与支持，取决于组织是否有高度的应变能力与危机沟通能力。

（一）社区志愿服务传播中危机的特点

一是突发性。突发性是指危机的发生不可预测。危机常常是突然爆发、出乎意料的。危机发生的具体时间、实际规模、具体态势和影响深度令人始料未及，当事组织往往毫无应对地准备甚至失去反应能力。比如社区志愿服务中可能出现的各种志愿者意外。

二是危害性。危害性是指危机往往对当事组织造成较大的负面影响。由于危机的突发性，当事组织常常措手不及，将产生较大程度的混乱。危机爆发后会带来对组织不利的舆论，组织的公信力将遭受相关公众的怀疑，组织的正常运作将受到阻碍，甚至正常秩序被破坏。危机对组织的生存与发展具有立即而明显的威胁，具有较大的破坏力与负面影响。比如因缺少完善的志愿者保障机制，导致志愿者在服务过程中发生人身伤害事故，严重打击志愿者的积极性。

三是扩散性。扩散性是指危机传播速度往往极为迅速与广泛。在新媒体时代，网络已经成为社会组织危机的触发器与放大器。社交媒体的发展，使公众获取信息的便捷性与自主性大大增强，信息的传播渠道更加畅通，组织的负面信息很容易通过网络扩散出去。即使是一个很小的负面信息，都有可能迅速地在社交媒体上传播并演化，使组织的声誉受损。

四是二重性。二重性是指危机是危险和机遇的混合体。危机是一把"双刃剑"，"危机"二字便很好地诠释了这一点。危机的负面影响显而易见，但危机中也蕴含着机遇。危机的爆发使当事组织认识到自身的不足，使组织得到公众的密切关注，此时若处理巧妙、得当，并且及时有针对性地对组织运作进行改善，则将迎来建立品牌、获取公众理解与好感、扩大影响力的好机会。

（二）社区志愿服务传播中的危机类型

一是财务危机。财务危机包括资产危机、收入危机和支持危机。因为志愿服务组织是非营利机构，其财务管理模式与管理经营模式都对资产产生影响。当遭受自然灾害、保管不善、投资不当等自然或人为的损害时，组织有可能遭遇资金亏损。目前，非营利组织的收入主要有五类来源：政府补贴或资助、基金会和资助机构支持、企业捐赠、个人捐赠以及服务收费。组织的收入危机主要表现在收入来源的减少与服务成本的上升两方面。人员低效、信誉受损、责任缺失、合作破裂甚至物价上涨等都可能导致组织收入缩减。志愿服务组织的财务支出危机主要体现在财务不公开、不透明、资产滥用等方面。

二是服务危机。志愿服务组织面对的利益相关方主要有政府部门、服务对象、内部成员（志愿者）、普通公众、媒体等。在组织运作与活动时，这些人员有可能因为各种各样的风险而产生人身伤亡、财产损失、权利侵害、合作破裂等问题，从而造成不可逆转的损害。同时，志愿服务组织的根本任务是提供社会服务、实现社会目标。志愿组织有以下几方面的责任：保障服务的提供；保护捐赠者的利益；保护服务对象的利益；保护组织成员的利益，保证接受的资助有价值等①。这些方面的责任缺失都会导致志愿服务组织的潜在危机。

（三）社区志愿服务中的危机应对

危机处理是社区志愿服务传播的重要环节，但当前一些社区志愿服务组织对服务中出现的危机应对能力不足，对负面影响的消除和善后工作方法过于单一。危机管理的主要目的是在危机事件所发生的时间、空间范围内将其发生概率和产生的负面影响降到最低限度。面对危机的发生，志愿服务组织要秉承快速、真诚、行动等原则，同时结合新闻发布会、第三方权威性背书等技巧性操作，将危机负面影响减少到最小。

六、结语

互联网为志愿服务提供了广阔的发展天地，以一种独特的方式为社区志愿服务事业注入了新的生机和活力。大数据时代的到来，则为志愿服务传播的信息化发展带来了全新的局面。科技日新月异，但人类科技的发展征途永远是“星辰大海”。未来改变志愿传播的将是什么？是大数据、云计算、移动支付、人工智能、虚拟现实，还是另外一些我们未知的领域？让我们继续保持期待并及时了解、掌握和运用新媒体技巧及现代传播学理论，迎接技术带给志愿服务事业的机遇和挑战，有效做好互联网时代的志愿服务传播。

---

① 周志忍、陈庆方：《自律与他律——第三部门监督机制个案研究》，杭州·浙江人民出版社，1999年版。

广州市志愿服务政策体系及志愿服务地方立法展望

张书豪[1]

摘要：志愿服务离不开法律法规和政策体系的支持，本文回顾了我国志愿服务政策体系的发展历程，在国家志愿服务法律法规的大背景之下，梳理广州市志愿服务政策体系的发展脉络，解读其作用及影响，结合广州市志愿服务的实践和困境，围绕《广州市志愿服务条例》修订的思路和内容，对广州市志愿服务地方立法进行展望。

关键词：志愿服务　政策　条例

志愿服务事业对促进社会文明、增进人民福利、促进经济发展等方面起着越来越重要的作用，其发展状况也成为评价和衡量一个国家文明程度的重要标志。作为千年商都、国家重要中心城市和粤港澳大湾区核心城市，广州不仅经济发展水平高，社会服务领域也走在全国前列。目前，广州正在推进深化创建全国文明城市志愿服务工作，打造“志愿之城”。志愿服务离不开法律法规和政策体系的支持，本文结合广州市志愿服务的实践，在国家志愿服务法律法规的大背景之下，梳理其政策体系的发展历程，解读其作用及影响，分析目前广州市志愿服务工作面临的困境和难点，并对广州市志愿服务的地方立法及其制度建设进行展望。

① 张书豪，武汉大学法学博士，北京大成（广州）律师事务所律师，研究方向为政府法治建设、政府法律服务、地方立法。

一、我国志愿服务政策体系发展历程

现代意义上的志愿服务活动起源于19世纪初西方国家宗教性的慈善服务。事实上，中国自古以来就有志愿服务的传统，不过常常与“义”相关，如义学、义诊、义仓等。中华人民共和国成立后，“学雷锋”志愿服务活动成为现代志愿服务活动的开端。我国命名为“志愿服务”的活动始于20世纪90年代初，最早的形式为团中央于1993年底决定实施的中国青年志愿服务。同年12月，2万多名铁路青年率先打出了“青年志愿者”的旗帜。1994年成立中国青年志愿者协会，到2000年，已经形成了全国志愿组织管理网络，青年志愿者成为我国志愿服务的主力军，随后，志愿服务开始规模化、组织化。早在1994年，民政部、中国社会工作者协会发布《关于进一步开展社区服务志愿者活动的通知》（民办发〔1994〕9号）（以下简称《通知》）。该《通知》要求各地方政府应当积极参与志愿活动的指导，明确指出要利用各种形式来支持促进社区服务和志愿活动的开展。1995年，民政部发布《服务社区示范城区标准》。该《标准》对1994年推行的《通知》作了进一步的细化，使社区志愿活动法规更加具有操作性，其目的是通过设立服务社区示范城区的形式来推广社区服务与志愿服务。

进入21世纪，在经历2008年“5·12”地震、北京奥运会，2010年上海世博会、广州亚运会之后，我国志愿服务政策体系的健全发展进入快车道。

2012年10月，民政部印发《志愿服务记录办法》（民函〔2012〕340号）。《办法》是我国第一个对志愿服务记录进行科学、统一、规范的文件，是建立完善社会志愿服务体系的基础制度，促进和规范志愿服务记录工作，维护志愿者和志愿服务对象的合法权益。

2013年12月，民政部印发《中国社会服务志愿者队伍建设指导纲要（2013—2020年）》（民发〔2013〕216号），旨在加强我国社会服务志愿者队伍建设，推进志愿服务规范化、制度化、常态化发展。

2014 年 3 月，中央精神文明建设指导委员会印发《关于推进志愿服务制度化的意见》。该《意见》指出，要规范志愿者招募注册，依托全国志愿者队伍建设信息系统志愿服务信息平台，为有意愿、能胜任的社区居民进行登记注册；要建立志愿服务记录制度，根据统一的内容、格式和记录方式，对志愿者的服务进行及时、完整、准确记录，为表彰激励提供依据；要健全志愿服务激励机制，要按照有关规定建立志愿者星级认定制度，根据志愿者的服务时间和服务质量，对志愿者给予相应的星级认定。

2015 年 8 月，中央文明办、民政部、教育部、共青团中央出台《关于规范志愿服务记录证明工作的指导意见》（民发〔2015〕149 号），对志愿服务记录证明工作进行了科学规范，是提升志愿服务制度化水平、推进志愿服务事业发展的主要政策举措。该《意见》要求志愿服务记录证明严格依据志愿服务记录开具，建立了证明公示制度，提出了一般不少于 7 天的公示时间要求，使证明内容能得到有效的监督，要求证明中提供联系电话，便于接受相关人员对证明真伪的查证咨询，建立了“谁证明谁负责”的虚假证明追责机制。

2015 年 9 月 14 日，中央文明办、民政部、共青团中央下发关于推广应用《志愿服务信息系统基本规范》的通知。发展壮大志愿者队伍、合理配置志愿服务资源、提升志愿服务效能、利用现代信息技术推动志愿服务事业发展，志愿服务信息系统是重要载体。《志愿服务信息系统基本规范》是志愿服务信息化建设领域第一个全国性行业标准，首次对志愿服务信息系统的数据采集、功能作用、共享与交换、信息安全等作出统一规范和要求，是开发、完善志愿服务信息系统的基础标准，是推进志愿服务制度化建设的重要举措。

2016 年 3 月 16 日，全国人大审议通过《中华人民共和国慈善法》。作为与捐赠财产相并列的捐时间、捐服务的活动，志愿服务与慈善精神高度契合，最能体现慈善活动本质特征，志愿服务是慈善活动的重要形式。《中华人民共和国慈善法》从慈善组织招募志愿者参与慈善服务的角度切入，重点突出了招募注册、管理培训、服务记录和证明出具、安全保障和人身保险四个方面志愿服务的重要制度，规范了慈善组织招募志愿者参与服务的权利义务，保障了服务参与各方的合法权益，奠定了我国志愿服务的制度框架，为之后以《志愿服务条例》为核心的志愿服务法律政策体系提供了基础法律保障。

2016 年 7 月，中共中央宣传部、中央文明办、民政部、教育部、财政部、全国总工会、共青团中央、全国妇联印发的《关于支持和发展志愿服务组织的意见》指出：要坚持服务大局、统筹发展，分类指导、突出特色，正确引导、依法自治，创新发展、多方参与，着力推进志愿服务组织、志愿者与志愿服务活动共同发展，筑牢志愿服务组织基础；要加强志愿服务组织培育，提升志愿服务组织能力，深化志愿服务组织服务，紧紧围绕党和政府中心工作和群众所需所盼，持续推进扶贫、济困、扶老、救孤、恤病、助残、救灾、助医、助学和大型社会活动等重点领域的志愿服务。该《意见》强调，要加强对志愿服务组织发展的组织领导，健全工作机制，坚持党委政府领导，落实中央文明委工作部署，文明办要发挥好牵头作用，民政部门要切实履行行政管理工作职责，与相关部门、人民团体和群众团体共同推进志愿服务组织发展。

2016 年 8 月，文化部制定了《文化志愿服务管理办法》（文公共发〔2016〕15 号），旨在推动文化志愿服务规范化、制度化，构建参与广泛、内容丰富、形式多样、机制健全的文化志愿服务体系。

2017 年 9 月 6 日，国务院总理李克强签署国务院令，公布《志愿服务条例》，自 2017 年 12 月 1 日起施行。《条例》对志愿服务的立法目的、基本原则、管理体制、权益保障、活动规范、促进措施、法律责任等作出了全面规定，为保障志愿者、志愿服务组织、志愿服务对象的合法权益，鼓励和规范志愿服务，发展志愿服务事业提供了法制保障，推动了志愿服务制度化、规范化发展。

2018 年 3 月，民政部办公厅发布了《关于做好志愿服务组织身份标识工作的通知》，明确志愿服务组织标识工作由其登记的民政部门负责，规范了志愿服务身份标识行为，支持志愿服务组织发展，方便社会公众参与志愿服务、获得志愿服务。

二、广州市志愿服务政策体系的发展

（一）由社区志愿服务发展到全社会志愿服务

广州的志愿服务是伴随改革开放进程而诞生和发展的，是从社区志愿服务逐步发展到全社会的志愿服务。作为改革开放的先行地，广州为了维护社会稳定发展，制定相应的社会政策，出台了推进志愿服务发展的支持措施。如广州市人民政府 1997 年 8 月 11 日印发的《广州市社区服务工作 1997—1999 年发展规划》，提出："深入开展志愿互助服务活动，逐步实现志愿互助服务的制度化、规范化、专业化的任务和目标。要求到 1998 年，95%以上的街道、居委会要建立起社区服务志愿者组织，社区居民和社区单位的参与率分别达到 15%和 50%以上。"2010 年，广州市出台了《中共广州市委广州市人民政府关于加快推进社会工作及其人才队伍发展的意见》，进一步明确志愿者协助参与社会工作的角色和"社工+志愿者"合作联动的机制。2011 年，广州市委、市政府出台了《关于进一步发展广州志愿服务事业的意见》，建议进一步理顺志愿服务体制，规范专业社工与志愿者管理，在招募、培训、督导、信息交流、效果评估等方面逐步建立"社工引领志愿者，志愿者支持社工"的联动机制。社区政策推动了社会工作和志愿者的发展，又进一步繁荣了志愿服务事业①。

现在，广州市按照单位、行业、社区三个维度，推动建设单位志愿服务队伍、行业专业化志愿服务队伍、社区志愿服务队伍，这三类队伍基本覆盖了广州市民日常生活的全部，让有心参与志愿服务的市民可以随时找到志愿服务组织，选择参与自己感兴趣的志愿服务活动。

（二）以广州亚运会为契机，出台《广州市志愿服务条例》

2009 年，广州市以地方立法的形式出台了《广州市志愿服务条例》（以下简称《条例》）。与国内其他省市已出台的条例相比较，广州的《条例》规定，市、区人民政府要为志愿服务事业提供必要的资金扶持，设立

---

① 谭建光、林淼：《广州的社会政策与志愿服务》，载《广州市志愿服务发展报告》，北京·社会科学文献出版社，2015 年版。

广州市志愿服务基金会，市、区设立志愿服务工作指导机构负责志愿服务事业发展规划，指导、协调志愿服务组织及其活动。此外，《条例》重点规范了志愿服务的组织实施过程，凸显了对志愿者合法权益的保护。《条例》提出的“为志愿者购买保险”当时在国内现有志愿服务立法中尚属首次。当存在可能危及人身安全、身心健康、涉及外籍人员等情形时，志愿服务组织与志愿者、志愿服务组织与接受志愿服务的单位或者个人之间应当签订书面协议。

2010年，广州亚运会将广州志愿者服务活动推向了一个新的高度。随后，志愿服务开始成为广州市民参与面最广、影响力最大的公益事业，志愿服务文化凝聚越来越多的志愿者，影响和带动更多的市民参与志愿服务。

后亚运时代，广州积极转化亚运会、亚残运会志愿服务工作成果，促进志愿服务事业常态化、规范化。2011年，广州市委、市政府出台了《关于进一步发展广州志愿服务事业的意见》，提出了广州志愿服务事业发展的目标；2012年提出整合广州地区各类资源，把广州建成“志愿之城”。

（三）建立志愿服务激励体系

近几年，广州市加大了对志愿服务事业发展的扶持力度，不断完善志愿服务激励体系。亚运会期间，广州开发了“志愿时”信息管理系统，实现了对亚运志愿者的有效管理。经过进一步开发，“志愿时”社区服务综合管理系统实现了由大型赛会志愿者管理向社区常态化志愿服务管理的转变，由单一时间管理平台向志愿者、志愿者组织、志愿服务项目综合管理平台的转变。2013年8月，在广州市委召开的广州市志愿服务工作会议上审议通过了《广州市志愿服务时间管理办法（修订稿）》（以下简称《管理办法》），明确将“志愿时”作为广州范围内全新的志愿服务“时间”和志愿服务“价值”计量概念，是对志愿者提供的志愿服务时长的测量和价值的评估。志愿服务时间可作为各类志愿服务评奖评优、办理积分制入户、所在单位荣誉评定、学校奖学金申请评定、子女在广州入学入托以及其他各类志愿服务激励措施的依据，具体办法由相关实施主体另行制定。广州市已将志愿者（义工）服务纳入来穗人员积分制服务管理指标体系，志愿服务时间可计算相应分值，享受相应的积分入户入学政策。此外，广州市志愿者协会运营管理广州公益“时间银行”平台（包括 App 及微信小程序等应用端）并进行时间积分管理工作。该平台是面向志愿者提供志愿服务管理、时间积分管理和兑换、公益资源对接、志愿服务信用记录等志愿服务的综合性支撑平台。广州市志愿者协会发布实施了《广州公益“时间银行”时间积分管理办法》，办法规范了广州公益“时间银行”时间积分的获取、储存、兑换和捐赠等行为。

三、广州市志愿服务地方立法展望

广州是中国志愿服务事业起步最早、发展最快、规模最大的城市之一。截至 2019 年 10 月，广州市注册志愿者超过 291 万人，注册志愿服务组织及团体 10472 个，累计奉献志愿服务 6233 万小时，人均服务时间 23 小时，其中，社区志愿服务团队超 6000 支，社区志愿者超 69 万人①。《条例》实施至今已逾十年，上位法国务院《志愿服务条例》已颁布实施，针对广州市志愿服务活动取得的成绩、经验和存在的问题，广州市志愿服务地方立法应全面贯彻习近平总书记关于志愿服务重要指示精神，围绕中心、服务大局，引导志愿者参与社会公益事业和共建共治共享社会治理，以《条例》修订工作为重点，完善志愿者招募、培训、调配、评估督导、激励机制等配套制度，建立志愿服务嘉许回馈机制，使其内容精细化，形成具有本土特色的广州志愿服务制度体系。建议广州市志愿服务地方立法注意如下几个方面的问题：

（一）适用范围

关于志愿者的范围。我国第一部志愿服务的地方性法规——《广东青年志愿服务条例》于 1999 年在广东省诞生，从此地方志愿服务开始向制度化过渡。该条例把志愿者年龄限定在 16 周岁到 35 周岁，即只有在这一年龄段的青年人才可以成为志愿者。以往出台的地方性法规对参加志愿服

① 魏文欣：《广州：推动志愿服务常态化　助力脱贫攻坚》，央广网，2019 年 11 月 7 日，https://baijiahao.baidu.com/s? id=1649527798981900205&wfr=spider&for=pc。

务的主体的年龄有一定的限制，如《宁波市青年志愿服务条例》（2002年）规定青年志愿者的年龄下限为年满16周岁，无上限规定；《成都市志愿服务条例》（2005年）第十三条规定，年满14周岁经向志愿者组织提出申请和志愿者组织同意，可以注册成为志愿者。这正客观反映了当时志愿服务以青年人为主，由共青团体系主导推动的现实。随着志愿者队伍的发展壮大，由原来的主要以青年志愿者为主发展为不同年龄阶段不同职业类别的社会群体，各地区出台的地方性法规也对参与志愿服务的年龄随之取消，如2003年颁发的《杭州市志愿服务条例》适用于本市各类志愿服务组织、志愿者及其志愿服务活动。2010年9月1日起施行的《广东省志愿服务条例》替代了《广东省青年志愿服务条例》，二字之差便凸显出志愿服务突破年龄界限，吸纳更广范围的志愿者。另外，该条例第十四条规定限制民事行为能力人经监护人同意可以参加与其年龄、身心状况相适应的志愿服务。此规定进一步扩大了各群体甚至包括儿童和残障人士参与志愿服务的范围。从主体上看，已经由青年志愿者扩大到志愿者，志愿者不仅仅指18岁到35岁的青年人，还包括所有具有志愿和奉献精神的公民。

志愿服务是指志愿者、志愿服务组织和其他组织自愿、无偿向社会或者他人提供的公益服务。志愿者需要在志愿服务组织登记或者在志愿服务信息系统注册，不是每个无偿为他人和社会提供帮助的个人都是志愿者；志愿服务组织必须是依法成立以开展志愿服务为宗旨的非营利性组织。前述两点是志愿服务区别于慈善捐助或者做好事的本质区别。志愿者可以不通过志愿服务组织开展非组织形式的志愿服务活动，即未经组织安排的志愿活动，其合法权益同样受法律保护。因此，志愿服务地方立法的适用范围应是志愿服务组织、志愿者开展的志愿服务以及与志愿服务有关的活动。

（二）理顺志愿服务领导体制

志愿服务领导体制是体制性规定的核心内容。一方面，涉及各主管机构在志愿服务工作上的规范协调关系；另一方面，领导体制决定工作协调机制，领导体制必须依赖明确、合理的工作协调机制。当前，文明办、民政局、团市委的职责互有交叉、边界不清，志愿服务工作机制不畅，工作统筹联动力度不足。2008 年 10 月，中央精神文明建设指导委员会印发《关于深入开展志愿服务活动的意见》，以党内规范性文件的形式明确了精神文明建设指导委员会办公室（以下简称“文明办”）在志愿服务领域内的领导地位，负责志愿服务工作的总体规划、协调指导、督促检查和经验推广。此外，国务院《志愿服务条例》第五条规定，国家和地方精神文明建设指导机构建立志愿服务工作协调机制，加强对志愿服务工作的统筹规划、协调指导、督促检查和经验推广。因此，《条例》的修订应确立文明办在志愿服务工作中的领导地位，这不仅与上位法的要求相一致，同时也符合坚持和加强党对志愿服务工作领导的客观要求。各主管机构职责划分主要涉及团市委、民政局等志愿服务主管机构和应急管理、司法、市场监督管理、工会等志愿服务关联单位的具体职责规定。就各主管机构而言，建议明确民政部门负责社区志愿服务建设和志愿服务组织依法登记、监督指导志愿服务活动与调查处理相关违法行为等行政监管工作；明确团市委应当配合文明办、民政部门等主管机构做好志愿服务管理、协调、组织、宣传和促进等工作。就志愿服务各相关单位而言，建议明确应急管理、司法、市场监督管理、教育、工会和妇女联合会等有关部门和团体按照各自职责，依法做好工作范围内的志愿服务工作。此外，应明确志愿者协会的职责定位和相互之间的关系，如广州志愿服务联合会和广州市志愿者协会之间的关系和分工。

（三）未注册的志愿者组织的管理

民间还存在大量未注册的草根志愿者组织，由于注册门槛的限制，它们未能注册成志愿服务组织。如果不将其规范化，不利于志愿服务事业的长远发展。《志愿服务条例》除了明确志愿服务组织应是依法登记成立的特征要件①，表明国家对社会组织从严监管的基本理念外，同时也将国家机关、企事业单位、人民团体、基层群众性自治组织、公共服务机构、公

① 《志愿服务条例》第八条：志愿服务组织可以采取社会团体、社会服务机构、基金会等组织形式。志愿服务组织的登记管理按照有关法律、行政法规的规定执行。

益活动举办单位和城乡社区等成立的服务团体附条件法律拟制为志愿服务组织[1]，并且在附则中还规定了志愿服务组织之外的其他组织也可以开展志愿服务活动[2]。国家机关、企事业单位、人民团体、社会组织作为志愿服务组织的主体地位明确，不需要进行备案管理，对于志愿服务组织以外的其他组织开展志愿服务活动的，建议进行登记备案管理。志愿者组织登记备案制度不仅有利于解决长期以来草根组织自身发展所面临的权益保障、管理指导和支持培育等诸多现实问题，还有利于推进志愿服务信息化建设，支持志愿者组织发展，在保障志愿者组织合法权益的同时，为志愿者组织依法登记创造更好的制度环境。组织负责人应当将组织名称、组织性质、服务范围和团体人员等组织基本信息通过志愿服务信息系统进行登记备案，登记备案提供的组织信息应当真实、准确。民政部门、行业组织和登记备案的机关应当加强对志愿者组织的监管，做好相应的管理、指导和支持等工作。

（四）整合全市的志愿服务信息平台

广州在开展志愿服务活动过程中，志愿者和志愿组织、志愿服务资源呈现出“碎片化”分布的状态，信息对接不畅、组织管理不到位等现象突出。如不能实现志愿服务项目、志愿者组织和志愿资源三者之间的高效对接，将导致志愿者服务当中供需双方信息严重不对称，出现志愿项目找不到实施经费、志愿者找不到服务项目、服务项目找不到志愿者等问题。因此，应借助志愿服务项目综合管理平台集成志愿者、组织和服务项目的交互交流和管理功能，方便快捷地实现志愿者招募、项目管理、班次排定、团队维系等管理。

按照民政部《志愿服务信息系统基本规范》（MZ/T 061—2015）的要求，明确民政部门对志愿服务信息化建设的职能，由民政部门牵头建立全

---

① 《志愿服务条例》第二十三条：国家鼓励和支持国家机关、企事业单位、人民团体、社会组织等成立志愿服务队伍开展专业志愿服务活动。国家鼓励和支持公共服务机构招募志愿者提供志愿服务。

② 《志愿服务条例》第四十二条：志愿服务组织以外的其他组织可以开展力所能及的志愿服务活动。城乡社区、单位内部经基层群众性自治组织或者本单位同意成立的团体，可以在本社区、本单位内部开展志愿服务活动。

市统一的志愿服务信息管理系统（管理端），现有已开发的各信息平台作为应用端，与市管理端进行数据对接，整合全市各级各类志愿服务信息化平台，实现志愿服务信息的互联互通、数据的有效汇集和统一规范。统一全市的志愿服务信息系统，可为志愿服务主体提供登记注册与备案、项目发布、信息记录等服务。明确自然人志愿者可以通过信息系统以实名认证的方式自行登记注册成为志愿者；明确以开展志愿服务活动为宗旨的组织可以通过信息系统自行登记备案成为志愿者组织；明确志愿服务组织可以通过信息系统公开服务区域与范围、组织性质与联系方式等基本组织信息，公开发布服务项目信息，公开招募志愿者参与服务活动等；明确志愿者可以自行通过信息系统查询打印服务记录证明；明确志愿服务组织应当按照统一的信息数据标准将志愿者参与活动的服务情况、表彰奖励情况、诚信情况和评价情况等信息真实、准确、完整地录入志愿服务信息系统；明确志愿服务需求对象可以通过信息系统公开发布求助信息等。志愿者则可以在该系统上自由选学培训课程并进行在线测试，大大降低了志愿组织的培训成本；志愿服务组织借助该系统则实现完整的信息化管理，包括招募、培训、运行、激励、保障等在内的管理活动。

（五）完善与补充志愿服务促进措施

限于地方立法的权限，《条例》不能规定志愿者在为志愿服务对象提供志愿服务时受伤、死亡的，视为工伤，享受相应的工伤保险待遇，也不能规定志愿服务活动同慈善捐赠一样享受税收优惠。为了增强志愿服务促进措施的实用性和可操作性，建议将以政府促进为主的政策措施条款设定为强制性规定，将以社会支持为主的政策措施条款设定为引导性条款。应当在立法时明确规定的志愿服务促进措施有：（1）为激发志愿者的责任感和光荣感，促进全社会尊重和关爱志愿者，鼓励支持国家机关、企事业单位、社会组织招聘时，同等条件下，志愿服务表现突出的志愿者应该得到优先录用。（2）新闻出版、广播电视等部门以及其他相关媒体应当加大加强有关志愿服务方面的社会宣传。（3）教育部门、学校要将志愿服务纳入全市中小学教学计划，建立健全青少年学生参与志愿服务实践的考核评价机制，着重培养青少年志愿服务意识与相关能力，并将其纳入素质教育内容，并且要为青少年参加的相应志愿服务进行记录考评。（4）实行志愿者经费补贴措施。志愿者参与志愿服务活动是不应以获取报酬为目的的，但有必要通过设定引导性条款鼓励有条件的志愿服务组织可以对志愿者所支出的交通、餐饮以及其他合理费用给予适当补贴，以保障志愿服务活动的顺利开展。（5）良好的行为记录信息有利于获得较高的社会信用评级，作为对服务行为的正面反馈和积极评价，对列入守信激励主体名单的志愿服务组织，行政机关、法律法规授权具有管理公共事务职能的组织应当依照法律、法规和国家有关规定采取激励措施。

（六）完善志愿者和志愿服务组织的退出机制

退出并不是一个严格的法律概念，依据社会组织方面的法律法规，退出可以指被责令限期停止活动、被撤销登记、予以取缔，这些代表志愿服务组织作为社会组织主体资格的丧失或者行动受到限制。此外，志愿服务组织的退出还有一层含义，即其作为社会组织和其他组织的主体资格没有消失，只是不能作为志愿服务组织享受相关的保障优惠和激励促进政策，如其业务活动与志愿服务宗旨、性质严重不符。这种情况下，这种组织就不是志愿服务组织，不能享有志愿服务组织的权利，如招募志愿者、使用志愿服务标识。

关于志愿者的退出，志愿者可以自己申请退出，为了避免影响志愿服务活动的正常运行，应当规定志愿者退出时应提前一定时间告知志愿者组织，使之有准备，避免造成早已筹划好的志愿服务活动不能如期进行。除了志愿者自己申请退出，如果志愿者违反了志愿者组织的规定，应承担相应责任，根据责任大小和一贯表现，志愿者组织也可以依据志愿服务组织章程开除违反规定的志愿者。诚然，前述的退出可以在志愿服务组织的章程予以明确，但在志愿服务地方立法中应当思考这些问题，是否将其作为志愿者的义务予以规定。

（七）关于监督和执法机制

监督机制规定主要指为防止《条例》规定被规避、违反而采取的有关监督检查的制度和措施，建议建立由政府主体监督、行业组织自律与社会监督相结合的监督检查机制。一是明确民政部门负责监督检查志愿服务活动的主体地位，由民政部门履行法定职责对志愿服务活动进行监督检查，建立以民政部门为主体的志愿服务组织信用记录制度和评估制度，并及时向社会公布信用记录和评估结果。二是借鉴《上海市志愿服务条例》（2019 年 11 月修订）的成果，引入信用作为新型治理工具，明确建立志愿服务领域信用信息归集机制，结合《广州市公共信用信息管理规定》（广州市人民政府令第 166 号），对有良好志愿服务记录或者受到表彰、奖励的志愿者和志愿服务组织信息给予信用激励，将志愿服务信息纳入守信失信联合奖惩部门工作指引，同时对以志愿服务名义进行营利性活动以及违反《条例》规定行为给予信用处罚。如对于“志愿者组织、公益慈善类组织和社会服务机构及其工作人员在志愿服务记录工作中弄虚作假的”这一行为，民政部《志愿服务记录办法》（民函〔2012〕340 号）第二十八条和国务院《志愿服务条例》第三十八条都规定由民政部门责令限期改正，并可以向社会和有关单位通报，但仅予以通报还不够，应当纳入信用管理，列入严重失信主体名单，进行跨部门、跨地区的公共信用联合惩戒。三是明确民政部门和市场监督主管部门之间的行政执法责任，对以志愿服务名义进行营利性活动的组织和个人，何种情况下由民政部门予以查处，何种情况下又由市场监督主管部门查处。四是关于强行指派志愿者、志愿服务组织提供服务。自愿性是志愿者、志愿服务组织的根本特征，是志愿服务区别其他社会行为与职业的首要前提。任何组织和个人不得强迫他人从事志愿服务活动。以行政命令强制推行，或受外界压力被迫参加的服务活动，都不能列入志愿服务的范畴。政府或社会组织发起了大多数的各种志愿活动，但作为志愿者个人有权利选择是否参加以及参与哪些。建议考虑在《条例》中设定相应的法律责任条款，对强行指派志愿者、志愿服务组织提供服务的行为设定相应的法律责任。

大湾区建设背景下志愿服务协同发展研究

胡小军[①]

摘要：粤港澳大湾区建设是中国改革开放再出发的重要战略举措和新时代广东改革开放的总牵引。随着《粤港澳大湾区发展规划纲要》的实施，大湾区志愿服务事业发展也迎来新的发展机遇。本研究在对粤港澳大湾区志愿服务协同发展的基础上进行分析的同时，较为系统地介绍了香港、澳门地区志愿服务发展的主要特征及趋势，并在此基础上从协调机制、项目机制、资源机制、人才机制、信息机制五个层面对大湾区志愿服务协同发展的机制建设重点和方向进行了探讨，并提出相应的政策建议。

关键词：粤港澳大湾区　志愿服务　协同发展

一、引言

2019年2月18日，中共中央、国务院印发《粤港澳大湾区发展规划纲要》。规划纲要特别将“共享发展，改善民生”作为基本原则之一，强调提高保障和改善民生水平，加大优质公共产品和服务供给，不断促进社会公平正义，使大湾区居民获得感、幸福感、安全感更加充实、更有保障、更可持续。该规划纲要也专门对“促进社会保障和社会治理合作”进行了阐述。其中，特别提出：“在大湾区为青年人提供创业、就业、实习和志愿工作等机会，推动青年人交往交流、交心交融，支持港澳青年融入国家、参与国家建设。”

---

① 胡小军，博士，广州社会组织研究院执行院长，主要研究和实践领域包括社会组织、公益慈善、社区治理等。

2019年7月5日，广东省委、省政府印发《关于贯彻落实〈粤港澳大湾区发展规划纲要〉的实施意见》，进一步提出："深化社会治理合作，支持珠三角九市县（市、区）与香港、澳门片区、堂区建立结对交流合作机制，为港澳居民提供参与志愿服务、社区活动、文化交流的渠道。"随着一系列相关政策的出台，大湾区志愿服务事业发展也迎来新的重要机遇。因此，如何促进大湾区志愿服务协同发展，进而为"人文湾区"的打造贡献独特的志愿力量，成为值得思考和研究的一个重要问题。

二、粤港澳大湾区志愿服务协同发展的基础

粤港澳大湾区是中国开放程度最高、经济活力最强的区域之一。2018年，大湾区GDP总量达到10.87万亿元人民币。在区域经济得到快速发展的同时，大湾区也是中国志愿服务事业最为发达的地区之一，各个城市的志愿服务各具特色，广州、深圳也是中国志愿服务联合会首批"志愿之城"试点城市。因此，在大湾区建设快速推进的大背景下，志愿服务协同发展具有良好的文化基础、政策基础和实践基础。

（一）便利港澳居民在内地发展的政策措施陆续出台

党的十九大报告指出："要支持香港、澳门融入国家发展大局，以粤港澳大湾区建设、粤港澳合作、泛珠三角区域合作等为重点，全面推进内地同香港、澳门互利合作，制定完善便利香港、澳门居民在内地发展的政策措施。"随着《粤港澳大湾区发展规划纲要》的公布，诸多便利港澳居民在内地工作、生活和发展的政策措施出台速度进一步加快。其中，取消台港澳人员在内地就业许可，实现港澳居民来往内地通行证在交通运输、金融、通信、教育、医疗、社保、工商、税务、住宿等领域的便利化应用，以及符合条件的港澳居民可以申领港澳居民居住证等一系列政策措施，为港澳居民参与志愿服务提供了基础条件。

（二）大湾区内志愿服务组织之间保持良好互动关系

广东省、广州市等地的枢纽型志愿服务组织一直积极推动各地志愿服务组织之间的交流。早在2015年，广州市志愿者协会（原广州市义务工

作者联合会）就与香港义务工作发展局、澳门义务工作者协会等多家志愿服务组织共同发起“中国大陆、中国台湾地区、中国香港地区、中国澳门地区义务工作发展协作网络”。在《粤港澳大湾区发展规划纲要》出台前后，诸如“粤港澳大湾区志愿服务工作联盟”[①]“粤港澳大湾区志愿服务合作基地”[②]等多样化的合作形式及机制先后发起，为大湾区内志愿服务的协同发展搭建交流合作的平台。

2019年，由共青团广东省委员会、广东省志愿者联合会等11个单位联合主办的“益苗计划”——广东志愿服务组织成长扶持行动暨志愿服务项目大赛首次设立“粤港澳大湾区专项赛”，支持香港特别行政区、澳门特别行政区的社会团体在广东省内，联合省内公益组织或自行组织实施的公益志愿项目，以及在香港特别行政区、澳门特别行政区内开展的志愿服务项目[③]。这些最新实践为大湾区内志愿服务的协同发展积累了有益经验。

（三）大湾区城市民政事业协同发展合作框架协议签署

2019年3月29日，首届“粤港澳大湾区民政部门联席会议”在广州举办，来自大湾区各城市的与会各方签署了《粤港澳大湾区城市民政事业协同发展合作框架协议》。在协议中，提出“巩固拓展与港澳协同合作项目”“优化提升港澳居民在珠三角九市居住社区服务”“支持港澳福利服务提供商在珠三角九市兴办养老院舍和服务中心”等合作项目内容。与此同时，经协商一致，大湾区城市共同开展“促进粤港澳大湾区城市民政事业协同发展行动”。其中，特别将“有序实施义务工作拓展提升行动”作为一项重要内容予以推进[④]。框架协议的签署以及协同发展行动的逐步开展，为粤港澳大湾区志愿服务合作发展提供了良好的政策支撑。

---

① 胡媛媛：《粤港澳大湾区11个城市青年志愿服务组织齐聚羊城》，广州青年报，2018年12月13日，http：//www.gzyouthnews.org.cn/view/5204。

② 官文清：《粤港澳大湾区志愿服务合作基地在广州签约》，央广网，2019年11月16日，http：//www.cnr.cn/gd/ygsy/20191116/t20191116_524860983.shtml。

③ 《关于开展2019年“益苗计划”——广东志愿服务组织成长扶持行动暨志愿服务项目大赛的通知》，i志愿网站，2019年8月22日，https：//www.gdzyz.cn/article/detail.do?pageno=999993434212。

④ 符畅：《粤港澳大湾区城市民政部门联席会议在广州召开》，金羊网，2019年4月2日，https：//news.ycwb.com/2019-04/02/content_30232033.htm。

（四）大湾区社会组织合作交流平台初步搭建

2019年1月8日，“首届粤港澳大湾区社会组织合作论坛”在广州举办。来自大湾区的16家社会组织，包括广州市社会组织联合会、广州社会组织研究院、香港国际社会服务社、澳门义务工作者协会、深圳国际公益学院、深圳社会组织研究院等发出联合倡议，致力于搭建协作平台，推动大湾区社会组织在专业人才培养、项目对接与服务协作、行业组织建设、携手参与“一带一路”建设等方面实现广泛合作。其中，联合倡议强调推动粤港澳大湾区社会组织开展多渠道、多层次、多形式的项目合作，在养老、教育、文化、医疗卫生、脱贫、社区发展、减灾救灾、环境保护、志愿服务、人道主义救援等领域加强项目对接和服务协作，实现优势互补。随着“粤港澳大湾区社会组织合作论坛”的持续举办，为志愿服务的协同发展提供了新的平台。

（五）《志愿服务条例》为志愿服务协同发展提供了法治保障

《志愿服务条例》已于2017年12月1日正式实施，这是中国首部志愿服务的专门性法规①。这一法规的出台也为大湾区志愿服务合作提供了有力的法治保障。首先，《条例》对“志愿服务组织”进行了界定，明确了志愿服务组织的法律地位，有利于推动志愿服务的组织化和专业化发展，而志愿服务组织是大湾区志愿服务协同发展的重要主体和推动力量。其次，《条例》规定民政部门负责志愿服务行政管理工作，有利于促进大湾区志愿服务与慈善、社会组织、社会工作等领域的融合发展和联动机制构建。最后，《条例》对志愿服务的运行规则进行了详细规定，充分保障志愿者、志愿服务组织和志愿服务对象的权益，这为大湾区志愿服务组织之间的合作和志愿者的参与提供了有力的制度保障。

① 依法规范促进志愿服务发展——《志愿服务条例》解读，新华社，2017年9月6日，http://www.gov.cn/zhengce/2017-09/06/content_5223104.htm。

三、香港、澳门志愿服务发展主要特征及趋势

（一）香港志愿服务发展概况

香港是全球志愿服务文化最为深厚的地区之一。香港特别行政区政府社会福利署于1998年开始推行一项全港性的“义工运动”，旨在鼓励不同界别的团体及人士积极参与义务工作，从而将香港建设成为一个更具关怀及互相扶持的都市。截至2019年12月31日，“义工运动”参与机构达3883个，登记义工总数1331462人，2019年度义工服务时数达2264万小时[①]。

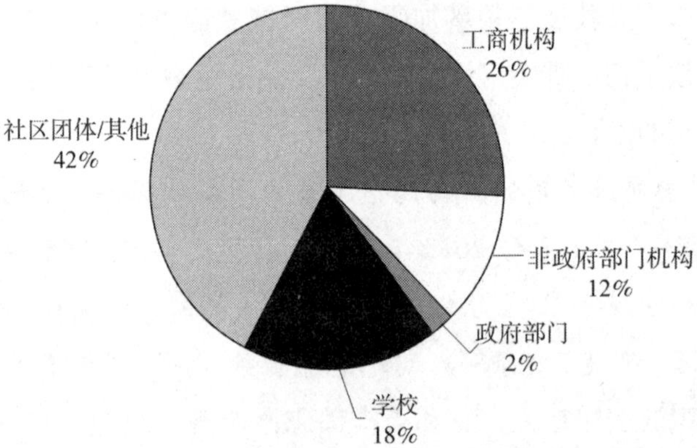

图1　2019年度香港“义工运动”参与机构类别

1999年，由不同界别人士和政府部门代表组成的“义工运动督导委员会”成立，负责制订全面性的策略和计划，以推动香港的义工服务。2003年，该委员会更名为“推广义工服务督导委员会”，下设四个工作小组，包括义工服务推广及宣传小组、学生及青年义务工作推广小组、工商机构义务工作推广小组、社团义务工作推广小组[②]。在社会福利署内部也成立了“义务工作统筹课”，担任督导委员会及各推广小组的秘书工作，

① 参见“义工运动”网站，https：//volunteermovement. hk/zh_ HK。

② 参见“义工运动”网站，https：//volunteermovement. hk/zh_ HK/about - volunteer - movement。

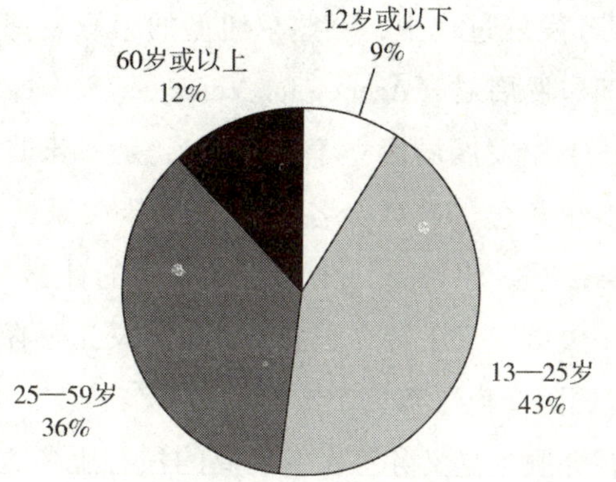

图2　2019年度香港“义工运动”登记义工年龄分布

并协助推行全港性的宣传及推广活动，有系统地统筹及推动香港的义务工作①。在地区层面，社会福利署辖下十一区均已成立“推广义工服务地区协调委员会”，配合推动全港性的义工运动，因地制宜地制定推广义工服务的策略。同时，社会福利署在各区协调委员会下，成立了义工服务分区办事处，为各新成立或有兴趣成立义工队的机构提供协助。

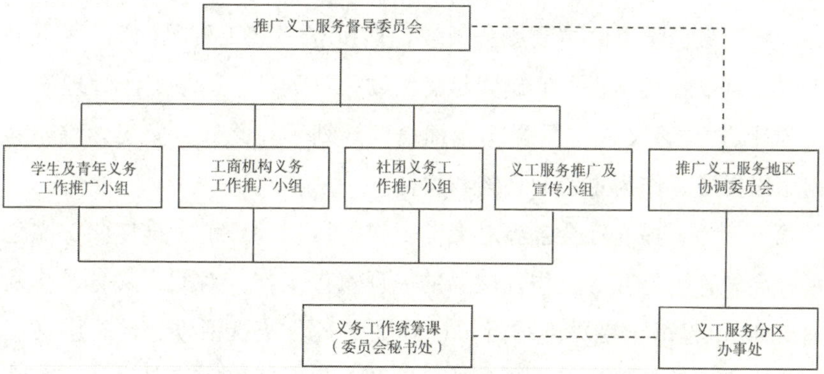

图3　“推广义工服务督导委员会”组织架构

① 参见香港特别行政区社会福利署网站，https：//www.swd.gov.hk/sc/index/site_ pubsvc/page_ supportser/sub_ centraloff。

在香港志愿服务发展过程中，一些枢纽型的组织发挥着重要的推动作用。其中，义务工作发展局（Agency for Volunteer Service）是最具影响力的组织之一。义务工作发展局成立于1970年，是一家非营利性的慈善机构，致力于承担枢纽角色，与社会各界建立伙伴关系，合力推动义工参与，提升义工服务品质，以缔造一个文明和关怀的社群[①]。义务工作发展局重点开展的工作包括“义工转介服务”“香港义工学院”“义工文化推广及社会教育”“国际交流”等四个方面。

第一，义工转介服务是义务工作发展局的核心服务之一。义务工作发展局成立了“香港义工团”，有志参与义工服务的人士和团体均可登记成为会员。与此同时，义务工作发展局还邀请服务机构成为登记机构，并订立明确的申请义工程序，通过服务配对及转介安排，服务机构得到义工人力支持，义工则得到多元化的服务机会。2018—2019年，义工转介服务的登记机构有514家，成功转介义工的服务项目2470个，转介义工共56298人次，义工服务总时数逾22.5万小时[②]。

第二，义务工作发展局设立了“香港义工学院”，旨在为各界义工、义工领袖和管理人员提供多元化培训及专业咨询服务，提升义工服务的质量和成效。义工学院的主要服务板块包括设立“义工资讯网”（Volunteer Link）[③]，开展特约培训，实施青年义工领袖计划、“义务工作管理学”大专培训计划、“耆义人生”义工领袖培训计划等。此外，义工学院还编写及出版以义务工作为主题的刊物和教材。

第三，为了提高社会各界对义务工作的认识和理解，推广义工文化和开展社会教育也是义务工作发展局的一项重点工作。对此，义务工作发展局从1992年起每年在香港举行“国际义工日”庆祝活动，向香港义工致敬，鼓励市民投身义务工作。此外，义务工作发展局还发起设立了香港义工团“杰出贡献奖”“紫荆领袖义工奖”“义勇奖”等，表彰那些在义务工作领域作出卓越贡献的杰出义工和义工团体等。

---

① 参见义务工作发展局网站，http：//www. avs. org. hk/tc。

② 参见《义务工作发展局2018—2019服务年报》，义务工作发展局，http：//www. avs. org. hk/annual1819。

③ 参见义工资讯网站，https：//www. volunteerlink. net。

第四，义务工作发展局在香港义务工作国际交流与合作中也扮演着重要角色。义务工作发展局是联合国志愿人员组织的香港合作伙伴。例如，自 2015 年开始，义务工作发展局在香港特别行政区政府民政事务局的资助下，与联合国志愿人员组织合作，连同香港志愿者协会等团体推出“联合国志愿人员组织——香港大学生义工实习计划”，安排大学生到海外联合国下属单位进行为期 6 个月的义工服务。此外，在粤港澳大湾区建设快速推进的背景下，义务工作发展局也积极参与和推动粤港澳大湾区义务工作交流活动。

（二）澳门志愿服务发展概况

澳门是中西文化交融汇聚之地，志愿服务发展具有良好的传统和基础。在澳门具有一定影响并有较长发展历史的澳门义务工作者协会（Association of Volunteers Social Service Macao）成立于 1986 年，组织的宗旨是“团结澳门义务工作者”“加深社会人士对义务工作的了解”“推动澳门义务工作的发展”[①]。澳门义务工作者协会在义工培训、义工文化传播、国际义工交流等层面持续开展工作，并在澳门特别行政区政府教育暨青年局、澳门基金会、澳门霍英东基金会等机构的资助下，举办诸如“优秀义工海外服务体验计划”“粤港澳大湾区义工交流服务体验计划”“海峡两岸及大湾区义务工作推广研讨会”等多样化的活动，积极推广义工文化，促进澳门义务工作的持续发展。

进入 21 世纪，澳门志愿服务事业得到快速发展。具有标志性意义的事件是澳门志愿者总会（General Volunteers Association of Macao）在 2004 年注册成立。截至 2018 年 6 月，志愿者总会及各分会注册志愿者超过 6000 人[②]。在这一发展阶段，特别值得关注的是澳门的志愿服务向专业化方向发展。从 2004 年澳门教师志愿者协会的成立到 2013 年澳门中医药志愿者协会发起成立，澳门的专才志愿者服务组织快速兴起[③]。

此外，社区志愿服务近年来在澳门也得到了快速发展。2013 年，澳门

① 参见澳门义务工作者协会网站，http：//www. avsm. org. mo。

② 参见澳门志愿者总会网站，http：//www. volunteers. org. mo。

③ 根据笔者与“澳门志愿者总会”的现场交流整理，2019 年 6 月 11 日。

社区义工联合总会成立，该组织以“坚持爱国爱澳，团结社区义工，发展义工服务，开展社区工作，推进和谐社区建设”为宗旨，整合及团结社区义工组织，推动更多的市民参与义务工作，发挥义工精神，服务社区，贡献社会。此外，澳门社区志愿服务协会也于2017年成立，旨在推动大众关心及服务社区和弱势群体。总体来看，澳门的专才志愿者服务与社区志愿服务同步发展，志愿服务的专业化和社会化水平正在稳步提升。

（三）香港、澳门两地志愿服务发展的特征

整体而言，香港、澳门两地的志愿服务发展保持较高水平，并具有如下五个方面的突出特征：

第一，在推动志愿服务发展过程中，特别行政区政府能够立足长远，注重统筹规划和系统实施。如香港自1998年开始推行的“义工运动”，已经持续20余年，而且已经成为融入香港市民日常生活的“全民运动”，对于香港志愿服务事业的发展起到了极大的促进作用。

第二，志愿服务领域的支持型、联合型、平台型组织在志愿者转介、志愿者能力建设、国际交流合作等事务中扮演重要角色。如香港义务工作发展局、香港义工联盟、澳门义务工作者协会、澳门志愿者总会及澳门社区义工联合总会等组织，通过建立志愿者信息管理系统、组织开展培训交流、建立志愿服务规范、搭建与政府部门沟通的桥梁、资源链接等多种方式，在培育和支持多元志愿服务团队成长中发挥着积极而重要的作用。

第三，志愿服务与其他专业社会服务领域的融合程度较高。香港和澳门的很多民间社会福利机构积极参与和推动志愿服务的发展，并将志愿服务纳入机构本身的发展战略之中。例如，作为香港最具规模的社会服务机构之一，香港青年协会将“义工服务”作为机构十二类核心服务之一①。青年协会所建立的“青年义工网络”也是香港当前最大型并以青年为主要对象的义工网络，登记义工人数超过23万人，每年为社会贡献超过90万小时服务②。依托青年协会分布在全港各区的20余所“青年空间”等服务阵地，志愿服务与专业社会服务得到很好的结合。

① 参见香港青年协会网站，https：//hkfyg. org. hk/zh。

② 参见香港青年协会青年义工网络网站，https：//yvn. hkfyg. org. hk。

第四，重视专才志愿者的挖掘和专才志愿服务组织的培育，让志愿服务真正进入主流社会和主流人群。例如，香港义务工作发展局早在2005年开始就获香港赛马会慈善信托基金拨款资助推行香港赛马会社区资助计划——“专才义工网”，集结有专才技能的义工①，为有需要的人士或团体配对，提供优质的专业支持服务。澳门的专才志愿服务团队也涵盖了教师、医护、环保、文创艺术、中医药等多个专业领域。

第五，资助型机构是香港、澳门志愿服务事业可持续发展的重要支撑力量。两地志愿服务事业的发展，除了得到当地政府部门（如香港特别行政区政府社会福利署、民政事务局，澳门特别行政区政府社会工作局、教育暨青年局等）的资金支持外，来自香港赛马会慈善信托基金、澳门基金会、澳门霍英东基金会等机构的资助对于志愿服务的创新发展也起到不可或缺的作用。

四、粤港澳大湾区志愿服务协同发展的机制建设

基于珠三角九市与香港、澳门两地在志愿服务领域的已有合作实践与经验，以下就《粤港澳大湾区发展规划纲要》实施后，如何进一步推进志愿服务协同发展进行初步探讨。首先需要认识到的是，大湾区城市间的发展差距较大，城市社会的异质性高。此外，不同城市间的社会福利政策及供给模式也存在不小差异，包括志愿服务组织在内的社会组织发展水平不一。有鉴于此，同粤港澳大湾区经济领域的协同发展思路和方向相一致，包括志愿服务在内的社会服务领域的协同发展也有赖于人员、资金、信息、技术等要素的高效流动，这是粤港澳大湾区协同合作发展的重要基础和条件。为此，提出如下几点建议：

（一）协调机制：以各地枢纽型、联合型志愿服务组织为节点，构建多样化的大湾区志愿服务交流、学习与合作网络

在大湾区志愿服务网络搭建方面，各地已有不同的探索和尝试。但

① 参见香港义务工作发展局香港赛马会社区资助计划——专才义工网，http://www.avs.org.hk/tc/vtb。

是，成立一个网络相对容易，而使网络能够持续运作并发挥实质性的作用，则需要付出更大的努力。香港、澳门的一些志愿服务组织在内地已开展了多种形式的志愿服务项目和活动，但也面临由于对内地法律法规和政策不熟悉、信息不对称等所导致的沟通和协调时间长、志愿服务项目和活动的持续性不足等问题。因此，珠三角地区的枢纽型志愿服务组织可主动作为，与香港、澳门两地具有较高公信力的志愿服务组织建立制度化的协调机制，为信息的沟通、人员的交流互访、志愿服务项目的对接等提供常态化的支持。

（二）项目机制：以志愿服务的专业化为方向，聚焦大湾区关键社会需求，联合发起具有“湾区特色”的志愿服务项目

大湾区内的志愿服务组织由于所处地域、发起背景、成员构成、组织定位等各不相同，志愿服务的内容必定非常多元，各具特色，这也是志愿服务富有活力的原因所在。与此同时，站在促进大湾区志愿服务协同发展的角度，可考虑基于大湾区当前面临的关键社会服务需求，如长者服务是各个城市共同关心的一大问题，充分考虑志愿服务的特点，联动大湾区内志愿服务组织及相关团体，设立湾区年度志愿服务主题，共同发起和打造具有“湾区特色”的品牌志愿服务项目，实现志愿服务的规模效应和示范引领。在此过程中，以志愿服务项目为依托，也能够更好地促进香港、澳门与珠三角地区志愿服务组织之间实质性的交流、学习和互动。

（三）资源机制：建立政府补助、基金会资助、社会多元捐赠相结合的志愿服务资源供给模式

志愿服务事业的发展同样需要建立在一定的资源基础之上。如前所述，共青团广东省委员会、广东省志愿者联合会等机构主办的“益苗计划”广东志愿服务组织成长扶持行动已在积极探索将香港、澳门两地志愿服务项目纳入资助计划。与此同时，需要注重发挥基金会等资源型社会组织在促进大湾区志愿服务协同发展中的作用，特别是资助实施有利于促进志愿服务长远发展的人才培养、组织建设以及专业研究等项目的开展。此外，随着互联网技术的快速发展，在社会公众资源动员方面，可依托公募

慈善组织及互联网公益平台，尝试设立大湾区志愿服务发展基金，筹集社会多元资源，支持志愿服务组织在香港、澳门和珠三角地区联合开展志愿服务项目及活动。

（四）人才机制：建立多地共育的志愿服务人才培养机制，创新大湾区志愿服务模式

对于志愿服务事业的发展而言，在服务他人、奉献社会的同时，促进志愿者自身的成长、促进人的全面发展本身也是重要的目标之一。对此，建立多地共育的志愿服务人才联合培养机制，特别是加强对志愿服务组织专职工作人员、专才志愿者团队的培育，推动志愿服务的专业化、社会化发展成为一项重要任务。同时，建设“充满活力的世界级城市群”这一战略定位也为大湾区志愿服务的国际化提供了广阔空间，国际化也应成为大湾区志愿服务发展的重要方向。对此，应秉持人类命运共同体理念，充分借鉴香港、澳门两地的实践经验，积极响应国家“一带一路”倡议，加快推动大湾区志愿服务国际化进程，培养具有国际视野的志愿服务管理人才和国际志愿者。

（五）信息机制：发挥志愿者信息管理服务平台的作用，探索推动大湾区志愿服务信息互联互通

在互联网时代，信息化技术的快速发展对于志愿服务事业的发展产生了巨大的推动作用。在香港、澳门及珠三角地区，无论是在政府层面还是志愿服务组织层面，近年来均非常重视信息化建设，这不仅有效提高了志愿者的组织和动员能力，优化志愿服务转介服务，促进公众参与志愿服务的便捷化，而且显著增强了志愿文化的传播力和影响力。有鉴于此，可充分发挥“i志愿”、广州公益“时间银行”平台、“志愿深圳”等志愿服务综合信息管理服务平台的作用，并逐步探索与香港、澳门志愿服务组织之间的对接机制，推动大湾区志愿服务领域信息的互联互通，为志愿服务的交流、协作提供信息支持。

五、结语

推进粤港澳大湾区建设，是以习近平同志为核心的党中央作出的重大

决策，是习近平总书记亲自谋划、亲自部署、亲自推动的国家战略[①]。无论是香港、澳门还是珠三角九市，志愿服务事业发展基础良好，志愿服务文化氛围浓厚，三地的志愿服务也有很多值得相互借鉴和彼此学习的地方。因此，推进大湾区志愿服务协同发展具有重要的现实意义。

大湾区志愿服务的协同发展应在“奉献、友爱、互助、进步”的志愿服务精神引领下，以专业化、社会化、国际化为发展方向，推动体制机制创新，注重发挥枢纽型志愿服务组织的衔接功能，搭建多样化的大湾区志愿服务协作网络，有效促进志愿服务领域人才、信息、专业技术、资源等关键要素的流动，为国际一流湾区和世界级城市群的打造贡献独特的志愿力量。

① 王攀、王旭、郭鑫：《着眼发展大局，共享时代荣光——以习近平同志为核心的党中央关心粤港澳大湾区建设纪实》，新华网，2019 年 2 月 21 日，http：//www. xinhuanet. com/politics/leaders/2019-02/21/c_ 1124146648. htm。

第三部分

实务经验篇

在职党员回社区报到：“党建+社区志愿服务”的实践探索

李　森[①]

摘要： 社区志愿服务事业离不开党的领导，如何在社区志愿服务活动中加强党建引领，是创新基层社会治理的新要求。2019 年广州市推动在职党员回社区报到开展志愿服务，引导广大在职党员积极参与城市基层治理与服务，夯实“社区吹哨、党员报到”的制度基础，建立起“党建+志愿服务”的新机制，强化了社区志愿服务的党建引领作用。

关键词： 在职党员　社区志愿服务　党建引领

志愿服务是创新社会治理的重要途径，是培育和践行新时代社会主义核心价值观的有力抓手。党员志愿者一直是志愿服务的先锋队和主力军，坚持全心全意为人民服务是党的建设必须坚决实现的五项基本要求之一。志愿服务也是实践全心全意为人民服务的载体之一。2019 年 3 月，习近平总书记来到全国第一个社区志愿服务组织诞生地——天津市和平区新兴街朝阳里社区，对志愿服务给予高度评价，充分肯定了志愿者、志愿服务组织、志愿服务事业的重要作用和重要地位，进一步指明了新时代志愿服务的历史使命和前进方向。2019 年 7 月，习近平总书记致中国志愿服务联合会第二届会员代表大会的贺信寄语：“在民族复兴伟业中书写志愿服务新篇章。”2019 年 5 月 24 日，习近平总书记参加湖北人大代表团审议时提

---

① 李森，广州市志愿者协会会长，启智社工中心理事长，广东省党代表，全国优秀党务工作者，广东外语外贸大学社会工作硕士研究生兼职导师。主要研究领域：党建工作、社会工作与志愿服务、公共管理等。

出：今后要加强志愿者队伍建设，完善机制体系，关键时候能拉得出来、顶得上去。党员作为全社会的先锋模范代表，更应带领广大人民群众冲锋在社区志愿服务第一线，开展各类助残扶困、关爱弱势、创文推广等行动中。

为深入开展“不忘初心，牢记使命”主题教育，引导广大党员强化责任担当，密切联系基层，消除发挥作用“盲区”，2019 年，广州市委组织部印发了《关于组织全市在职党员回社区报到并开展服务的通知》，2019 年下半年以来，推动全市在职党员回社区报到开展服务，让“工作在单位、活动在社区、奉献双岗位”逐步成为在职党员的新常态，成为广州构建“令行禁止、有呼必应”党建引领共建共治共享社会治理格局的有效途径。截至 2019 年底，全市回到社区报到的在职党员达 26 万多人，共成立了 1925 支党员服务队（突击队），组织开展社区服务活动 6800 多次，有效地提升了党建在社区志愿服务事业发展中的引领力。

一、在职党员回社区报到参与社区志愿服务的具体要求

根据要求，全市在职党员回社区报到的时限为 2019 年 7 月 5 日前，党组织关系在广州市的在职党员（含预备党员）均在报到之列。市委常委和党员副市长将发挥表率作用，为广大党员干部树立标杆、做出榜样。各级党组织主要负责同志将履行第一责任人职责。除个别特殊情况外，党组织关系在广州市的在职党员（含预备党员）须全员参与此次活动。各社区将成立“党员服务队（突击队）”，由社区党组织择优发动辖区内的党员报名，把本社区优秀党员、有意愿加入的报到党员纳入，社区党组织书记任队长。各区也会试点成立“党群先锋队”，由各区党委组织部统筹选择基础较好、条件成熟的社区，试点打造 2 至 3 支“党群先锋队”，择优纳入“党员服务队”骨干、辖区内群众威望高的离退休党员、先进分子和热心人士，确保服务队伍发挥先锋模范带头作用。“党员服务队”侧重于服务社区、服务群众，主动参与社区急难险重任务；“党群先锋队”侧重于协助、配合社区党组织参与基层治理。各社区要立足自身实际，依托党群

服务中心、新时代文明实践中心、党代表工作室等社区党群工作阵地，根据群众多元化服务需求，设立“党员接待站”“爱心超市”“民情信箱”“微心愿认领墙”等党员社区服务载体，组织回社区报到的党员开展社区服务、节假日集中服务、结对帮扶服务、定点设岗服务等多种形式的服务。

各区组织部门根据市委组织部的要求，分别制订了具体实施方案并下发通知，如天河区组织部下发了《关于组织全区在职党员回社区报到并开展服务的通知》《关于发挥党代表模范带头作用进一步深化在职党员回社区报到工作的通知》等，明确要求参与范围、报到形式和时限、报到步骤、组建服务队伍、服务方式、工作机制、工作要求等。其中，党代表“五带头　先锋行”主题实践志愿服务，主要内容包括：

（一）带头参与一次垃圾分类宣传督导

深入学习贯彻习近平总书记关于垃圾分类工作重要指示批示精神，发挥党代表示范引领作用，带领在职党员积极参与所在社区的垃圾分类活动，通过上门派发宣传册、为居民群众讲解分类知识、定点定时督导居民垃圾分类工作等形式，推动社区居民养成分类习惯，切实提高分类投放的准确率。

（二）带头参加一次党建活动

围绕构建“令行禁止、有呼必应”基层党建工作格局、党建引领基层治理、社区党组织自身建设等工作，主动参加社区党建、公益等活动的组织和筹办，帮助社区党组织整合资源和力量，为社区党组织提升组织力贡献力量。

（三）带头参加一次专项整治

围绕旧城区、旧厂房、旧村庄更新改造，物流园、村级工业园、专业批发市场整治提升和违法建设、黑臭水体、散乱污场所专项治理等重点任务，以及环境整治、旧楼加装电梯等社区党组织的重点工作，参加一次专项整治，积极向群众宣传政策、协助做好群众工作。

（四）带头为群众办一件实事好事

围绕街道管理体制改革的重点工作，每名党代表到社区亮身份、入网格，以居民群众最关心、最直接、最现实的利益问题为导向，通过定期接待、双向约谈、座谈交流、上门走访、实地调研、认领微心愿等方式，实实在在为辖区群众办好事办实事。要立足社区实际，兼顾个人特长和群众需求，为群众开展法律援助、扶贫帮困、助残助老等各类特色服务。

（五）带头为基层治理献一策

充分发挥党代表议党议政作用，每名党代表通过走访、调研，了解基层实情，了解所在单位、部门政策在基层的落实情况，听取居民意见建议，针对街道、社区（村改制公司）在党的建设、城市环境、社会治安、食品安全等方面存在的突出问题，提出一条意见建议，为增强群众的获得感、幸福感和安全感贡献力量。

翔实的组织实施方案、坚强的执行力、有效的体制动员，为在职党员回社区报到参与社区志愿服务打下了坚实的基础。

二、在职党员回社区报到参与社区志愿服务的实施

（一）市委领导带头报到

根据在职党员回社区报到的组织实施要求，广州市四套班子领导同志带头响应号召，于2019年7月5日之前全部回到所在社区报到。市委书记张硕辅以普通党员身份，带头到越秀区洪桥街三眼井社区报到，加入“社区党员服务队”，积极参与社区服务。据统计，全市共约26万名在职党员回社区报到。除少数因出差、生病住院等特殊情况的党员未能报到外，其余在职党员已基本完成报到。

（二）街道社区迅速启动

全市136个街道党工委强化工作责任，统筹推进辖内社区开展报到工作，指导策划服务活动。各社区充分利用现有资源优势，第一时间组织在职党员开展服务。海珠区素社街道基立新村社区开展“在职党员回社区，垃圾分类我先行”主题宣传活动，创立“1+3”垃圾分类宣传模式，每位在职党员担当起垃圾分类的先行者、排头兵，以面对面宣传、手把手教的形式带动身边3户以上邻居开展科学分类。越秀区人民街大德中社区积极

探索报到党员开展服务的激励与反馈机制，试行积分制、评选社区星级党员等做法，鼓励在职党员积极参与社区服务。荔湾区昌华街西关大屋社区结合广医三院党员的专业优势，在周末和节假日推出中医推拿、针灸、拔火罐等义诊项目，不定期开设“百姓论坛”，邀请专科医生、中学校长等为社区群众上课。番禺区大石街富庭社区针对辖内网络诈骗受害者较多的现象，组建民警党员服务队，挨家挨户上门宣传防诈骗知识，并派发印有民警电话的卡片，防止居民上当受骗。

（三）长效机制不断健全

为推动党员回社区报到并开展服务工作持续、高效、有序开展，市委组织部通过实地调研、召开座谈会等方式，深入了解在职党员回社区报到并开展服务工作推进中存在的问题，制作了《在职党员回社区开展服务指南》，包括“党员基本义务”“服务项目”“服务流程”等模块，建立工作长效机制，指导社区和在职党员更好地开展服务。

三、实践案例分析

在职党员不仅是“单位人”，也是“社区人”，面对社区发展而产生的新的社区问题，推动在职党员回社区报到开展服务，促进了党建与社区志愿服务的有机融合，密切了党员和群众之间的联系，有效提升了社区志愿服务的影响力。

（一）开展常态化的社区服务，推动在职党员发挥社区主人翁精神

天河区员村街新村社区是一个老旧社区，周边商铺众多，人流量较大，过往人群经常把生活垃圾乱扔乱塞，社区的墙面也经常被贴满“牛皮癣”，环卫工人、清洁人员清理之后，很快“春风吹又生”。如何还居民一个干净整洁的居住环境，提升居民进行垃圾分类的意识是员村街新村社区居委会一直思考的问题。

广州市推动在职党员回社区报到开展服务，让“工作在单位、活动在社区、奉献双岗位”逐步成为在职党员的新常态。在这一政策的推动下，员村街新村社区积极组建社区党员群，由社区居委会工作人员在群里发布

志愿服务活动招募信息，组织社区党员开展活动。在员村街新村社区党委和居委会的支持下，在职党员积极响应，目前已经有100多名在职党员加入社区党员群。

员村街新村社区发挥在职党员力量，开展“清洁家园大扫除”常态化社区服务。每逢星期五，由在职党员组成的志愿者队伍都会在社区开展卫生大扫除服务，主要开展清理卫生死角、铲除顽固的“牛皮癣”、消毒灭菌等工作。同时，在多个居民活动场所设立宣传摊位，挨家挨户上门进行垃圾分类及创文行动的宣传，引导社区居民共同参与文明城市创建等社区服务活动。这项工作已经持续了一年，新村社区的卫生状况得到极大的改善，这得益于在职党员志愿者积极联动居民在社区环境卫生改善工作中的共同参与。

员村街新村社区党委书记张春辉说道：在新政策之前，社区在职党员在单位工作，也在单位过组织生活，对社区事务的参与度不高，新政策通过鼓励在职党员回社区报到开展服务，有效地提升了在职党员的主人翁意识，鼓励他们积极参与社区服务。如社区有1名在职党员，是一名3岁孩子的妈妈，以往周末主要在家带孩子。新政策之后，这位党员为了支持社区的工作，努力克服困难，尽力做到参与社区服务和照顾家庭两者的平衡，带着孩子一起参与“清洁家园大扫除”服务。一方面为社区贡献了自己作为在职党员的力量，另一方面以言传身教的方式，教育孩子不要乱扔垃圾，从小学习垃圾分类，要爱护自己的家园，并用自己的余力服务社区。

据统计，自2019年11月23日开展整治行动以来，员村街共组织党员志愿者人员800多人次，清理卫生死角、“牛皮癣”等300多处，清理杂物10余吨，整治占道经营、乱堆放、乱拉挂、乱贴（涂、画）200多宗。

（二）参加登革热防控工作，织密联防联控网络

在职党员郭宗海，就职于广州百事可乐饮料有限公司，报到社区为员村街程介西社区。同时，郭宗海是启智志愿服务总队的资深志愿者，参与社区志愿服务的总时数为655小时。

第一次收到在职党员回社区报到的消息后，郭宗海出于党员身份的责

任感和对志愿服务的热情，欣然接受组织的安排并积极落实回社区报到。郭宗海表示："只要社区有需要，自己有时间，就毫不犹豫地报名参加。"郭宗海认为，回社区报到的志愿服务与之前参加的志愿服务有所不同，回社区报到能明显感受到大家一起为自己所在社区出力，共建美好家园的那份力量与热血，无论多苦多累，都是在美化自己的家园。

2019年夏天，正值登革热高发期，程介西社区组织在职党员回社区协助社区做好登革热联防联控工作，清扫污水积水盲点。郭宗海与其他在职党员在居委会的带领下清扫积水，汗水湿透每位党员的衣衫，大家依然认真做好每一步工作，毫不马虎。其中一项工作需要到小区的楼顶观察和排查有无植物或者低洼容易蓄水的地方，入口需要人工梯钻到楼顶，参与联防联控工作的在职党员都不怕脏、不怕累，轮流去观察排查，在工作过程中还不断地跟社区居民宣传居家生活如何有效预防登革热。在职党员的这种坚韧与服务家园的精神，带来了社区环境的改善以及居民防治意识的不断提升。郭宗海希望社区能定期根据社区的重点工作组织开展社区党群志愿服务，定期组织社区党群志愿者分享交流和技能学习培训，促进在职党员与社区志愿者间相互了解，加深在职党员对社区发展的了解，同时让更多人知道党员在社区建设中发挥引领和带头的作用，鼓励更多的社区居民加入社区志愿服务。

（三）"党员社工+党员志愿者"，助力社区工作

组织关系在员村街社工站的张苏旬社工有两个身份：一个是党员社工（组织关系在员村街社工站党支部）；一个是在职党员（生活在前进街天力居社区）。一方面，社工的身份促使她运用专业知识和技巧，帮助社区内有需要的家庭，特别是困境家庭和儿童。她在南富社区建立欢乐驿站，开展来穗儿童服务，切实减轻外来务工人员的照顾压力。驿站的开展吸引了社区爱心人士加入志愿服务行列，营造了友好睦邻的氛围。

另一方面，作为一名在职党员，张苏旬在工作之余回到社区积极参与社区服务。一是参加社区"公益先行"服务，配合社区党支部的工作安排，沿街到各责任路段及责任区域开展志愿服务活动，为居民以及周围店铺派送消防安全宣传册，宣讲消防安全的重要性，加强提升他们的安全防

护措施。二是参加市容环境综合整治活动。在文明城市的创建工作中，与一众党员一起，带上清洁工具，到负责的区域就位，巡视大街卫生，清扫公共道路、维护交通秩序，耐心劝导随意遛狗、占道经营、人行道上共享单车的乱停乱放、乱扔垃圾等不文明的行为，充分发挥不怕脏不怕累的精神，不落下任何一个角落，不放过一片纸屑、一个烟头，用自己的实际行动引导市民要养成良好的文明习惯。三是积极响应垃圾分类新时尚政策，不管是在生活中还是工作中，严格践行垃圾分类，实时了解、学习最新垃圾分类标准并指引身边人学习、掌握，做好党员在垃圾分类推动中的先锋模范作用，为让人民树立环保意识与城市的整洁添力助力并推动垃圾分类顺利进行。在党支部的组织带领下，张苏旬与其他党员一起到社区派发垃圾分类宣传单，细心向居民讲解分类方法，为居民解疑，引导居民正确进行垃圾分类，受到了人民群众的高度肯定与赞扬。

张苏旬表示，通过参与社区志愿服务，社区的环境变得更加整洁、有序，提升了人民群众的满意度、幸福感和安全感，她更加感受到作为一名党员所担负的责任和使命。

四、完善在职党员回社区报到的政策建议

在职党员回社区报到将职业优势和资源优势与社区的需求、居民的需求相匹配。通过资源匹配并调配资源从而促进资源下沉至基层，达成服务资源服务功能的最大化发挥。在职党员回社区报到，为社区志愿服务的开展带来了全新的活力和重要专业力量。根据目前实施开展的情况，为进一步推进在职党员回社区报到参与社区志愿服务的工作，发挥工作成效，笔者提出以下五个方面的对策建议。

（一）从顶层设计着手，完善组织管理

在实地调研中发现，部分在职党员反馈回社区报到后相关组织管理人员跟进不及时，没有统一的志愿服务信息发布机制。因此，建议从顶层设计着手，区、街道等部门抽调人员建立志愿服务管理中心，为在职党员开展社区服务做好登记管理、志愿服务培训、先锋队组建、志愿服务开展等工作。

（二）与社会组织党组织合作，推动志愿服务纵深发展

街道、社区工作人员日常工作繁多，日常开展的服务以行政服务为主，在管理党员志愿服务团队上时间不足、经验有限。因此，建议与社会组织党组织开展共建服务，引入社会组织的专业社工，创新管理服务模式。目前，广州每个街道均设有社工服务站，每个社工站都配有20名专业社工，在职党员回社区报到服务可与社工站党支部共建，共同参与社工站的各类社区服务活动。

（三）行政动员与社会化动员相结合，带动党员家庭参与社区志愿服务

目前，在职党员回社区报到参与志愿服务机制是自上而下的动员机制，通过体制内的行政化动员，把党员先锋力量积极引入社区服务，在开展志愿服务的同时，可以慢慢转化为自下而上的主动参与。志愿服务强调参与社会服务的内心快乐与充实满足，每一名在职党员也可以带动家庭成员共同参与社区服务，帮助困难群体。

（四）发挥党员专业力量，提升志愿服务专业化水平

在职党员在各自单位一般都是核心骨干力量和专业人员，在社区报到参与志愿服务中如能发挥在职人员的专业知识和建设力量，能在推动社区治理方面发挥巨大作用。建议街道、居委会在党员报到时详细登记其专业技能情况，运用社区社会工作的专业力量和优势，组织开展专业党员志愿服务，对社区建设引入专业人员的力量，发挥专业在职党员的优势，链接社会资源，形成共建共治共享的体系机制。

（五）建立社会化激励体系，构筑长效动力机制

目前，广州志愿服务已建立起较为完整的信息化管理平台和社会化激励机制。如广东省的“i志愿”、广州公益“时间银行”，均有效地对志愿服务时间进行记录，出具志愿服务时间证明，对达到一定志愿服务时间记录的志愿者给予社会化的激励措施，回馈志愿者的奉献付出。建议专职党员入社区可使用志愿服务信息化平台，推动在职党员入社区志愿服务长效持久机制。

广州市社区志愿服务力量参与社会治理的实践探索

——以“广州街坊”为例

广州市平安建设促进会[1]

摘要： 在借鉴“枫桥经验”的基础上，广州市着力打造社区层面的群防共治互助平台——“广州街坊”，汇聚各方群防共治的志愿力量，在建立健全力量下沉的法治工作机制、促进公众有序参与的民主机制、多元化的矛盾调处化解机制等方面发挥积极作用。

关键词：“广州街坊”　基层治理　社区志愿力量　群防共治

党的十九大以来，广州发扬新时代“枫桥经验”精神，创新群众工作机制，突出共建共治共享的理念，完善“党委领导、政府负责、社会协同、公众参与、法治保障”的社会治理格局，提高社会治理社会化、法治化、智能化、专业化水平。在广州市委政法委的直接指导下，探索推出广州街坊群防共治互动平台（以下简称“广州街坊”）。“广州街坊”于2018年5月9日正式上线，经过功能优化和持续运营，成为新时代平安广州群防共治的重要平台。

---

① 广州市平安建设促进会，是在广州市委政法委指导下，于2014年在市民政局注册登记成立，是广州市首家从事平安建设工作的非营利性社会团体，具有独立法人资格的非营利性社会组织。主要的职能是积极发挥政府与群众之间的桥梁和纽带作用，坚持社会治安综合治理方针，团结和培育会员共同参与维护社会治安秩序，推动综治工作社会化和共建共治共享新格局，维护社会和谐，推动社会平安建设持续、快速、健康发展。

一、“广州街坊”参与基层社区治理的亮点

（一）“缘”结群众参与，填补基层处置空白

“广州街坊”注重以“缘”联结社会力量，凭借趣味相投、志趣相通组织起来的群众组织，变治理压力的“乘法题”为治理主体的“加法题”，让业缘、地缘、趣缘等多种纽带发挥作用，以“广州街坊”品牌汇聚民间力量，引导多元力量参与基层治理，让大城广州有活力。同时，“广州街坊”维护社区安全，引导群众自我管理，将矛盾化解于基层，将问题消灭于基层，很大程度上填补了政府部门在部分基层事务处置上的空白。从如意平安骑队到白云湖畔志愿巡防的“红棉侠”，他们“聚是一团火，散作满天星”，构成广州社区一道道活力四射的风景线。

（二）公益为主，行政为辅，调动群众参与积极性

2018 年，广州市委政法委率先采用“广州街坊”+“公益创投”的模式，连同广州市见义勇为基金会共同出资发起“广州街坊・群防共治”公益创投活动，凸显“公益”理念，以此吸引群众主动参与。对社会组织予以充分信任并适度引导，通过政府购买服务、公益创投、基金扶持等方式让社会组织安心出力、有效出力。

资金只是一种激励措施和支持方式。目前，“广州街坊・群防共治”工作已取得不少成果。自“广州街坊・群防共治”微信小程序上线以来，广大市民通过注册可参与骑巡活动、交通志愿服务等基层服务。一系列举措，有效整合了广州平安建设的专业力量、半专业力量和行业性社会力量、志愿力量，擦亮“广州街坊”品牌，为广州市平安建设助力。

（三）主张共治结构多元化，提高群众参与感

“广州街坊”由专业力量（警察等）、半专业力量（辅警、协警等）、行业力量（物流寄递从业人员等）和志愿力量四种社会治理力量组成。他们在广泛收集上报信息、参与安全巡逻防控、参与矛盾纠纷调解、参与平安法治宣传等方面发挥着作用。这种创新模式突破了传统的半专业化联防队、治保会的群防共治模式，除去以往的行政色彩，实现了共治结构的多

元化。此外，与一系列创新举措相配套的长效激励机制也已纳入广州相关部门的视野。开展公益创投、为街坊买保险等新招实招，都只为让群众切实感受到参与社会治理的成就感和获得感。

（四）借助新兴科技赋能，释放社会共治新活力

“广州街坊”利用现代信息技术为社会共治赋能，开发出“互联网+群防共治”的新模式，采用微信公众号、小程序等互联网科技平台，街坊可借由小程序发起或报名群组活动，提升共治效率，进一步释放社会共治的活力和能力。借助互联网技术，“广州街坊”为人民群众提供参与社会治理和服务社区的平台，打通群防工作的“最后一公里”，让“广州街坊”不但是社会治理的中坚力量，更是社区生活的多彩平台。群众对社区和城市更有责任感，服务社会的意识得到提升，也能切实感受到参与社会治理“人人尽责”的意义。

二、“广州街坊”社区治安群防共治的主要经验

（一）培育多元且富有公共精神的参与主体

在以往的基层自治中，政府的干预一定程度上阻碍了群众自治能力的发挥，随着政府有意识地减少行政干预，人民群众在基层自治中发挥的力量越发明显。群众既是规则制定者，又是服从者，在提升村规民约的认可度的同时，一种共建共享的氛围也在悄然形成。党的十九大报告指出，要“健全自治、法治、德治相结合的乡村治理体系”“打造共建共治共享的社会治理格局”。自治、法治、德治是构成基层自治的三个基本维度。在基层治理中，广泛的群众参与还能够激活“熟人社会”的舆论监督和道德约束功能，成为法治的有益补充。

（二）坚持协同合作及统筹谋划的基本方略

在一个日渐多元开放的现代社会，各大主体的行动取向不仅是多元的，而且是相互掣肘的。这就意味着在打造基层治理体系过程中，不能再沿用传统、简单的思路，应坚持“协商合作”的理念，奉行协同合作和互利共赢的基本方略。回归政府与群众自治组织之间指导与被指导的关系，

为坚持协同合作的治理方略奠定基础、扫除障碍。同时，还要坚持统筹谋划的系统思维。坚持统筹规划，要积极发挥群众组织、基层群众性组织、社会组织、企事业单位的协同作用，形成党委、政府与社会力量良性互动的社会治理格局。

（三）充分激活现代信息技术手段的重要支撑作用

在信息化时代，信息技术成为撬动基层治理的重要杠杆。一方面，利用现代信息技术手段，打破基层治理部门与行政区划之间的空间界限，打造互联互通、共建共享的信息互通平台，避免因数据孤岛、相互封锁而人为地增加治理成本；另一方面，利用云计算、物联网、云服务等大数据技术，推动治理数据整合，实现数据一次性采集、永久使用、互利共赢，推动基层社会治理走向智慧治理。

（四）转变治理理念实现简政增效目的

提高基层社会治理的社会化水平，政府须转变理念，不能把所有的事情都大包大揽，一些事务性工作、专业性服务可以交由社会组织承担，这样既可以减轻政府负担，又可以提高服务质量，达到简政增效的目的。政府须积极培育、扶持、壮大各种社会组织，提高向社会组织购买服务的比重，让社会组织在公共服务供给中发挥“挑大梁”作用。同时要探索创新基层群众自治的实现途径，切实做到民事民议、民事民办、民事民管，发挥人民群众在基层社会治理中的主体作用，调动他们参与社会治理的积极性。

三、“广州街坊”参与基层社区治理未来的发展方向

（一）坚持群众为主体，激发群众参与共治热情

“广州街坊”群防共治的持续开展，表明群众是社会活力的真正来源。群众是最广泛、最活跃的基层治理主体。进一步健全基层党组织领导下规范有序的基层群众参与社会治理的体制机制，以此调动广大群众参与治理的积极性和主动性。基层治理的关键在于引导公众自主参与，激发社会创造与发展活力，充分整合基层社区内的单位和业主资源，向社会力量开

门，向志愿力量开门，向群众中的活跃力量开门，充分调动大多数群众的积极性，营造基层治理事事有人管、人人能干事的良好局面，形成共建共治共享的“一盘棋”格局。

（二）注重多方主体协同作用，形成良性互动治理格局

“广州街坊”群防共治队伍并不是一支单一群体的队伍，而是一支党员干部，执法专业力量，辅警、保安等组成的半专业力量，个体工商户、车辆保管员、保洁员、快递员、外卖人员等行业人员行业性社会力量，以及社区居民群众志愿力量等多方力量，他们在广州市委政法委的指导下，由党委政府对社会治理事务进行规划、拨款、引导和管理，通过激活社会组织、基层单位、居民个体的方式，让全社会都自愿地参与整个社会治理，收到积极效果。同时，要形成问题联治、工作联动、平安联创的工作机制，提高预测预警预防各类风险的能力，增强社会治安防控的整体性、协同性、精准性。推进基层社会治理，不能仅仅依靠单一手段、单个部门、单兵作战，只有多方联动、形成合力才能取得理想效果。

（三）敢于运用新兴科技，推动基层治理创新

在“广州街坊”群防共治队伍中，化龙镇通过整合“天眼”+“平安大喇叭”技防系统、完善的专线视频网络覆盖系统、群防共治机动力量体系、网格化服务管理队伍等措施，叠加多方效能，探索建设智能化、精准化、科学化的“三防”系统工程，发挥了“治安力量无处不在，而且无时不在”的震慑作用，让违法犯罪分子知难而退，望风而遁，进一步夯实了立体化社会防控体系。所谓实践出真知，只有敢于运用新兴科技，才能实现城市治理的创新，为初步建成现代化强国凝心聚力。正如习近平总书记在参加十二届全国人大五次会议上海代表团审议时指出，走出一条符合超大城市特点和规律的社会治理新路子，做好超大城市治理，必须有脚踏实地、与时俱进的精神；在手段上要强化智能化管理，提高城市管理标准，要多运用互联网、大数据等信息技术手段；在理念上要强化依法治理，善于运用法治思维和法治方式解决城市治理顽症难题，努力形成城市综合管理法治化新格局。

（四）强化党建引领作用，凝心聚力促发展

“广州街坊”成为区域社会治理的新名片，背后是一大群党员干部发挥先锋模范作用，带领广大群众投身到社会治理中取得的积极成果。以广州市越秀区为例，作为广州市的中心城区、省市行政文化商贸中心，越秀区坚持以习近平新时代中国特色社会主义思想为指导，深入学习贯彻党的十九届四中全会精神，按照开展新时代越秀党建先锋行动的总体部署，立足区情实际，整合地域资源，以开放性架构吸纳社会力量，通过党建引领平安志愿工作，倾力打造以“越秀邻里”为品牌的平安志愿群防共治队伍，广泛深入开展“平安志愿”先锋行动，推动全区在营造共建共治共享社会治理格局上走在前列，奋力探索一条超大城市中心城区治理现代化的创新之路。

随着党员志愿者队伍专业化水平的不断提升，党员志愿者队伍已经成为新时代党员提升自身综合素质和专业水平的又一重要渠道，要切实加强党员队伍建设，把这些专业化水平真正地“好钢用在刀刃上”。在日常工作及开展的系列活动中，时刻坚持党建引领作用，发挥党组织和党员先锋模范作用，强化党员奉献意识、责任意识和服务意识；关键时刻，更要展现党组织和党员风采，进一步提升党组织的影响力和号召力。

（五）利用网络新平台优势，为传播正能量拓展新阵地

认真学习贯彻习近平总书记关于宣传舆论和网络宣传重要思想，贯彻落实党的十九届四中全会精神，主动适应传播格局新变化，“广州街坊”应利用网络新平台在技术、传播渠道、内容等方面的优势，实现优势互补，合作共赢。在发挥共建共治共享体制的优势下，把“广州街坊”打造成走好群众路线的一道桥，为“广州街坊”注入新活力，为群众传播正能量，实现与群众的良性互动，更好凝聚人心。

（六）强化平台科技支撑，加大群防共治队伍扶持力度

“广州街坊”不仅是一个品牌，更是一个科技平台。在以“广州街坊”小程序的功能依托下，汇聚上百万志愿者力量，大量群组队伍得以实现活动的有序开展，逐步形成了“互联网+‘广州街坊’”的群防共治大格局。因此，要继续优化“广州街坊”小程序功能，进一步强化科技支撑。

同时，必须加大对品牌队伍的指导、培训力度，促进规范化建设；以公益创投等多种方式，加大对优秀品牌队伍的政策和资金扶持、引导、孵化，提高队伍的可持续发展能力；创新激励机制，引导更多市民参与群防共治工作中。

四、结语

“广州街坊”是一个品牌，更是一个平台。“广州街坊”改变了以往行政推动的方式，通过线上平台打破地域和时空的限制，让市民利用碎片化时间自发参与平安广州的守护，形成人人有责、人人尽责、人人享有的生动局面。“广州街坊”坚持以广大基层群众为主体，以最贴近群众的方式解决群众的需求与难题，为群众搭建起坚不可摧的安全防护网，为打造共建共治共享社会治理格局提供鲜活的经验借鉴。

参考文献

[1] 陈朋．寻求基层治理体系的有效突破［N］．学习时报，2020-06-17（7）．

[2] 李伟，杨家卿．提升基层社会治理水平［N］．河南日报，2020-06-17（9）．

[3] 王首燕．探索“广州街坊”群防共治模式［N］．中国社会科学报，2020-03-10（4）．

[4] 周颖，孙少龙，陈毅恩．“广州街坊”：汇聚城市共治之力［J/OL］．半月谈网，2018-10-12. http://www.banyuetan.org/jczl/detail/20181012/1000200033136021539308259584722635_1.html.

广州市社区志愿服务参与垃圾分类工作的实践探索

谢婷婷　罗兆安[①]

摘要：社区垃圾分类志愿服务是通过志愿服务模式参与践行垃圾分类，采用寓教于乐的推广模式宣传科普分类知识，培养居民主动参与分类意识，营造健康良好的社区居住环境。本文主要对广州市志愿服务参与社区垃圾分类的发展历程、人才队伍培养和建设、实践经验、存在问题等进行简要分析，并提出相应的发展建议。

关键词：社区志愿服务　垃圾分类　社区公益集市

一、广州市垃圾分类社区志愿服务发展历程

2012 年 7 月 10 日，“广州市生活垃圾分类处理部署动员大会”召开，针对垃圾分类试点过程中涌现出的“东湖社区模式”“广卫社区模式”“南华西社区模式”“万科社区模式”等进行总结，并提出到 2012 年底前全市全面推开城市垃圾分类和三年之内广州垃圾分类走在全国前列的具体目标。2018 年，《广州市生活垃圾分类管理条例》出台，于 2018 年 7 月 1 日起施行，正式宣布广州市全面推进垃圾分类工作。2019 年，广州市垃圾分类工作取得了历史性突破，法规制度体系进一步完善，垃圾分类覆盖面进一步扩大，广州市共有 8369 个生活小区均已完成楼道撤桶，宣传率和参

① 谢婷婷，广州市城市管理志愿者协会副秘书长，主要从事领域为垃圾分类宣传、社会组织实务、志愿服务实践、青少年服务等；罗兆安，广州市城市管理志愿者协会秘书长，广州广播电视台主持人，“温暖广州”公益项目发起人，主要从事领域为垃圾分类宣传、新闻媒体传播与报道、志愿服务主持工作等。

与率有较大幅度提升，党员发挥示范成效显著，点位建设日趋完善，专收专运持续优化，源头减量稳步深化，生活垃圾回收利用率达到36%；垃圾分类执法不断加强，全年开出罚单300多宗，罚款总金额74万多元。

为贯彻落实习近平总书记关于垃圾分类工作的重要指示，垃圾分类社区志愿服务应运而生。2019年8月23日，广州市垃圾分类青年志愿服务行动启动，助力垃圾分类落地。广州市各级各类志愿服务组织响应号召，组织近300支队伍2000名青年志愿者，通过形式多样的活动，深入社区助力垃圾分类工作。活动包括协助社区开展垃圾分类专题培训，引导服务对象对社区垃圾分类工作建言献策；定期定点开展垃圾分类志愿宣传活动，通过垃圾分类互动小游戏、入户宣传、派发垃圾分类指引宣传单、现场指导居民正确分类投放等形式，多层面向市民宣传垃圾分类，提高市民践行并参与垃圾分类的意识和积极性。同时，全市80支志愿驿站的志愿服务队伍走出驿站，走进社区，在越秀区北京街、天河区海滨花园、白云区华园社区、黄埔区黄埔街道等周边社区开展垃圾分类志愿服务。例如，2019年9月7日，正佳广场东南门志愿者驿站组织青年志愿者在天河区猎德街珠江新城海滨花园向市民开展“垃圾分类宣传”活动。通过派发宣传资料，宣讲广州市居民家庭生活垃圾分类投放指南，把环境保护的理念和知识以润物细无声的方式在市民中传播推广，传递社会主义文明新风尚，为建设美丽花城贡献力量。

广州市城市管理志愿者协会（以下简称“城志协”）自2017年6月成立以来，联合社区委员会、文艺委员会以及21支志愿服务队，积极联动各社会组织和社会企业，走进以广州中心六区为主的61个社区和垃圾分类样本小区，共开展112场次垃圾分类志愿服务宣传活动，参与服务的志愿者有600人次，服务人数达30万人次。

二、广州市垃圾分类社区志愿服务人才培养和队伍建设

社区垃圾分类工作的顺利开展，离不开志愿者的参与，垃圾分类社区志愿服务的人才培养和队伍建设显得尤为重要。目前，主要通过组建社区

志愿服务队、社区志愿者导师制、常规活动招募志愿者三种方式。

（一）组建社区志愿服务队

在每个社区孵化垃圾分类志愿者团队，由社区工作者或物业管理公司工作人员担任负责人，在社区内选取有影响力的志愿者担任队长，同时招募有意向加入垃圾分类服务的社区居民。垃圾分类志愿者团队成员主要以退休人员为主、青年学生为辅，同时设立家庭亲子志愿小组，统一培训上岗，开展入户宣传、文艺宣传、科普宣传等志愿服务。社区志愿服务队以垃圾分类题材为主线，社区为宣传主阵地，活动志愿时数记录为辅助鼓励，采用寓教于乐、体验互动的形式，聚焦于垃圾分类宣传和提高生活垃圾利用率，成立垃圾分类志愿角，鼓励和支持公众自主加入垃圾分类宣传，将垃圾分类工作落到实处，在社区内提倡“垃圾分类是新时尚和公益行为”的时代理念。

（二）社区志愿者导师制

由城志协垃圾分类讲师团成员担任志愿者导师，定点进行一对多的值班指导，轮换制负责定点的社区志愿服务管理工作，对社区志愿者进行专业岗前培训，提升社区志愿者服务的科学性和专业性。社区垃圾分类志愿服务队成立后，由社区垃圾分类志愿服务队独立开展社区志愿服务宣传工作，城志协负责督导工作，做好设备物资配套等服务保障。

（三）常规活动招募志愿者

1. 发挥党员示范引领作用

积极彰显党员志愿者在推进垃圾分类志愿服务工作中的示范引领作用，主动加入志愿服务队伍中，积极承担服务队的重要责任，主动组织志愿服务活动，助力社区生活垃圾分类志愿服务工作规范化、机制化、定期化。

2. 发挥社区志愿者服务优势

充分挖掘社区内志愿服务资源，提供多种多样的服务岗位，让社区志愿者根据自身专长积极参与教育宣讲、监督指导、破袋分拣、义务巡逻、卫生清洁、文艺会演等与垃圾分类密切相关的志愿服务活动中，广泛提高居民对生活垃圾分类的认知度、知晓率和参与率，引导居民养成垃圾分类的好习惯。

3. 凝聚青年志愿者力量

社区青年志愿者是社区垃圾分类志愿服务队伍中的年轻力量。发挥青年志愿者活跃创新的特点，鼓励青年志愿者积极投身垃圾分类志愿服务活动，为社区垃圾分类工作建言献策。同时，引导青年志愿者利用微信、微博、短视频等新媒体手段，组织开展废旧衣物循环再生、废物利用作品展、环保嘉年华、垃圾分类体验日等创新性的志愿服务活动。

三、广州市垃圾分类志愿服务发展的实践经验

（一）打造社区垃圾分类志愿角

建设社区垃圾分类志愿角的目的是提高社区居民生活垃圾分类的意识，鼓励居民积极主动践行垃圾分类工作，并成为垃圾分类科普宣传“志愿推广使者”。在社区内找一个室内或半户外、面积为2—5平方米的位置作为社区垃圾分类志愿角，摆放相关垃圾分类宣传资料，同时设置社区垃圾分类宣传栏，定期发布最新的垃圾分类政策资讯，宣传社区实施垃圾分类的先进集体或个人，并展示志愿者积分榜。2019年，城志协已在广州市7个区内建立25个垃圾分类社区志愿角，并成立25支社区志愿服务队。社区垃圾分类志愿角帮助社区居民熟悉垃圾分类的类别，了解垃圾桶标识符号和使用方法，有效提升社区垃圾分类宣传教育效果和社区生活垃圾的回收利用率，减少生活垃圾的排放浪费和垃圾乱摆乱放等现象。

（二）开启社区垃圾分类主题公益集市

公益集市是一个公益性、多元化、常态化的社区公益项目，以社区党委为核心，由城志协运营，联动职能部门、企业事业单位、社会组织、人民团体和广大群众的力量，把爱心互助、公益捐赠、公益义卖、捐资助学、义剪义诊等公益服务打包送到居民家门口，满足广大群众对公益事业多元化的需求。公益集市让群众“唱主角”，以丰富的服务和活动为切入口，激发群众参与热情，增强他们的服务意识与奉献精神，打造有效联动的“服务共同体”。公益集市的开展形式，主要有入户派发宣传单、现场

指导分类投放、垃圾分类主题讲座、观看垃圾分类宣传视频、垃圾分类摊位小游戏、垃圾分类主题歌舞教学活动、旧衣回收、社区便民服务、金融预防诈骗科普等。通过丰富多样的宣传形式，以寓教于乐的方式，增强垃圾分类宣传科普的趣味性，吸引更多的居民主动加入垃圾分类行列。2019年，城志协分别在广州市越秀区、天河区、番禺区、荔湾区等中心六区，共开展20场次社区垃圾分类主题公益集市活动，服务人数达到15万人次。

（三）探索“全回收，细分类”的垃圾分类体验模式

城志协联合广州市天河区绿色城乡生态社区发展中心，于2017年10月22日起进驻广州市番禺区莲芳园小区开展常态化的垃圾分类活动，共开展社区垃圾有效分类活动110场次，动员志愿者1650余人，带动超过300个家庭以“垃圾分类我家先行”的方式践行家庭生活垃圾有效分类。通过积分兑换礼品和现场直观的“全回收，细分类”的垃圾分类体验，吸引更多有垃圾分类意识的居民参与行动，激励其做到家庭生活垃圾有效分类，将生活垃圾中的可回收物分出进入再生循环渠道，同步收集各类电池、灯泡、灯管等有害垃圾。两年来，共分出各类废纸、金属、塑料、玻璃及废旧衣服鞋包等可回收物累计达8吨，推动绿色家庭厨余堆肥暨蔬果种植社群网络的建设项目，鼓励有条件的家庭将餐厨垃圾发酵处理成有机肥，用来种菜养花。

（四）启动垃圾分类社区历奇总动员

城志协结合社区垃圾分类的现状、生活垃圾的处理手段、餐厨垃圾处理、垃圾再回收利用等内容，研发出一套“导师辅导+垃圾分类使用手册+垃圾分类工具包”三位一体的垃圾分类知识宣传推广课程体系，通过开展垃圾分类培训工作坊，培育社区垃圾分类志愿服务导师团队，让垃圾分类的社区推广“接地气”、有效果、可持续，与社区居民共建环保健康绿色社区。如开展“垃圾分类 Easy Fun 社区志愿者培训工作坊”，通过历奇互动游戏紧密结合社区居民的需求，开展有针对性的惠民生服务活动。导师们利用垃圾分类信息卡，向社区志愿者宣传垃圾分类知识，同时通过垃圾分类挑战赛，让参与者利用卡片进行实操，以互动游戏的方式进行各类垃圾分类小游戏，考验参与者对垃圾分类知识的了解，提高社区志愿者的团

队沟通能力与合作能力，让社区志愿者带动更多的社区家庭参与广州市的垃圾分类工作。

（五）营造共建共治共享的垃圾分类服务格局

开展垃圾分类工作是一项具体而庞大的工程，需要城志协联合政府、企业、社区、居民等多个主体共同参与，覆盖投放、收集、运输、处理等多个具体环节。城志协下设6个委员会，22支服务队。每月进社区开展2场活动，由不同的委员会和服务队轮值，负责当月当场活动的组织和策划，招募其他队伍机构联合开展活动。城志协联合社区的所属街道、居委会、物业中心、社会组织共同开展社区垃圾分类服务，形成明确分工：与街道沟通和协调，确定具体的社区选址；与社区居委会沟通具体的活动事宜，确定服务对象招募和前期宣传的方向；和物业中心确定活动场地，沟通协调活动所需硬件设施，落实社区垃圾分类志愿角场地；社会企业以志愿者的身份，利用其分类专业设备，向居民科普垃圾分类生活运用，减少垃圾分类源头产量；其他志愿服务组织为居民提供公益便民服务，丰富垃圾分类宣传形式，增加活动和宣传趣味性，吸引居民自觉践行垃圾分类工作，主动加入垃圾分类志愿工作，自愿成为社区垃圾分类推广志愿者成员。

（六）以文艺活动为载体加强宣导

为丰富社区志愿服务形式，更有效地推广宣传垃圾分类，除定期开展常规性的社区垃圾分类主题志愿活动外，城志协还联动各单位、社会团体和社会企业走进社区，举行垃圾分类主题文艺志愿宣传活动，以文艺活动为载体，加大垃圾分类宣传力度。其中，具有代表性的文艺宣传活动包括“花城有爱·志愿同行——广州市垃圾分类广场舞邀请赛”，邀请各社区代表、志愿团体等参与；“广州青年之声，唱响美丽家园——广州垃圾分类主题歌曲创作征集大赛”，评选出《分类垃圾》等8首优秀歌曲；“温暖广州·一人一月饼行动——家庭垃圾干湿分类”照片征集活动，共向社区家庭征集200张照片，募捐200盒月饼给特定困境家庭儿童；“花城有爱·志愿同行——温暖广州垃圾分类公益志愿音乐节”，千名志愿者代表宣誓及垃圾分类主题音乐盛典表演等。

四、广州市垃圾分类社区志愿服务存在的问题

（一）政策体系不完善

近年来，垃圾分类相关政策的不断出台，为广州市全面铺开垃圾分类工作提供有力保障。但由于执行力度不够，监管工作未完全落到实处，导致部分社区、部分居民的生活垃圾分类仍流于形式，未能完全按照垃圾分类的相关政策和标准贯彻落实。此外，垃圾分类相关政策的宣传工作有待完善，亟须加大宣传力度，加强宣讲教育，引起社区居民等群体的重视。

（二）居委会和物业的配合度不高

进社区开展垃圾分类志愿宣传工作，需要居委会和物业管理公司的高度配合。在过去的宣传服务工作中，部分居委会和物业的配合度不高，如场地、志愿角选址、志愿者招募等问题，导致居民的参与性也受影响，垃圾分类志愿服务工作的宣传效果也大打折扣，社区垃圾分类工作进度因此而受到不同程度的影响。

（三）社区居民主动性和自觉性不高

一是家庭居家分类意识不足。目前，大部分社区家庭垃圾都是统一使用垃圾袋，家庭垃圾桶未分类，只有极少数家庭做到居家分类。同时，由于社区内部垃圾分类设施不完善，缺少清洗台等设备，为家庭垃圾分类带来不便。二是终端运输及处理存在不足。居民把垃圾在家里已做好分类并分别投放，但垃圾装车时又统一混装撤走，导致居民垃圾分类积极性受到打击。三是部分长者获取垃圾分类知识途径有限。社区里大多是中老年人倒垃圾，都是比较传统的装袋；大部分分类标准是从电视上了解，且各个城市标准不一，容易混淆城市标准；因大部分长者不会用手机上网查看最新垃圾分类明细标准，所以容易误分误投放，垃圾分类意识也不够强，所以自主分类积极性不高。

（四）社区志愿服务人力资源不足

按照政策标准，社区分类垃圾桶配备齐全，2019 年实行撤桶政策，全部集中在社区垃圾站处理，但没有专人管理和引导。目前，广州很多社区

尚未成立专业的社区垃圾分类志愿服务队，志愿服务的成效不显著，宣传力度不理想。此外，社区垃圾分类志愿服务激励机制有待完善。除了为志愿者提供相应补贴和志愿服务时数记录外，缺乏其他的激励措施予以配套。同时，较少提供专业化的服务培训，让很多社区志愿者参与服务的热情和积极性降低。

五、广州市垃圾分类社区志愿服务发展的建议与展望

（一）完善志愿服务管理

1. 拓展垃圾分类志愿者队伍

社区志愿服务队伍不断扩大，注入新活力有助于队伍发展延续，同时也是强化志愿者自身作用的重要基础。招募新的志愿者成员，要增设和拓展招募的途径，创新招募成员的方式。以本社区的居民为基点，以主动自愿为原则，抓住居民的关注点，针对具体的需求，制定相应的招募条件，吸引居民主动参与垃圾分类服务，主动加入志愿服务队伍。一是不定期发布社区招募信息，保证信息在社区内广为人知，并鼓励家长带孩子以亲子志愿服务名义加入。二是与周边学校合作，打造社区学校定点志愿服务模式，引导学校师生加入社区垃圾分类志愿服务队，定期联合开展社区垃圾分类服务工作，为师生提供社会实践平台，给社区志愿服务队注入新活力。

2. 建立健全志愿者管理制度

进一步规范和完善社区垃圾分类志愿服务队的管理。完善社区志愿服务队伍的管理架构，明确志愿者队伍的职责分工，规定志愿服务的内容和范围，制定志愿服务效果反馈机制，明确志愿者的权利和义务。

3. 完善健全志愿者激励机制

确保志愿者志愿服务时数及时记录、同步更新。志愿时数是很多志愿者参与志愿服务的动力之一，有一定的激励作用。要保证真实有效同步存档。制定志愿服务积分排行榜，评选出月度（季度）社区垃圾分类志愿之星，在社区及社会上公开表扬，并且赠予证书以资鼓励。此外，在获得榜

首月度（季度）内，可以享受社区周边商场（或指定商家）的购物优惠，凭积分可兑换相应商品。

定期举行志愿服务表彰大会。根据社区服务队的实际情况，对社区垃圾分类志愿服务贡献突出的个人或家庭，定期进行集体表彰，对社区垃圾分类工作有所付出和支持的志愿者（家庭）给予认可和肯定，鼓励更多的社区居民参与志愿服务，践行垃圾分类宣传工作。

（二）加大社区科普宣传力度

联动社区居委会和物业中心，以改善社区环境为出发点，鼓励清洁工参与垃圾分类志愿服务工作，成为垃圾分类引导员和志愿者，享受志愿者激励福利。清洁工在开展日常清洁工作时，协助志愿者主动投身生活垃圾分类劝导行动，并督促、指导、落实小区的生活垃圾分类工作。同时，做好宣传标识，普及分类知识，引导居民正确分类，提高大件垃圾回收率。

增设餐厨垃圾回收服务。为居民发放垃圾分类积分卡，采用积分形式鼓励居民分类投递餐厨垃圾。每天固定时间开放收集，每次奖励积分，提高居民参与率和积极性。志愿者走家入户派发垃圾分类宣传资料，定期组织开展垃圾分类趣味活动，激发居民的积极性和主动性，并稳步提升居民参与率与回收量。

（三）创建垃圾分类文明志愿社区

鼓励各社区自主落实垃圾分类工作，主动开展垃圾分类社区志愿服务，提高社区垃圾分类的宣传效果，宣传垃圾分类减量有关知识，建立社区垃圾分类规章管理制度，成立社区垃圾分类志愿服务队伍，开展社区志愿服务活动，实现垃圾分类文明社区全覆盖。将垃圾分类工作纳入文明志愿社区项目考核内容，通过制定硬性指标下达工作任务要求，支持和鼓励社区自主宣传科普垃圾分类，让志愿服务参与垃圾分类成为社区常态化工作，通过完善健全管理制度保障其长效运行。

（四）打造社区垃圾分类“云志愿服务”平台

云志愿服务指线上志愿服务模式，通过微博、微信、App、小程序等新媒体平台，开展线上志愿服务活动，提升志愿服务便捷性。线上志愿服务打破时间、场地、距离等限制，在手机上可以即时参与，即时同步分享和了解学习其他人服务的经验，随时随地为社区垃圾分类志愿服务助力，提高宣传的效率，扩大宣传的影响力。如社区微信群，居民可以随时了解社区服务动态，遇到特殊情况可在群里分享，其余的社区志愿者看到即可接力或提出建设性解决方案，及时解决志愿服务过程中遇到的难题。

（五）设立社区垃圾分类志愿服务专项经费

志愿服务工作的开展需要建立在一定的经济基础之上，没有经费来源支撑的志愿服务难以长效运行。社区自主开展志愿服务，需要采购活动物资，设计制作活动道具，以及相关软硬件设施设备问题，都面临费用问题。稳定的专项经费来源，有助于提升社区垃圾分类宣传工作的整体效率，提高社区居民参与服务的积极性和自觉性，为垃圾分类工作带来显著成效和影响力。

参考文献

[1] 杨小军，李海艳．生态文明视域下的社区垃圾分类社会工作方法的介入探讨［J］．黄河科技大学学报，2016（4）．

[2] 艾渝．垃圾分类青年志愿服务进社区　广州2019年垃圾分类青年志愿服务行动如火如荼地进行中［J/OL］．金羊网，2019-09-10，https：//www.sohu.com/a/340056275_119778.

[3] 宗慧健康．分享会丨厨余堆肥，可持续生活　绿色家庭社群［J/OL］.2017-09-26，https：//www.sohu.com/a/194612394_425479.

[4] 杜凤君．太阳能光伏产业的发展瓶颈与对策分析［J］．华人时旬刊，2013（1）：88-89.

[5] 凌剑伊．VR里看看棋盘上走走　宣教基地玩出分类新花样［N］．南宁云-南宁晚报，2020-06-14.

[6] 武艳杰．福建垃圾分类讲师团成立19人担任首批讲师团成员［J/OL］．改革网，2019-04-16，http：//www.cfgw.net.cn/2019-04/16/content_24749189.htm.

[7] 潘洁敏．东山弄社区开展“垃圾分类”志愿者招募活动［J/OL］．西湖网，2019-10-18，http：//www.xihunet.cn/xihu/qmcy/201910/t20191018_717992.shtml.

[8] 重庆市大足区人民政府．关于印发大足区生活垃圾分类工作实施方案通知［J］．2018-07，http：//www.cqdz.gov.cn/publicity/zfgw/qzfwj/210525.

[9] 楼燕．凝聚“红色力量”，领航“绿色生活”，龙湾推进高层撤桶并点［J/OL］．新蓝网，2020-06-19，http：//zjjs. cztv. com/7208596. html.

[10] 孔晓娟．广州市垃圾分类“志愿者模式”的现状与改进建议［J］．华人时刊（中旬刊），2013（1）．

[11] 佟宇竞．广州深化生活垃圾分类管理的实现路径研究［J］．环境卫生工程，2018（5）．

[12] 谢建安．广州市推进低值可回收物回收利用模式探讨［J］．再生资源与循环经济，2015（10）．

[13] 杨彩丽．郑州市生活垃圾分类可持续推进研究［D］．硕士学位论文，郑州：郑州大学，2017.

[14] 王蕾．论社区志愿服务的完善与发展——以山东省荣成市社区志愿服务为例［J］．城市建设理论研究（电子版），2014（8）．

[15] 李永涛．我国城市居民生活垃圾分类激励机制研究［D］．硕士学位论文，广州：中共广东省委党校，2019.

[16] 张静，魏敬专．三封回信和多次点赞，习近平这样勉励志愿者［J］．中国民政，2019（16）．

[17] 赵有龙．刘村经验｜“三步法”打造公益集市重塑暖心社区［J/OL］．新华公益网，2019-12-23，https：//www. gsnewsw. com/gyzx/1336. html.

广州市社区治理中志愿服务发展问题研究
——以白云区大源村为例

吴治平　王　玲[①]

摘要：大源村以“1+1+N”为模式，借助大源村社区社会组织联合会、大源村志愿服务总队和N个大源村志愿服务分队，搭建起社区志愿服务框架。各个志愿服务主体通过板块合作的方式开展社区志愿服务。但板块间的合作仍存在志愿服务队伍统一管理难、资源在不同领域分配不均等问题，影响志愿服务参与的深度和广度。为了解决这些问题，可以尝试通过大源公益基金整合资源，推动社区志愿服务的项目化运作，扩大社区居民在志愿服务中的覆盖面。

关键词：社区志愿服务　社区治理　板块合作

党的十九大报告指出“打造共建共治共享的社会治理格局”的目标，要求“加强社会治理制度建设，完善党委领导、政府负责、社会协同、公众参与、法治保障的社会治理体制”，明确“推动社会治理重心向基层下移，发挥社会组织作用，实现政府治理和社会调节、居民自治良性互动”的工作路径。志愿服务在社区治理中发挥着不可替代的作用，是社区治理和社会服务中不可缺少的重要力量。为了更好地发挥社区志愿服务在社区治理中的作用，了解其运作方式和发展趋势，本研究以广州市大源村志愿服务的发展为例探讨大源村志愿服务的发展历程及其运作方式，总结大源村志愿服务的经验，为全市社区志愿服务发展提供经验参考。

---

① 吴治平，广州市法泽社会工作服务中心理事长；王玲，中山大学社会工作硕士，广州市法泽社会工作服务中心副秘书长。

一、大源村简介

大源村是全国有名的“淘宝村”，也是广州最大的城中村，全村占地面积 25 平方千米，本地户籍人口 9000 多，来穗人员接近 17 万，人口倒挂问题非常突出。本地村民多以出租房屋为主要收入来源，村民较富裕。

经济发展方面，大源村得益于优越的地理环境、发达的交通、优越的自然条件，特色经济生机蓬勃，是全国十大“淘宝村”之一。主要产业有物流业（如林安物流园、丰和物流园、华邦物流园等 7 大物流园）、服装加工业、轮胎产业、电商业、建筑土木工程业以及与之配套的商业和服务业。在教育和服务资源方面，辖区内有广州涉外经济职业技术学院、广州市公用事业高级技工学校（金盆岭校区）、广州市交通高级技工学校等高校，有华南师范大学附属太和实验学校、中大附属蓝山外语实验学校、大源小学及 3 所民办小学与 12 所幼儿园。还有友好老年公寓、寿星大厦两所民办养老院和广州友好医院 1 所。在社区文化方面，大源村属于工业化厂区与农耕田园的混合，本土传统文化与新兴文化交错，客家文化、乡村文化、祠堂文化等底蕴深厚。

大源村社区情况复杂，产业种类繁多，从业者来自四面八方，经济呈现蓬勃发展之势，但外来人口居多，公共服务的力量有限，对于一个村级行政单位来说，治理难度较大。

2018 年 4 月，大源村被确定为重点整治村，开始了为期三年的重点整治。市区下派第一书记到大源村负责全面综合整治工作，经过三年的综合整治，整个村庄的精神面貌和公共服务都发生了巨大的变化。在大源村的社区治理实践中，社会组织的参与发挥了重要作用，尤其是社区志愿服务。

二、大源村志愿服务发展历程

（一）综合整治前：程度低，服务分散化

大源村原属于太和镇社工站服务范围，因为距离镇上社工站较远，社

工站的服务很难覆盖到大源村。大源村还有一部分从事禁毒服务的社工组织。在志愿服务方面，大源村的一些学校、部分行业协会都有自己的志愿服务队伍。但是，由于缺乏宏观层面的制度供给，这些志愿服务主体往往是各自为战，服务范围也大多限制在自己的内部。

2017 年 6 月，广州市法泽社会工作服务中心（简称“法泽社工”）进驻大源村，以项目化的方式为大源村提供专业社会工作服务，大源村自此就有了一家专门在社区内提供专业社会服务的社会组织。法泽社工进驻社区后，挖掘社区领袖，组建社区志愿服务队伍，大源村的社会服务和志愿服务有了初步的发展。但总体来说，大源村在综合整治前，志愿服务发展程度低，志愿服务力量分散，各自为战的情况十分突出，社区志愿服务氛围较差。

（二）综合整治初期：行政主导，快速发展

大源村在被市区确定为重点整治村之后，志愿服务得到了较快发展。大源村的重点整治具有明显的运动式治理特点。运动式治理亦称运动型治理、运动化治理、运动式执法等，是“治理主体运用自身资源，打破常规程序，对社会重大问题或难题进行的运动式专项整治的方式”[①]。

在广州市民政局和广州市社会组织管理局的支持下，大源村成立了第一家村级社区社会组织联合会（简称“社联会”），作为整合和培育社区社会组织的平台。大源村社联会成立后，在相关政府部门的指导下，培育和孵化出大源村志愿服务总队，总队下辖 20 支分队，分队类型多样，基本上涵盖了大源村的学校、企业、行业协会、社会组织。在行政力量的推动下，大源村的社会组织快速发展，志愿服务也进入发展的快车道。

在大源村实施综合整治阶段，志愿服务的行政力量推动作用明显，社会组织主要以配合政府行动为主。有了专门的志愿服务组织培育平台，有了整合各个志愿服务队伍的志愿服务总队。但是，大多数志愿者是被动型参与，志愿服务的范围还没有完全铺展开，服务内容也较少根据社区居民和社区需要进行精细化设计。这个时期的志愿服务更多的是志愿框架和平

① 李辉：《运动式治理缘何长期存在？——一个本源性分析》，载《行政论坛》2017 年第 5 期。

台的搭建，具体服务方面的内容涉及较少。

（三）综合整治中后期：社会力量主导，专业化和规范化发展

在大源村志愿服务行政力量主导阶段，大源村的志愿服务平台和志愿服务队伍得以搭建，之后，行政力量开始慢慢退出，由主导变为引导，引导社会组织进行志愿服务的管理和运营。在这个时期，社会组织在志愿服务的发展过程中发挥更大、更直接的作用，尤其是社会工作的专业力量。志愿服务开始向规范化和专业化方向发展，志愿服务队伍有了专门的管理规范，志愿服务活动有了专业的人员引导，志愿服务内容与社区和居民的需求有了相对紧密的联结，志愿服务在社区居民中的影响也逐步扩大，整个社区的志愿服务氛围朝好的方面发展。

在大源村志愿服务规范化和专业化发展阶段，社会组织占据了主导位置，大源村的志愿服务不论是在管理还是服务方面都发生了较大改变，而且，志愿服务在社区治理中切实发挥了重要作用，让社区志愿服务参与社区治理成为可能，为大源村共建共治共享良好治理格局的形成打下了基础。

（四）小结

大源村志愿服务的发展从志愿服务发育程度低、力量分散，到大源村重点整治开始后行政主导下的快速发展，再到志愿服务专业化和规范化发展。如图 1 所示，大源村志愿服务的发展经历了由行政力量主导到行政力量引导，再到社会力量主导的阶段。大源村志愿服务的发展阶段也是大源村社会组织逐步参与社区治理过程的表现。

三、大源村志愿服务参与社区治理的实践特点

（一）“1+1+N”的志愿服务组织培育模式

大源村志愿服务组织培育有其独特的特色。培育模式可以概括为“1+1+N”（见图 2），其中，第一个“1”是指大源村社联会，第二个“1”是指大源村志愿服务总队，“N”是总队下的若干个志愿服务分队。与其他社区志愿服务组织培育模式不同，首先，大源村志愿服务培育平台是在政府推动下设立的，而且是在广州市社会组织管理局登记注册的，是一个比较

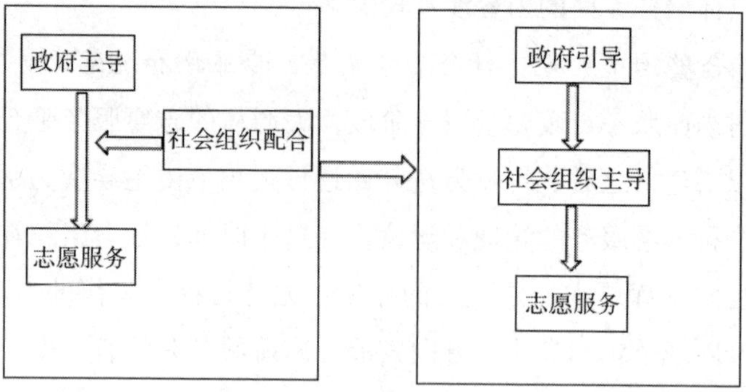

图1　大源村志愿服务发展阶段

正式的社会组织。大源村志愿服务有了正式的社区社会组织培育平台，志愿服务组织的培育也具有了一定的权威性。其次，大源村志愿服务总队所包含的志愿服务分队与其他社区不同，总队下辖的20支志愿服务分队由社区内不同的主体构成，既有企业、行业协会、学校这样比较正式的单位主体，也有群众性、自发性的一些组织如舞蹈队、山歌队等。正是志愿服务队的多样化，扩大了大源村志愿服务的覆盖面，有利于社区总体志愿服务网络的搭建。最后，大源村志愿服务组织培育中对“N”不设限，为社会组织培育志愿服务队伍提供了足够的空间，可以根据社区居民多样化的需求组建不同领域、不同技能的志愿服务队。

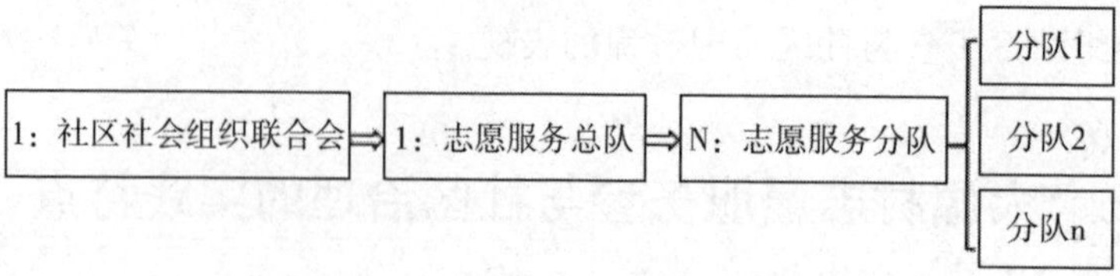

图2　大源村志愿服务组织培育模式

（二）"多元主体模块化合作"的志愿服务参与机制

大源村社区志愿服务发展时间较短，还未形成比较完善的模式，但是在参与路径方面初步形成了"多元主体模块化合作"的做法。首先，在社区志愿服务的参与主体方面，大源村志愿服务参与主体不仅仅有单个的个人，还有企业、商会、行业协会、学校等组织（参见图 3）。各个志愿服务队之间有着比较明显的界限，它们能提供的专业服务内容也不同。

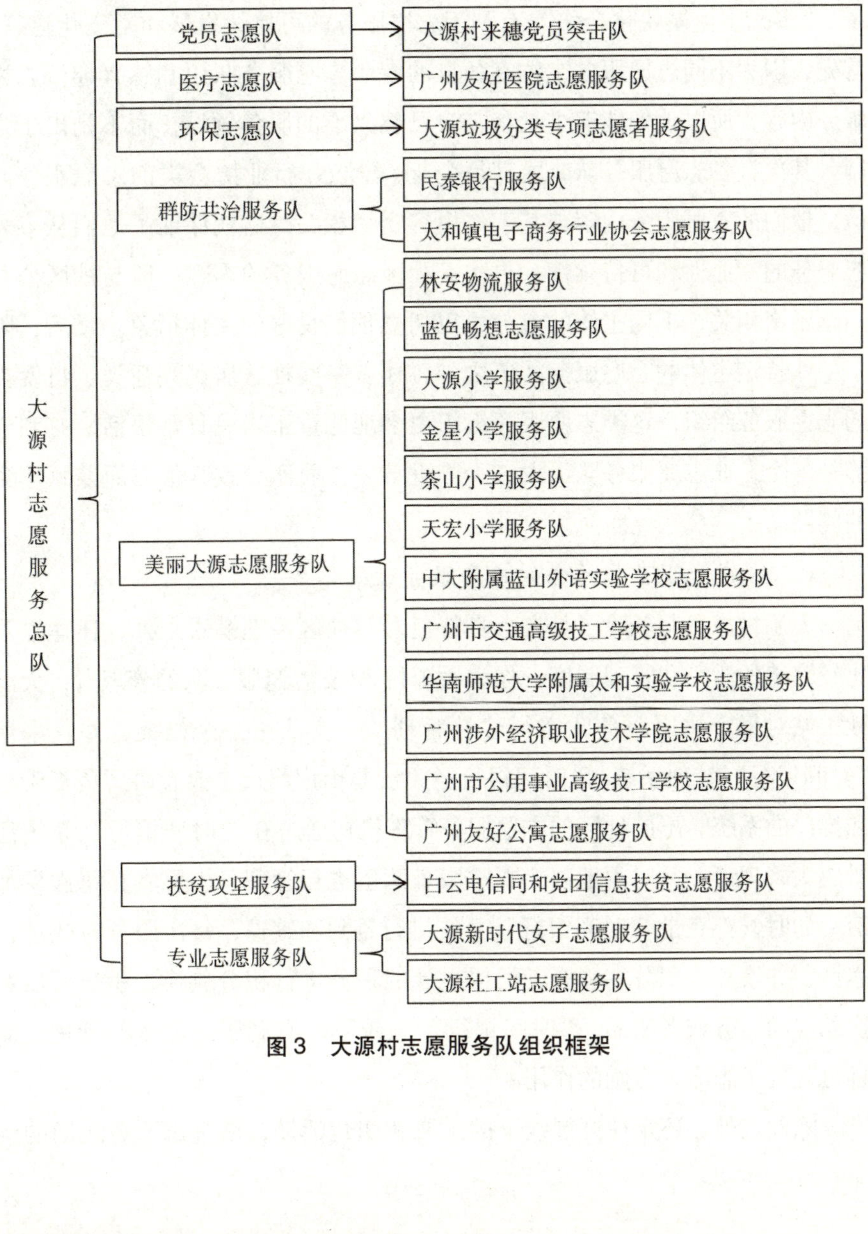

图 3　大源村志愿服务队组织框架

为了促进不同专业志愿服务队对社区公共事务的积极参与，通过搭建协商议事平台，由不同的队伍确定所要加入的服务板块，也就是所谓的“模块化”参与。不同专业志愿服务队的模块化参与既有侧重又有不同模块之间的交叉，不是截然分开的，各个志愿服务队之间在差异化的基础上形成合作关系，虽然有不同领域的侧重，但是它们在一些共同感兴趣的社区公共事务上也能做到有钱出钱、有力出力。

“多元主体模块化合作”有利于志愿服务的可持续发展和常态化运行。首先，因为不同志愿服务主体有各自的专业志愿服务队伍和感兴趣的志愿服务内容，所以他们能够主动参与自己感兴趣的服务领域，而不是出于强制。其次，各志愿服务队，尤其是企业、学校、行业协会类的志愿服务队伍，他们的志愿服务内容与其工作内容密切相关，这就保证了他们从事志愿服务的专业性和可持续性。再次，社区志愿服务的内容一般与社区公共问题紧密相关，不同主体的参与可以树立他们良好的主体形象。最后，除了一些特定主体的志愿服务队伍之外，还有一些社区居民兴趣类、自发类的志愿服务组织，这类志愿服务组织更多地侧重于居民日常生活，有利于弥补各个专业志愿服务队伍太过于侧重某一方面而导致其他方面兼顾不到的问题。

（三）线上线下相结合的志愿服务激励体系

大源村志愿服务除了具有自身特色参与社区治理模式之外，还建立了比较完善的激励和管理制度。作为大源村 20 支志愿服务队的管理者，大源社工站对每个志愿服务队实行建档管理，一支队伍一个档案，并且采用“时间银行”管理系统。“时间银行”系统是由广州市志愿者协会负责管理和推广的系统。不同地区的志愿服务管理机构通过在“时间银行”系统注册成为管理者，并对本地区的志愿服务队伍进行管理。志愿者在每次参加活动的时候都登录“时间银行”系统进行签到和签退，每次服务时数进行累计，并换算成积分。志愿者根据累计的积分进行积分兑换，积分可以兑换相应的服务或者物品。“时间银行”系统不仅有利于志愿者的管理，而且也起到了志愿者激励的作用。

除此之外，还定期开展线下的志愿者团建活动，增进志愿者之间的沟通和了解，促进团队合作，增强志愿者的归属感。在年中和年末进行优秀志愿者表彰活动，根据一定时间内志愿者的表现评选出优秀的志愿者和志愿者团队，通过物质或荣誉奖励的方式，给予志愿者的付出以肯定和嘉许，提高志愿者和志愿团队的荣誉感和价值感。

除了志愿者激励和管理外，还不定期开展对志愿者和志愿团队的赋能工作。大源社工站与广州市志愿者协会合作建立了志愿者培训基地，通过提供师资资源，为大源村的志愿者开展能力培训，包括技能提升培训、志愿精神培训，以及其他与社区志愿服务实践相关的专项培训。

（四）紧贴社区需求的重点志愿服务领域

大源社工站通过对20支志愿服务队伍进行分类整理，并邀请志愿服务队参与协商讨论，以社区公共问题和社区居民需要为出发点，共确定了三个志愿服务的重点实施领域。一是社区防网络诈骗，二是垃圾分类，三是困难群体帮扶。这三类问题都是大源村比较突出的社区公共问题。在社区防网络诈骗方面，由于大源村是“淘宝村”，电商产业发达，与电商相关的网络诈骗特别多，大源村的网络诈骗率一直高居白云区首位。网络诈骗不能从根本上杜绝，事后追溯又比较困难，只能通过预防才能减少受骗案件的发生，是大源村在综合整治过程中的一个棘手问题。在垃圾分类方面，大源村的生活垃圾和生产垃圾较多，社区居民垃圾分类意识淡薄，社区垃圾分类又关系到每一个社区居民，因此开展垃圾分类具有很强的现实意义。在困难群体帮扶方面，大源村困难群体众多，尤其是外来务工群体，他们拥有的资源较少，家庭抵御风险的能力较弱，急需整合整个社区的资源对他们进行精准帮扶。

在社区防网络诈骗服务体系的构建中，通过不同志愿服务主体的参与构建了具有大源特色的志愿服务参与模式。首先，服务参与的主体多元化，既有白云区公安分局、大源村村委会，还有电子商务协会志愿服务队、白云电信同和党团信息扶贫志愿服务队、民泰银行志愿服务队，参与主体非常多样化。其次，服务的社区覆盖面广。通过多方合作带动了更多社区居民参与社区防网络诈骗的活动，如在2019年11月30日举行的“平安源，平安行”大型徒步活动中，超过1000名社区居民参加了活动，提高了社区居民的防诈骗意识。除此之外，还通过“进学校、进社区、进家庭”的“三进”活动，搭建全社区防诈骗网络体系，累计开展宣传活动7场，服务达500人次。

在社区垃圾分类方面，通过与大源村村委会合作，选择大源村具有一定代表性的经济社进行垃圾分类的实验。大源社工站通过把示范区内的党员、楼长、栋长以及感兴趣的志愿者组织起来，成立专门负责垃圾分类的志愿服务队。社工站通过对垃圾分类志愿服务队赋能，包括培训垃圾分类督导员，宣传垃圾分类知识，开展社区垃圾分类活动，提高垃圾分类志愿服务队的垃圾分类意识和分类能力，发挥垃圾分类志愿服务队在社区垃圾分类中的示范带动作用。

在困难群体帮扶方面，大源社工站以慈善资源的引入和慈善氛围的培育为主要目标，与相关政府部门合作，联合企业、商会、协会等志愿服务队参与到困难群体的帮扶中，通过节假日慰问活动、义剪、义诊、帮助就业等方式进行。通过志愿者的家庭访问进行困难识别，把慈善资源运用到最困难的社区居民身上，实现了社区困难群体的全覆盖，帮助他们缓解生活困难，增加家庭抗风险能力。

从上述案例中可以看出，大源村的志愿服务是根据不同的模块开展的，各个志愿服务队在志愿服务活动中不仅仅发挥协助的作用，他们还一起协助社工参与策划整个过程，并利用自己的资源共同促进服务项目的开展，不同的志愿服务队之间既有分工又有合作，从而使各主体之间协同行动成为可能。

四、大源村志愿服务发展存在的问题

大源村的社区志愿服务活动，利用社区本地资源解决社区问题，促进社区发展方面发挥了很大的作用，但是由于尚处于发展初期，还存在一些问题。

（一）志愿服务的统筹管理有待提升

大源村志愿服务有不同的主体，每个主体都归属于不同的企业或单位，这些企业或单位有它们自己独特的志愿服务管理和运营体系，想要进行统一管理有很大的难度。大源村志愿服务管理采用“时间银行”系统进行服务登记和管理，但是由于不同企业或单位对志愿服务的管理体系不同，它们大多不愿意或觉得没必要加入“时间银行”系统，这就不利于志愿服务队伍的统筹管理，影响到大源村志愿服务的整体发展和规范化运营。

（二）志愿服务资源利用效率有待提高

大源村志愿服务主体由于他们只愿意参与他们感兴趣的服务领域，对于不感兴趣的领域，积极性不高，如很多志愿服务队愿意参与社区困难群体帮扶，而对于社区急需要做的垃圾分类反而关注较少，这就造成资源的分散和浪费。在一些领域资源过分地聚集和重复投放，而在另一些领域则因为关注度较少造成资源的不足和缺乏。这都影响了大源社区资源的使用效率，影响服务的开展和成效的达成。

（三）社区参与的范围和广度有待拓宽

很多学者在社区治理中比较强调社区共同体的作用，杨君等认为，重构社区共同体成为化解社区治理三个困境的主要手段①。社区治理是一个系统化的工程，不同系统之间是相互联系的，社区主体在某个领域参与积极性较高，在某些领域参与热情不高，会造成系统与系统之间的割裂，不利于社区共同体的形成，影响社区参与的范围和广度。

五、深化大源村志愿服务参与社区治理的建议

为了更好地促进大源村志愿服务发展，提高志愿服务专业化和规范化水平，对大源村志愿服务的“多主体参与板块合作”模式的后续发展提出可行性的建议。

（一）建立大源基金，整合社区资源

通过设立大源基金，发挥基金在资源整合中的作用，以保证服务领域

① 杨君等：《社区治理共同体的建设何以可能？——迈向经验解释的城市社区治理模式》，载《福建论坛》（人文社会科学版）2014 年第 10 期。

资源的合理分配。目前，在大源村已经成立了大源公益基金会，立足大源地区，整合社区资源，服务大源。大源公益基金会可以整合大源片区的资源，并进行合理的规划和分配，调动更多资源，支持关注度较少的社区服务项目的开展。

（二）支持项目化运作，加强志愿服务队能力建设

大源村志愿服务项目的运作方式是分领域、分板块的多主体合作的方式，但是不同主体之间存在利益上的差异和不同，影响服务的可持续性和专业化。为了更好地促进志愿服务的发展，可以采用项目化的方式运作，不同的服务领域设立不同的服务项目，通过申请政府项目资金进行专业化运作。同时，对志愿服务队伍进行能力建设服务，帮助他们提高在志愿服务上的专业性，培育志愿服务精神。

（三）发展更多覆盖面广的群众性志愿队伍

大源村志愿服务除了要发动辖区内的多主体参与外，还应把目光放在社区居民身上，利用社区居民的力量促进大源村志愿服务的发展和壮大。在大源村志愿服务队中虽有一些群众性、自发性、公益性的志愿服务队，但是这些志愿服务队的数量相对较少，在社区公共事务中发挥的作用也小。在后续发展中，要加大这部分志愿者的数量，尤其是可以通过提供服务的方式让服务对象由“受助者”向“助人者”转变。这个转变在大源社工站已有先例，如大源社工站通过“神奇亲子园”公益亲子早教项目吸引了一大批亲子加入了志愿服务队，改变了以往志愿者往往以老年人和大学生群体为主的局面，社区亲子成为志愿服务的中坚力量。在后续服务中，能够以优质的服务吸引服务对象，通过在服务过程中公益理念的传输，让更多服务对象加入志愿服务行动。

参考文献

[1] 汪文革．城市社区治理中的公民自治与服务创新——以武汉市江岸区百步亭社区志愿服务为例 [J]．上海城市管理，2012：64-68.

[2] 张小莉．社区治理背景下社会工作介入社区志愿服务培育研究——以洛阳市C小区“邻里守望”志愿者组织为例 [J]．长沙民政职业技术学院学报，2019：22-24.

广州市社区志愿服务如何推动社区文化营造
——以“文化大篷车社区行”为例

骆　苹　李振达[①]

摘要：社区志愿服务具有渗透性、多元性和服务性，有助于促进社区和谐发展，能带起社区文化新时尚。作为面向社区开展的群众文化活动，“文化大篷车社区行”已走过八年，在社区掀起文化活动热潮，发挥社区志愿服务的带头作用，通过“时来物转”志愿服务时数兑换，撬动社区企业和机关团体单位的志愿服务资源，有效地推动社区文化营造。

关键词：社区志愿服务　“时来物转”　社区治理

习近平总书记指出，一个国家、一个民族的强盛，总是以文化兴盛为支撑的，中华民族伟大复兴需要以中华文化发展繁荣为条件。在中央大力推进公共文化服务体系建设的实践中，社区是“文化惠民”和“文化民生”的主要阵地。社区文化营造是社区建设的重要内容之一，对于社会和谐发展起到重要促进作用。社区文化建设如何与志愿服务相融合，通过社区文化志愿服务活动推动社区文化营造，是创新社区治理、推动基层社会治理现代化的重要课题。2012 年，《羊城晚报》发起“文化大篷车社区行”大型公益活动，八年来，走过全省 400 多个社区，将社会优质文化资源链接起来并下沉到社区，举办了千余场包括基层党建、文化会演、群众

① 骆苹，《羊城晚报》活动策划部科长，广州市羊城公益文化传播中心理事长，2015 年主导成立羊城公益培育基地，2016 年发起成立羊城公益文化传播中心，曾带领团队策划推出羊城益企营、“文化大篷车社区行”、粤港澳大湾区企业社会责任榜单，打造《公益面对面》视频对话栏目，传播公益垂直领域“领头羊”，推广普及公益理念；李振达，羊城公益文化传播中心拓展部部长，主导“文化大篷车社区行”项目策划和执行。

体育、公益慈善、志愿服务、关爱儿童、敬老助残等主题丰富的社区文化活动。以文化的感召力凝聚起社区居民的自治力，为社区志愿服务推动社区文化营造提供了有益的经验探索。

一、社区文化营造的重要性

社区文化建设能够在社区打造一个提高居民生活质量，营造良好和健康向上的社会人文环境的公共文化空间。跨入21世纪，随着改革开放的深入发展，市场经济体制的日益完善，大批“单位人”转为“社会人”。如何激发“社会人”融入社区、参与社区治理、提高社区精神文明建设水平，成为社区文化建设的重要目标。

（一）社区治理精细化的需求

党的十八大以来，国家政策逐渐聚焦社会治理，提出了对社区治理规范化、精细化的要求。党的十九大报告更是明确指出，打造共建共治共享的社会治理格局，加强社区治理体系建设，推动社会治理重心向基层下移，发挥社会组织作用，实现政府治理和社会调节、居民自治良性互动。

所谓社会治理精细化，是指在绩效目标指引下，通过机构部门的科学设置、管理流程重构来推动“粗放式”社会治理思维和方式的转换，实现社会治理各方管理框架的标准化、执行的细节化以及服务的人性化。社会治理精细化的其中一个基本要求就是管理服务的细节化，要求把社会治理做“细”、做“小”，紧紧围绕着人的生活和生活质量做文章，将“人”的需求作为政府公共服务和政策制定的出发点和落脚点，将“人”的体验作为检验社会治理创新实践的唯一标准，“以人为本”，以柔性的服务深入人心，获得广大人民群众的支持，依靠和发动社区内的居民，通过优化资源配置，促进社区服务均衡发展，引导市场有序参与社会治理，最终让政府、社会、市场各尽其责，形成多元共治的社会治理精细化格局。

（二）志愿服务常态化的必然趋势

邓文和亢茜在《志愿服务在城市社区管理中的作用及发展路径探析》一文中把志愿服务界定为：任何人自愿贡献个人时间和精力，在不为物质报酬的前提下，为推动人类发展、社会进步和社会福利事业而提供的服务。从精神文明建设的角度，把志愿服务作为人们精神活动的内容，以无偿服务、助人为乐为基本特征。2014 年，《解放日报》曾在国际志愿者日前夕进行社会调查，将志愿者和社会公众对志愿精神的理解总结归纳为三个阶段，第一个阶段是以传统的“人人为我，我为人人”互助精神为核心的志愿精神；第二个阶段是以通过参与志愿服务获得自我提升的自助精神为核心的志愿精神；第三个阶段是以公民社会责任为核心的志愿精神。志愿行为日益成为人们的一种生活方式，成为公民参与社会管理和社会建设的一种渠道。

社区志愿服务强调的是“社区”二字，限定在运用社区力量实现为社区服务。以居民志愿服务活动为抓手，能更有效地加强新形势下精神文明建设。实践中可见，社区志愿服务有助于推动社区开展各项活动，有助于融洽社区人际关系，有助于增强社区居民的社会责任感，有助于促进居民文化素质的提高和形成有组织的社区志愿服务网络。

融入志愿精神的社区文化，充分发挥居民的才能和优势，能更大程度地调动社区居民的积极性，建立团结友爱、助人为乐、健康向上的思想观念和道德意识，打造“居民事居民议、社区事社区办”的模式，将社区问题限定在社区内部解决，避免产生过多的行政流程，节约社会治理的成本。

（三）社区文化新风尚的体现

社区志愿服务的参与主体是社区居民。通过参与志愿服务，居民可以提升精神境界、完善个人素质，提高交际能力和解决问题的能力。同时，可以参与社区环境建设与美化服务、社区老弱病残服务、人际关系沟通与协调服务，解决困难群体的实际困难，共同创造和谐的社区舒适环境氛围，激发居民对社区文化的认同，从而打造具有中国特色的社区文化新风尚。这也是社区治理中文化教育的一部分，使社区居民在参与中实现“自我教育、自我实现、自我提升”，在过程中感悟“奉献、友爱、互助、进步”的志愿精神，以潜移默化的方式，提升社区文化氛围，增强社区居民的思想道德品质，提高社区精神文明建设的水平，建立良好的社区风尚，促进社会关系的和谐。

可以看出，社区居民的能力和热情，对于社区志愿服务的发展和社区文化的营造有着巨大的影响。在发展社区志愿服务的过程中，提倡社区居民自行管理和居民的自我实现，发掘社区文化特色，对社区文化营造具有极其重要的作用。

二、"文化大篷车社区行"的发展历程

"文化大篷车社区行"以文化大篷车为流动载体，将充满正能量的文化元素注入社区，在丰富居民精神文化生活的同时激发其和谐社区建设的内生动力，成为一个彰显社区精神文明建设的南粤社区文化品牌。回顾"文化大篷车社区行"活动八年的发展历程，大篷车只是一个形式和载体，活动主题每年都有所不同，而且组织形式也在不断更新。总体而言，可以分为以下三个阶段。

（一）初始萌芽阶段

2009—2011年，广州市以社区综合服务作为社会管理改革的突破口，投入8000万元在全市20个社区开展试点，建立"以家庭服务为核心，以需求为导向"的家庭综合服务中心。这是由社会工作服务机构承接的一支以社会工作者为主导，包括心理咨询师和康复师等专业人员的跨专业服务团队，秉承"以人为本、助人自助"的社会工作服务理念，以社会工作、心理咨询等专业方法和技术为依托，为社区各类有需要的人士提供家庭服务、青少年服务、长者服务、残障康复、志愿服务发展、人际关系拓展及转介服务等专业化、个性化的优质社会服务。

经过一段时间的培育发展，家庭综合服务中心模式的创新已趋成熟，但仍存在服务类型同质性较高、社区试点成效不够突出等问题。2012年，基于社区综合服务中心推进社会精细化管理改革的宣传需求，在省文明办、团省委、省妇联的指导下，《羊城晚报》发起了社区行活动，宣传报道社区自发组织的群众文体活动，评选和谐社区示范点，展现社区文明和谐的风貌。2014年，举办两年的社区行活动，更名为"羊城文化大篷车"，

着力于广州社区的文化营造。这一年，社区行活动围绕着“义”字开展了异彩纷呈的活动，包括义修、义剪、义诊、义卖等服务类型。同时，在当年的和谐社区示范评选活动中，评选标准增加了“居民满意度和参与度”。可见，“社区行”中志愿服务的开展，更有效地展示了社区文化营造的成果。社区文化的力量，潜移默化地改变着居民日常生活的氛围。

（二）品牌打造阶段

2015 年，“羊城文化大篷车”更名为“文化大篷车社区行”，邀请广州市民政局、广州市社会组织联合会加入指导，邀请广州市社会工作协会、广州市志愿者协会成为联合主办单位，扩大了活动的社会参与度和品牌知名度。2016 年，“文明、文化、创新、关爱、幸福、和谐”成为“社区行”活动的关键词。无论在形式内容，还是精神内涵上，“社区行”为每一个开展活动的社区诠释着其独特的文化色彩。

2017 年，“文化大篷车社区行”进入第六年，该活动已成为展现社区文化、凝聚老少街坊的品牌活动，所经之处，社区文化建设水平都得到了很好的提升。同年，《羊城晚报》和广州市志愿者协会在社区行中发起“时来物转”社区公益链接项目，开启了社区行 2.0 版本。“时来物转”成为“文化大篷车社区行”的保留项目，凸显了志愿精神从“人人为我，我为人人”到自觉担起公民社会责任的进阶。

（三）开拓创新阶段

2018 年，“文化大篷车社区行”延展了更广泛的社区文化含义，以“社区+公益”“社区+文化”“社区+教育”的模式对活动主题及方向进行扩展，开展社区之间的文化联动、举办社区文化节、“慈善读本进社区”等全新的活动形式。2019 年，“文化大篷车社区行”发挥党员志愿者的力量，以党建工作为主抓手，以“社区+慈善”为内核，开展带社区居民重走红色革命路线、共读一本慈善好书、评选最美社区工作者等活动，打造新时代文明实践中心样本。“文化大篷车社区行”汇聚多方志愿力量，为社区文化写下了生动的注脚，共同推动社区文化营造。

三、“文化大篷车社区行”的具体实践

习近平总书记指出，要不断满足人民日益增长的美好生活的需要。八年来，“文化大篷车社区行”通过“时来物转”“社区+”、搭建社群等模式，助力社区文化营造，力求为居民带来真真切切的幸福感。

（一）“时来物转”模式助建新型社区格局

2017年，“文化大篷车社区行”加入新的主题元素“时来物转”。该模式将志愿者为社区行筹备及推进而产生的志愿服务时数，按照与受邀企业约定的比例进行物资兑换，再将兑换的物资回馈给有需要的社区居民，以此撬动社会资源，为居民提供更好的服务。

在“时来物转”模式推动下，“文化大篷车社区行”从一个社区和谐文化的展示平台，进阶为整合社会资源促进社区发展的互助平台，为社区志愿者参与社区文化建设加持。如花地湾社区延续当地灯光夜市“花地墟”的历史，连续三年发动企业对社区居民的创作进行认购，通过居民捐赠闲置物品“以物易物”，回馈社区有需要的家庭及群体，构建“社区互助、资源共享”的平台，倡导珍惜资源，促进资源重复利用，实现社区帮扶，促进社区共融。此外，天河区龙洞街的爱心企业用粽子置换居民闲置的公仔、自制的画作、高校学生捐赠的书包、台灯等，再将粽子捐赠到社区困难家庭；海珠区赤岗社区的企业购置一批多肉植物，与社区居民的旧书籍进行置换，再将置换的书籍捐赠到贫困地区。据统计，2017年，天天洗衣企业以1小时认兑免费洗衣1件的方式，向社区认兑了2957小时的志愿服务时数，为社区60岁以上长者免费洗衣共计2957件，并在社区进行相关洗衣知识的科普及推广；九元航空以100小时认兑一架飞机模型的方式，向社区认兑3465小时志愿服务时数，共赠送35架飞机模型给社区的青少年；广东泰丰兴米业有限公司以5小时认兑1斤大米的方式，向社区认兑532小时的志愿服务时数，为60岁以上长者免费提供107斤大米等。

“时来物转”模式得到了社区和企业的双重认可，它是“文化大篷车社区行”联动政府、媒体、企业、物业、家综及社区的创新性做法，是商

业与公益的融合，有利于商业与社区需求相互交融，实现市场资源与社会资源的联动，推动了社区文化底蕴与社区发展融合，是与志愿者“时间银行”相辅相成的创新设想，让有能力的企业、商家、个人能够在履行自身社会责任的同时，促进志愿者服务的参与，带动社区创新动能与社区活力。

“时来物转”模式，让“文化大篷车社区行”从被动展示社区文化传播转向主动引领社区文化发展，倡导各个社区积极推行，呼吁社区居民齐参与，发掘社区爱心商家资源，使社区“时来物转”真的“转动起来”，让公益慈善融入千家万户，助力社区共建共享新格局。

（二）“社区+”引领社区文化特色

“文化大篷车社区行”以宣传报道典型的社区文化活动来展现和推动社区文化营造。从2017—2019年的活动来看，社区行活动的主要形式有：社区文化节、长者及亲子活动、百家宴、集体婚礼、文艺会演、政务与公益互助、成果展示等类型。如图1所示，在社区文化创新、社区和谐互助氛围营造需求下，社区文化节类型的活动占整体活动周期的25%—36%，是“社区行”活动中举办最多的活动形式。长者及亲子类活动于2018年有较大的增幅，主要包括关爱长者、关心青少年儿童、关注亲子关系、培养良好家风活动等。百家宴也是从2018年开始出现场次激增，结合传统节日与社区主题活动，打造百家菜系、千人宴会，其乐融融的活动气氛令居民满意度高涨，为社区治理创新、社区邻里情怀回归创造出“接地气”的活动形式。

第一个五年的“社区行”活动，更多地集中在文艺会演方面。但是在实践中发现，单一的文艺会演活动对于社区居民的吸引力逐渐下降，社区居民需要更具特色与魅力的社区文化活动以及参与度更高的活动类型。进入“社区+”模式之后，社区行活动的内容和形式有了更多的创新，内容更加贴近本地社区的文化特色与居民需求，在目标设计上更有效地服务于社区的精细化管理，如精神文明建设培育、垃圾分类、公益跑等，成为“社区+”的品牌活动。

“成果展示”是历年来“社区行”活动的重要组成部分。此模块更关

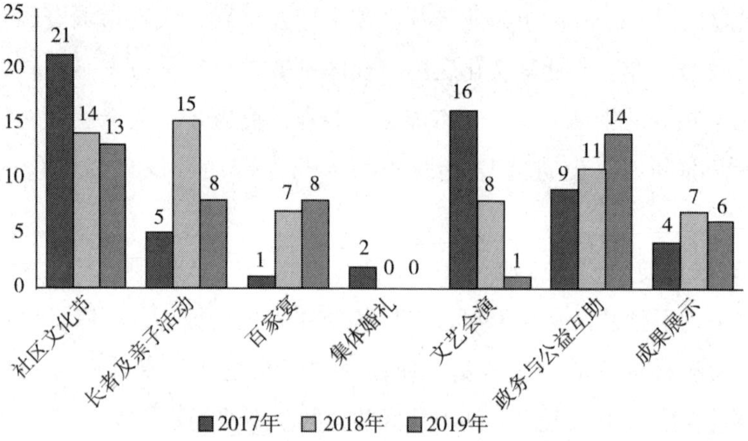

图 1　2017—2019 年文化大篷车活动类型

注社区服务及社区规划的成果，对相关志愿服务队伍进行表彰嘉许，感谢企业、政府部门的社会支持与政策支持等。成果展示不仅是公益活动成果的集中体现，也是一种社会倡导和社会激励，让那些积极参与社区行动活动的相关行动者得到全社会的肯定和认可。

每一年的“社区行”中都会设置活动评分表，从活动内容形式丰富、提供切实的社区服务、撬动社会资源、社区文化氛围四个维度进行评分，体现大家对社区文化生活的认可度和满意度。以荔湾区岭南街、天河区天銮广场、中海物业的社区活动为例，在 2016—2019 年的活动评分中，四个维度的评分均逐年增加（见图 2、图 3、图 4）。

三个社区均以“社区文化+志愿服务”的模式开展活动，居民满意度高。从活动主题来说，这三个社区均瞄准当地居民的需求进行活动策划。岭南街地处老城区，是一个老龄化社区，因此，每年的活动主题均与活跃老人文化生活为主。天銮广场居民则以做生意的外地人居多，物业公司因应业主想做公益慈善的需求，在“文化大篷车社区行”的扶持下，于 2017 年成立了小区亲子志愿服务队，之后的活动均以体现志愿服务为主。中海物业一直在社区营造有特色的文化 IP，打造一年一度的“风车文化艺术节”，激发了社区居民的参与积极性。值得注意的是，在 2016 年没有开展“时来物转”公益服务链接项目时，“撬动社会资源”的评分都偏低，2017

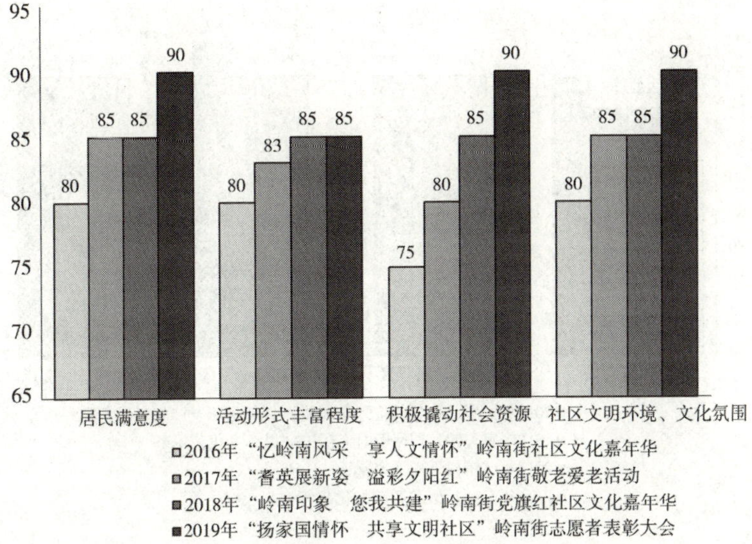

图 2　2016—2019 年岭南街社区行活动评分情况

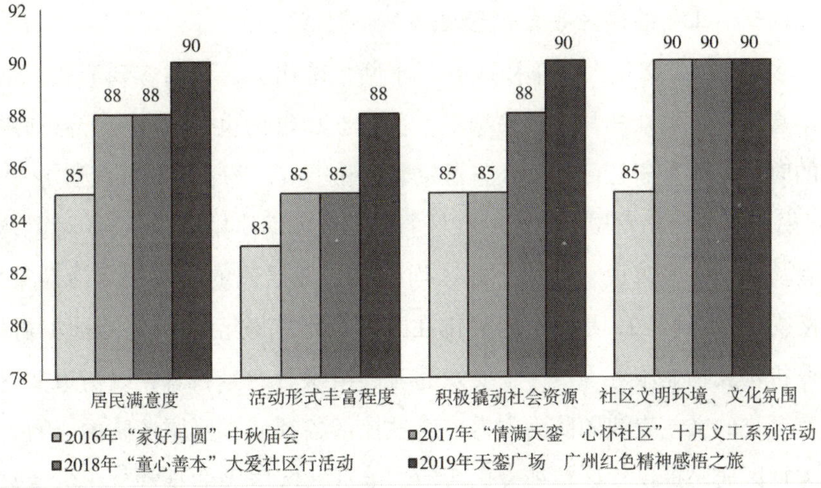

图 3　2016—2019 年天銮广场社区行活动评分情况

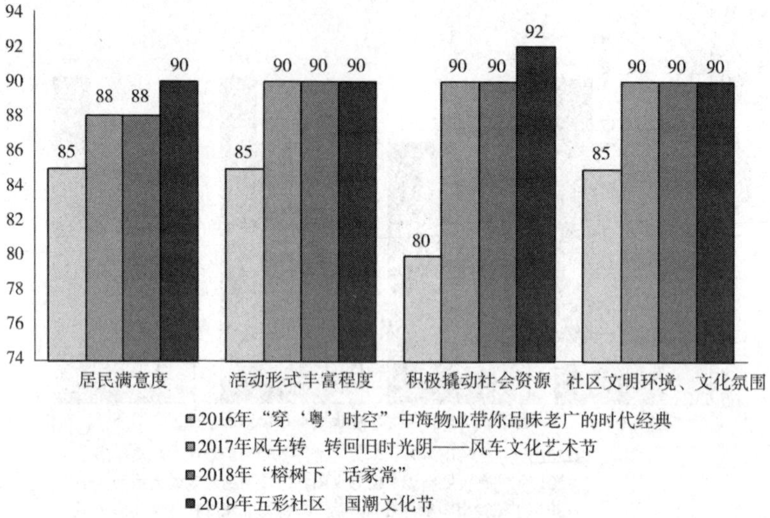

图4 2016—2019年广州中海物业社区行活动评分情况

年有了这一主题项目的引领后，这一项的分数不断攀升，“文化氛围”评分也相应地提高了。可见，志愿服务主题的切入与社区文化氛围的营造相辅相成。

（三）社群搭建主导文化营造

多年来，“文化大篷车社区行”不断推陈出新，从内容到形式，都更加丰富多彩，群众参与度越来越高，积极性和热情也越来越大。活动刚开始的时候，侧重于社区基础服务对象老人和小孩，随着广州社区服务“N+1”模式的多元化发展，如今的社区行可以看到不同类型的服务对象及参与者。

“文化大篷车社区行”的关键在于社群的搭建。以街道及社工机构、物业机构及物业服务人员为主要发起者、组织者、号召者，以街道文化站培育孵化的文艺表演团队为主力，通过社区各领域志愿服务队的合力，为广大社区居民提供社区精神文化活动，丰富社区居民的日常文化生活与精神生活。参与群体可以从工作范畴、生活范畴、服务范畴及商业范畴来划分。

1. 工作范畴。社区街道、社工机构及物业公司肩负着营造、维护社区居民日常精神文明、卫生文明及文化生活氛围等一系列居民生活服务的根基工作，是社区行活动重要的基石群体，通过组织策划社区文化活动回应居民日常精神文化需求。

2. 生活范畴。社区居民日益激增的精神文化需求，让社区长者志愿服务队、业主志愿服务队不断涌现。与此同时，社区街道文化站、少年宫、各领域志愿服务队、居民艺术团等纷纷参与，他们将自身生活经验转化为有亮点、有社区特色的文艺节目及文创亮点，激发社区精神文化创新，带动更多居民投身各类志愿服务活动，这也是“社区行”活动越发有特色、有亮点的重要因素。如 2017 年“社区行”的第一场活动，就是由北京街的长者志愿服务队自发组织策划、自编自导自演，与社区居民同乐。

3. 服务范畴。社工机构、公益机构以及养老机构、医院和政府职能部门的参与，满足社区居民精神、医疗、健康、科普等服务需求，也是令社区行活动更具多面性的重要因素之一，不同类型的生活服务对应不同的居民需求，这种精细化服务，也让社区居民的精神文明、身心健康、生活知识等得到全面提升，对社区创新发展有更好的导向性。

4. 商业范畴。日用品、快销品、保险等商业体系的参与，因地制宜、因社区特性制定更人性化的商业服务与商业优惠，提供令居民更为满意的服务，为品牌推广开辟新的途径，成为社区联动社区资源、盘活企业资源、促进社区发展的一种发展方式，也是社区创新的一种思路。

社区是居民日常生活的主要场所，是各类社群组织的重要聚集地。政府、媒体、企业、公益机构、居民联动，“社区行”平台凝聚了不同领域的社群力量，充分调动居民参与的积极性，开拓资源，深化服务，营造社区正向文化氛围。

四、“文化大篷车社区行”的经验亮点

“文化大篷车社区行”一直在立新求变，不断切合政策导向和社会需求，整合各方资源，服务社区居民，其典型经验可以概括为以下三点：

（一）内容格局与时俱进

党的十九届四中全会为构建社会治理新格局指明了发展方向与道路，

对养老服务体系建设、智慧社区建设、加强爱国主义等方面提出了新要求。2018年，“文化大篷车社区行”响应打造“共建共治共享”社会治理新格局的要求，开展“共建共享、和谐广东”为主题的系列活动；2019年，“文化大篷车社区行”以迎接中华人民共和国成立70周年为目标，开展以“弘扬家国情怀、共享文明社区”为主题的系列活动，组织红色精神感悟之旅、社区公益慈善行动、智慧社区建设等，激发社区居民的爱国热情，以实际行动为建设充满活力的基层群众自治制度提供实践。“文化大篷车社区行”致力于打造一个平台，凝聚众多“社区+慈善、社区+服务”的社区经验，为其他社区提供可学习借鉴的示范样板，也为推动习近平新时代中国特色社会主义思想落地生根、建设新时代文明实践中心提供了更多的样本参考。

（二）资源链条不断整合

“文化大篷车社区行”以党建引领为抓手，强调党员的先锋模范作用，整合拓展链条中的多项资源，与政府部门、社会组织、爱心企业等单位紧密合作，结合垃圾分类等时政热点，与“寻找社区最美工作者”“爱有声有色”“慈善读本进校园进社区”等公益项目结合，扩大并实现“文化大篷车社区行”从“项目、机构、组织、人群”四个方面的全方位覆盖，将“文化大篷车社区行”牢牢地扎根于社区，通过志愿者开展志愿服务项目，盘活了社区内的各个群体，营造了社区文化氛围。

（三）志愿服务与社区文化融合发展

“文化大篷车社区行”致力于推动社区文化和志愿服务的有机融合，同时加强传播推广。从一个展示社区和谐文化的舞台，进阶为汇合社会力量、整合社会资源，合乎社区实情与民心，积极促进社区文化建设的发展平台。以“文化大篷车社区行”的经验来看，扎根社区，做好群众工作，就能更好地打造社区文化生活圈。2016年，冲口街举办的文化志愿服务活动，将聚龙古村的建筑特色完美地融入表演中，让居民们体会沉浸式表演的文化乐趣，演出之后由当地家庭组织的亲子志愿服务队，为村里八旬老人进行按摩。通过“文化大篷车”这一平台，让“社区文化+志愿服务”的模式得以宣传推广。广东联泰物业汕头分公司趁“文化大篷车”开进汕头香域春天花园，顺势举办了一次环保主题活动，邀请环保专家为业主讲环保课，受到业主好评，并得到了企业的支持。而深圳招商物业多年来经营的“家文化节”因为有“文化大篷车”的支持，得到了更多业主的认同，进一步增强了业主的参与度。

总而言之，“文化大篷车社区行”这种整合社会资源、助力社区发展的模式，有助于完善社区服务的“造血”功能，有益于社区文化的可持续发展。未来，“文化大篷车社区行”将继续探索新路子，策划新形式，通过志愿服务扎根社区，提炼和宣传社区文化，努力成为一个具有更高水准、更大影响、更能全面展示社区精神文明风采的群众文化活动品牌。

参考文献

[1] 邓文，亢茜．志愿服务在城市社区管理中的作用及发展路径探析［J］．湖北行政管理论坛（2014）——地方大部门制改革与城市科学管理研究，2013：3.

[2] 葛雯菱．志愿服务在社区治理精细化中的功能及其实现路径［J］．作家天地，2020（7）：108-109.

企业社会责任与社区志愿服务

冯雨露　武　琼[①]

摘要： 随着经济的发展和社会的进步，履行社会责任逐步成为中国企业的共识。志愿服务作为企业承担社会责任的重要途径，也越来越受到关注和重视。本文分析了新时期企业社会责任与社区志愿服务的关系和作用机制，总结了企业参与社区志愿服务的路径、成效、思路和政策建议，并依托优秀的实践案例研究企业通过参与社区志愿服务实现社会责任的经验和模式，为企业通过参与社区志愿服务推动可持续发展提供参考。

关键词： 企业社会责任　志愿服务　企业　社会组织

2019年，中国国内生产总值（GDP）逾99万亿元人民币，人均GDP首次突破1万美元。这不仅意味着中国经济实力的提升，更意味着中国已从追求GDP增速的发展模式切换到追求高质量可持续发展的阶段。在此宏观背景下，政府与公众对企业社会责任的关注与要求越来越高，而企业也普遍认同需主动承担社会责任，谋求社会效益和经济效益的最佳平衡，从而实现企业基业长青。

企业是各种生产要素所有者之间以及他们和顾客之间一系列契约的集合。企业往往通过利用各种资源，实施某些特定的活动，与各利益相关方共同创造共赢价值，以显示企业所承担的社会责任，追求卓越经营。在众多的社会责任实现方式中，志愿服务活动被认为是其中最具有温度，也最

① 冯雨露，悉尼大学市场营销管理硕士，北京商道纵横信息科技有限责任公司合伙人、副总经理，资深企业社会责任管理专家，主要研究领域包括企业的可持续发展规划、品牌管理、志愿服务、企业文化构建等；武琼，华东理工大学环境科学与工程硕士，北京商道纵横信息科技有限责任公司咨询顾问，主要研究领域包括企业社会责任报告、利益相关方沟通、企业志愿服务等。

能令各参与方产生获得感及认同感的一种。因此，志愿服务活动作为一种推动企业长期发展的战略举措逐渐被中国企业广泛接受和认可。

一、企业社会责任与社区志愿服务的关联性

（一）企业社会责任与志愿服务的概念

1. 企业社会责任

企业社会责任（英文缩写 CSR）是指企业在创造利润、对股东和员工承担法律责任的同时，还要承担对消费者、社区和环境的责任①。这是企业社会责任的广义内涵，其核心就是要求企业必须超越把利润作为唯一目标的传统理念，强调要在生产过程中全力减少对环境与社会的负面影响，注重对人的价值的关注，强调在实现商业价值的同时携手利益相关方为社会创造更大价值。

2. 企业志愿服务

社区是公民日常生活的空间，同时也是公民参与社区治理并获得赋能与自我成长的空间。企业作为法人也是社区的一员，企业离不开社区，与社区保持良好的睦邻关系是企业赖以生存、发展的基础。企业参与社区志愿服务，是企业参与公益、帮助解决社会问题的重要方式。国际上，美国知名高校波士顿学院的企业公民中心将企业志愿服务定义为："企业组织员工利用时间、资源、技能为社区提供非营利、无偿、非商业的福利性服务。"在国内，知名志愿服务支持与咨询机构——和众泽益，则将企业志愿服务界定为："由企业提供资助和项目支持，鼓励并允许员工参加社区志愿服务活动。"从以上内容可以发现，企业志愿服务的两种定义均包含了两个重要的主体：企业与员工，因此相比一般情况的志愿服务，企业志愿服务是具有独特性的。

---

① 商道纵横：《全面认识企业社会责任报告》，北京·社会科学文献出版社，2015 年版，第 3—10 页。

（二）企业社会责任与志愿服务的关系

1. 从企业社会责任标准的角度解读

在国内外广泛应用和参考的企业社会责任相关指南和标准中，均有提及“志愿服务”，并给出了相关的解释和说明。全球报告倡议组织（GRI）发布的 GRI 标准，是全球应用最广泛的企业社会责任报告标准，其在“GRI 200 经济议题披露”中企业“间接经济影响”方面，提出“开展基础设施投资与支持性服务的情况及其影响”的披露项，其中的“支持性服务”则更多被理解为“志愿服务”。由中国社科院发布的《中国企业社会责任报告编写指南（CASS-CSR3.0）》是国内应用较多的企业社会责任标准，也明确要求企业要披露“志愿者”和“志愿者活动”信息，“支持志愿者活动的政策、措施”和“员工志愿者活动数据”。

从以上内容可以看出：首先，企业社会责任并没有将志愿服务列为一个单独议题，而将其视作企业开展社会参与活动中的一种服务，这种服务被认为是“有助于组织熟悉社区需要和优先事项，使得组织的发展及其他努力能够与社区、社会相一致”；其次，对于社会而言，由于企业志愿服务为社会输出了资金物资与专业服务，有助于解决社会问题或满足社会需求，因此，企业志愿服务可为社会带来间接且积极正面的经济影响；最后，企业志愿服务的主体是志愿者，主要推动者是包括企业在内的相关组织。

2. 从中国企业社会责任的发展现状和实践角度分析

在世界范围内，企业应该承担社会责任已成为共识，并且发展出比较系统的实践方式、方法和相关的体系与制度。而在中国，由于起步比较晚，经济发展相对比较落后，企业履行社会责任意识相对比较弱。并且相关的调查研究发现，许多中国企业经营者并没有系统地了解有关企业社会责任的理论观点，因此，对于如何履行企业社会责任及其典型做法，中国企业特别是中小型企业还普遍存在认识不足的现象。但随着经济发展与社会进步，以及相关政策的推动，企业履行社会责任的积极性不断提升。同时，企业履行社会责任的方式也逐步跳出慈善捐赠等传统的做法，开始寻求更加多元和全面，并且企业有更高参与度的方式方法。

从志愿服务发展总体的历史来看，相对欧洲国家，我国志愿服务活动起步较晚，社会大众对志愿者活动处于逐渐接受和赞同的过程。随着经济的发展，同时在党和国家各项政策的推动下，社会各界对志愿服务的认识在逐步加深，志愿服务的社会价值也在被更多的人所接受。全国志愿服务信息系统于 2017 年 6 月正式上线运行后，全国实名注册志愿者人数变化如图 1 所示，可以看出我国实名注册志愿者总数在三年内增长迅速，说明我国志愿服务在近年来取得了长足的发展，并逐渐成为我国社会治理和公益慈善领域不可或缺的重要力量。

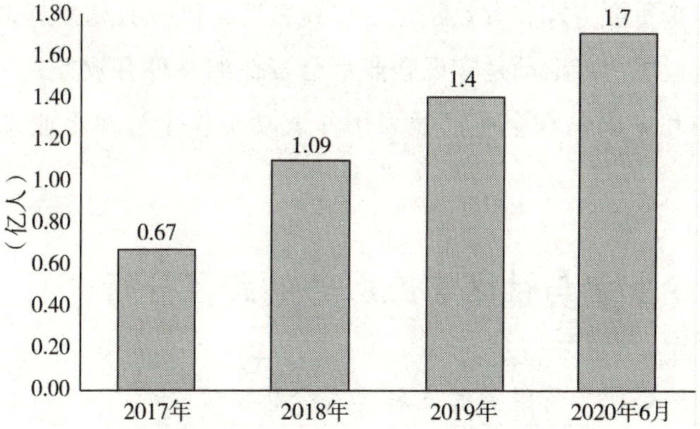

图 1　全国实名注册志愿者总人数变化情况

随着志愿服务在中国的发展，人们的精神境界不断提升，越来越多的企业开始参与到社区志愿服务当中。对于企业而言，“企业志愿服务”不仅是一个高性价比的公益慈善项目，更是加深利益相关方协作深度、实现多方共赢的良好途径。

企业志愿服务可以为企业带来以下价值：一是在更宽阔的社会议题框架下搭建与外部利益相关方沟通的舞台，缔造多方协作共创社会价值的机会；二是有效提升企业在社会组织、社会公众、消费者等利益相关方中的品牌美誉度，建立良好的互信关系；三是成为深化企业价值观、提升企业团队凝聚力的利器，有效增强员工满意度与归属感，有助于企业吸引和保留高素质人才。

相关研究认为，志愿服务其实就是在发挥着企业和社会之间“联结”

的作用[①]。企业可通过参与社区志愿服务更深入地了解社会需求，挖掘参与社会建设的切入点以及与利益相关方共同协作满足社会需求的模式，不仅为企业可持续发展打下基础，还能为企业创新提供新的思路与视角。从社会角度来看，企业的资金、技术、人才等资源可以通过志愿服务活动为解决社会问题助力。当前，企业志愿服务已成为中国企业开展公益慈善项目最为普遍的方式之一，并逐步成为企业社会责任部门相关从业人员的重要工作内容。不少企业通过参与社区志愿服务活动实现多赢，把社会、经济和环境主体与员工的热情以及企业经营的需要匹配起来成为企业履行社会责任的一个重要方式和有效路径。实践表明，已经有越来越多的现代企业认识到企业志愿者活动是实现企业社会责任的一种有效方式，许多大型的跨国公司和中国民营企业已经采用并成功运作了许多企业志愿者活动项目。

二、企业参与社区志愿服务的路径分析

（一）从企业志愿服务的发展模式分析

企业志愿服务可分为志愿者协会发展模式、基金会发展模式、部门发展模式、制度发展模式和项目发展模式，分别通过成立专门的志愿者协会、企业基金会、企业社会责任相关部门、制定相关制度、开发志愿服务项目的方式组织开展志愿服务活动。

1. 志愿者协会发展模式

企业志愿者协会拥有完善的组织架构和规章制度，志愿者的招募、培训、活动策划等都由协会负责，企业提供志愿服务的活动经费及一定的保障机制和激励机制。优势在于完善的组织架构和完整的规章制度可确保科学有序地进行志愿者管理，以及规范化和常态化地开展志愿服务项目；企业直接提供活动经费，可以使企业经费的使用更有效率。缺点包括需要专门人员管理志愿者协会，活动形式和内容相对比较单一，过度依赖企业提

① 于志宏：《联结的力量——企业志愿服务的社会责任观察》，载《WTO 经济导刊》2014 年第 10 期，第 19 页。

供经费等。

2. 基金会发展模式

基金会发展模式主要依托企业基金会组织、策划、开展和管理志愿服务活动，企业基金会为志愿服务活动提供人员、资金、制度等保障。优势包括：拥有稳定的资金来源、成熟的管理经验、充足的人员保障和广阔的发展平台。缺点包括：缺乏独立的组织机构和规章制度，志愿者参与方式较为松散，缺乏对志愿者进行科学管理，对志愿服务的执行过程与产出也缺乏明确的规范与指引；不是员工自发组织发展起来的志愿服务团队，员工的参与积极性相对会比较弱。

3. 部门发展模式

志愿者协会和基金会发展模式都是由志愿服务组织独立承担开展志愿服务项目，而部门发展模式是由企业相关部门（如企业社会责任部门等）设立专职人员来负责志愿服务活动的组织和开展。优势：由部门统一协调和管理可以确保有效地管理志愿服务组织；企业可以实现对志愿服务组织的直接管理和指导，确保志愿服务与企业的发展方向保持一致。缺点：志愿服务只是主管部门工作内容的一部分，容易弱化志愿服务组织的投入和地位，不利于组织的长远发展；部门提供活动资金容易出现不到位的问题。

4. 制度发展模式

制度发展模式是通过制度推动志愿服务的发展，企业以制度支持的方式吸引员工加入志愿服务组织，通过制度创新来保障和鼓励员工积极参与志愿服务活动。优点：制度创新能够对开展志愿服务活动产生直接有利的影响，可以提高员工的参与积极性，促进其对企业价值观的认同，增强企业的凝聚力，制度实施有利于各部门工作的相互协调和统一。缺点：无法确保制度创新对志愿服务活动的正面影响效果，志愿服务活动组织性和规范性也不能保证，制度的运行还会增加企业运营成本。

5. 项目发展模式

项目发展模式是企业结合员工自身的优势资源（如专业技能），以及社会对企业志愿服务特定的专业需求，企业自行设计或与其他社会组织合作开展志愿服务项目，激发员工在相关公益项目中找到自己可以发挥优势的定位，鼓励他们积极参与志愿服务活动，从而推动企业志愿服务发展。该模式的突出优势在于不仅能使员工在志愿服务过程中充分发挥自身的专业技能，同时也在社会议题这个维度与语境下更好地向社会展现企业的产品和服务，提升品牌美誉度。多数企业都是通过项目发展模式来开展志愿服务活动的。优点：具有丰富的志愿服务活动形式和内容，提升员工参与的积极性；能够为企业员工提供发挥专业技能的平台，也可帮助企业员工提升自身技能；通过与外部机构的合作，能够为其创造广阔的发展合作平台，并能实现机构之间的资源共享。缺点：容易受项目情况所限制，活动持续性较差；与其他机构进行合作时容易因为对项目策略与目标的认识不同从而产生分工不明确、职责较难界定等问题。

（二）从企业提供的志愿服务内容分析

志愿服务按照其专业要求不同一般可分为基础志愿服务、技能志愿服务和专业志愿服务三种类型。以往，中国企业主要是在做一些基础志愿服务的项目，而随着志愿服务的发展和人们认知的提升，企业开始重视和开展技能志愿服务和专业志愿服务。根据和众泽益《中国企业志愿服务发展报告（2018）》的发现，基础志愿服务仍然是企业志愿服务的主要服务领域，但技能志愿服务和专业志愿服务的比例在逐年递增，越来越受到企业及其员工的关注。调查显示，2018 年企业员工参加技能志愿服务和专业志愿服务的比例分别达到了 50. 67%和 44. 89%①。

专业志愿服务的服务对象一般为公益性社会组织、社区和困难群体，以及针对特定社会问题的公益项目和活动。专业志愿服务更加精准聚焦社会问题和注重目标导向，运用专业技能和系统化解决方案，提升志愿服务成效及其社会影响力。专业志愿服务是解决社会问题和社会组织发展难题的有效志愿服务形式。专业员工和专业技术是企业的核心优势，企业在参与志愿服务时应充分发挥这两大优势，有针对性地回应社会问题，才能带来更大的社会影响力。当然，开展专业志愿服务是一个多方协作的过程，

① 和众泽益：《重磅巨献〈2019 中国企业志愿服务发展报告〉正式发布!》，和众泽益官网，2019 年 8 月 1 日，http：//www. hcvcchina. com/h-nd-632. html。

因此需要企业对问题和社会需求有更全面的了解，明晰自己在专业志愿服务中的作用和定位，才能做到有的放矢。

（三）从志愿者参与项目的方式分析

现代信息技术的迅猛发展，特别是互联网技术的普及应用，对人们的工作和生活都产生了极大的影响。过去，人们参与志愿服务主要是通过线下活动的方式，但伴随着互联网技术的普及应用，线上志愿服务项目和活动逐渐被社会大众所接纳。

2015 年，《国务院关于积极推进“互联网+”行动的指导意见》的发布，标志着“互联网+”上升至国家战略，在公共服务领域通过“互联网+”实现更加多元，线上线下结合更加紧密，社会服务资源配置不断优化，公众享受到更加公平、高效、优质、便捷的服务。2016 年 12 月 4 日发布的《关于公共文化设施开展学雷锋志愿服务的实施意见》指出，积极探索“互联网+志愿服务”，安全合规利用信息技术手段，助推志愿服务专业化、特色化和精准化。

目前，“互联网+志愿服务”模式应用得比较广泛深入的是社区服务与贫困地区教育赋能领域。“扶贫先扶智”，通过提升贫困地区教育水平阻断贫困的代际传播已经成为扶贫攻坚战的重要环节之一。而教育公益一向是我国社会公益慈善资源流向最集中的领域之一。我国地域辽阔，地区之间教育发展不均，要实现公平而有质量的教育最关键的切入点是提升贫困地区教师素质。传统的支教模式通过组织教育发达地区支教志愿者前往贫困地区任教，对志愿者教师有较高适应力要求。同时，志愿教师还要承受来自学业、就业、家庭等方面的压力，因此这种传统的支教可持续性较低，支教老师流动性较大。随着互联网技术的发展，“互联网+在线支教”项目蓬勃发展。友成企业家扶贫基金会（以下简称“友成基金会”）早在 2011 年就与人大附中发起试点“双师教学”，在全国率先将城市的优质教育资源通过 MOOC（慕课）的方式输送到乡村贫困地区中小学，尝试用远程的方式解决乡村学校师资不足、优质教学资源匮乏等问题，以此探索城市优质教学资源补充乡村的可行性。后续好未来等教育机构的加入进一步丰富和优化了在线远程课程输出与乡村教师赋能的模式，逐步形成一套县域教育均衡发展整体解决方案。随着未来农村互联网基础建设的进一步完善，“互联网+支教”还会有更大的发展潜力，随着现今直播行业的发展，以后的“互联网+支教”很可能会面向全社会，社会上有能力想为支教行业奉献一份力量的人就可以通过“互联网+支教”平台将知识带给落后地区的学生。

“互联网+志愿服务”为社会大众提供了一种近距离认识志愿服务、便捷参与志愿服务、低门槛体验志愿服务的渠道，大大提升了志愿服务的透明度和公开度。近年来，全国各地都在积极探索“互联网+”志愿服务，企业也积极参与其中，特别是互联网企业，探索了各种创新模式，如阿里巴巴集团的“蚂蚁森林”项目。中国各地相关的组织和机构搭建了志愿服务网络共享平台，企业志愿服务可以通过这些平台解决志愿者的招募、参与、培训和管理等难题。

三、企业参与社区志愿服务的典型案例

近年来，随着志愿服务理念的传播和普及，企业参与社区志愿服务的热情由被动变为主动。企业通过志愿服务创造良好社会舆论和影响力，为企业打造良好的社会氛围和受众群体认知，从而实现可持续发展。如 IBM 组织“全球志愿服务队”，阿里巴巴集团“橙点公益榜”等，均成为享誉全球的志愿服务品牌案例。

（一）发挥优势与专长建立分级志愿者体系

国际商业机器公司（以下简称“IBM 公司”）作为信息技术行业的领军企业，这家百年老店具有坚定的企业价值观。1969 年，IBM 公司第二代总裁小托马斯·沃森对公司的发展理念作出定义：“公司能否繁荣昌盛取决于它们是否能满足人类需求，利润是一个评价体系，改善全民生活才是我们的最终目标。”紧扣以信息技术让世界变得更美好的愿景，IBM 公司把自身的领先技术和专业的员工视为改善社会问题的重要力量，大力推动企业志愿服务体系与项目创新，最终实现企业、员工和社区共赢。IBM 公司以“专长服务社会”为理念，将志愿服务体系分为两个层次——普通志

愿者服务与专业战略性志愿服务，兼顾了志愿服务参与人员的覆盖面与服务深度，成功打造志愿者服务社会的平台，实现社会、企业、个人三方共赢。

1. 第一层次：发挥技术优势搭建志愿者门户网站

第一个层次是面向 IBM 全球所有在职员工与退休的 IBM 志愿者搭建了“爱心献社区”门户网站。这个平台上所有 IBM 志愿者都有自己的档案，对志愿者的技能专长、公益关注议题及相关的公益服务经验进行了记录。“爱心献社区”门户网站，为全球志愿者提供了丰富的工具和资源，也搭建了志愿者之间沟通协作的桥梁。2013 年，“爱心献社区”门户网站迭代新增了一项功能，让公益组织能搜索匹配到他们需要的拥有他们所需的专业技能的志愿者。此举大大提升了 IBM 志愿者参与社区服务的广度与深度。自项目启动以来，全球已有超过 25 万名 IBM 公司在职和退休员工在“爱心献社区”网站注册，其志愿服务长达 1650 万小时。

2. 第二层次：发挥专业志愿者力量组建咨询服务团队

2008 年，IBM 公司启动了“企业全球志愿服务队”项目（以下简称 CSC 项目），选拔资深技术岗位员工和中高层管理者，根据项目需求组成跨国咨询服务团队，凭借信息技术、项目管理等专业技能优势，携手国际组织、不同社区管理者及公益组织等共同推动社会问题的改善与可持续发展。IBM 公司 CSC 项目在项目地域上更聚焦帮助新兴市场国家和地区，在议题上集中关注经济发展、环境挑战、教育资源、人才培养等普遍性问题，在全球范围物色公益项目进行合作。CSC 项目共有 50 多个国家的 2400 多名 IBM 员工参与其中，累计完成了 850 多个项目。其中，已有 29 个 IBM 全球团队来到中国，为中国 16 个城市的 120 多家成长型企业、非营利组织、大学等机构提供优质的公益咨询服务[①]。CSC 项目创造了三大价值：在员工领导力与对企业价值观认同度两个维度上都取得显著提升，培养了一批具有丰富经验的未来团队领导者；为发展中国家地区的社区无偿提供卓有成效的专业服务，助力应对社区挑战，从而也为 IBM 在相关地

① IBM 公司，IBM 中国官网，https：//www. ibm. com/cn-zh。

区的业务开展打下了良好的政府与社区关系；同时，通过项目 IBM 可更深入地了解社区及其对 IBM 的需求，推动深度协作，为智慧城市等解决方案的创新提供更全面的视野。

（二）打造企业员工深度参与公益项目模式

阿里巴巴网络技术有限公司（以下简称“阿里巴巴”）认为公益是每个人的权利，用金钱、时间、创意和技术为他人的幸福奉献自己的力量，在制度与公益项目设计上一直将带动更多人参与公益视为自身的责任。而员工是阿里巴巴企业推动人人公益的起点也是核心。阿里巴巴员工志愿服务始终保持高活跃度与创新度的关键，在于阿里巴巴建立了一整套机制来激发员工参与公益活动的主观能动性，在企业内部形成了成熟的公益文化。

1. 积极发挥企业志愿者力量

与不少中国企业一样，2008 年的汶川地震是阿里巴巴的公益元年。“5 · 12”汶川地震发生后的第一时间，阿里巴巴集团投入 2500 万元成立救灾小组，并组织阿里乐橙志愿者长期在青川开展援建工作。2015 年，阿里巴巴在推动员工志愿服务方面落地了两项重要举措：第一，成立阿里巴巴公益委员会，推动员工深度参与集团公益的决策、管理与落地；第二，向阿里巴巴全体员工发出“每人每年公益 3 小时”的倡议，号召阿里巴巴员工每年拿出 3 小时做公益，积极发挥企业志愿者力量，倡导企业员工利用工作以外的时间积极参与志愿服务，把志愿服务及公益理念融入企业文化。

2. 打造具有创新性的公益产品

阿里巴巴公益委员会每三年换届一次，所有成员来自阿里巴巴并由员工投票选出，在营造志愿者氛围、孵化员工志愿公益项目方面起到了领导核心的功能。这些“公益合伙人”通过志愿服务的方式参与阿里巴巴每年数亿元的公益基金使用决策，包括评估审批阿里巴巴员工申报的公益项目。在“公益 3 小时”的基础上，阿里巴巴还发起“幸福抱团”活动，鼓励员工自发组建公益幸福团，针对一项他们感兴趣的社会议题，在集团招募志同道合者，共同设计发起并执行公益项目。阿里巴巴公益委员会将会对内部涌现的公益项目进行评审，通过的项目可获得集团数万元的资金支持。根据阿里巴巴公开信息，在“公益3小时”启动后的一年多时间里，阿里巴巴员工的公益创新热情高涨，截至2016年底，阿里巴巴成规模的公益团体有40多个，涌现了包括扶贫100、天猫信息无障碍、器官捐献志愿登记、公益云图数据可视化创新大赛等一批公益产品。

3. 完善志愿服务激励机制

在点燃了员工参与志愿服务的热情后，阿里巴巴开始在激励机制、评估管理与资源持续支持方面持续迭代发力。2017年，阿里巴巴推出“橙点公益榜”评选当年的优秀公益项目，通过科学的项目评估、经验分享等方式提升员工公益项目的策划与执行水平。

四、企业参与社区志愿服务的问题和对策建议

目前，我国企业志愿服务项目还处在早期发展阶段，管理与项目开展方面还存在一些比较突出的痛点。实践中，企业在开展志愿服务活动时普遍存在“三弱一欠缺”的问题。

（一）志愿者管理弱，需进一步完善志愿者支持与组织体系

企业志愿者管理水平较弱，体现在三个方面。一是缺乏强有力的志愿者组织。当前，企业开展志愿服务项目时普遍采用以活动为导向进行招募的做法，组织松散缺乏凝聚力，项目内部沟通成本较大。二是缺乏对志愿服务项目合规性的管理与专业培训，在项目开展过程中容易发生风险。三是缺乏对志愿服务开展的痕迹管理与数据统计，导致志愿服务项目的持续优化和有效公正的志愿者激励措施无法进行。建议企业应根据企业社会责任组织架构，建立全面完善的志愿者服务组织体系，发挥统筹协调功能。企业志愿服务项目管理部门应建立健全志愿服务规章流程，保障项目的规范化与专业性。同时，成立志愿者协会，以此为基点深入基层营造积极的志愿者社群，提升志愿者的活跃度。在志愿项目的绩效管理方面，可通过志愿者服务信息系统建立志愿者档案，对志愿者技能特长、社会议题关注点与志愿服务贡献值等进行科学的信息化管理，为持续优化志愿服务项目

提供数据支撑。

（二）内生动力弱，需提升员工参与深度与主观能动性

不少企业在开展志愿服务时经常陷入模式缺乏创新、员工缺乏热情、项目缺乏持久力的困境。究其根源，主要是企业员工在开展志愿服务时的主观能动性没有被充分地激发出来。不少企业的志愿者活动是自上而下推动的，员工自主选择、参与决策的空间较少，这不利于激发员工的主观能动性，体验与认同感也较低。同时，由于员工资源配套不足，能力参差不齐，造成员工志愿者的供需对接存在结构性失衡，项目的创新性与可持续性大打折扣。建议企业开展志愿服务项目时，相关管理部门应发挥能力培育者与平台孵化者的角色，在项目策划期就应让员工志愿者代表参与，共同制订活动计划，以此提升项目在员工志愿者中的认同感，提升员工的参与度。在项目落地开展过程中，通过引入资源，提供能力培训支持及促进各级协会间协作等方式赋能各项目组创新力与执行力。在项目完成后，应开展项目回顾与分享活动，促进企业志愿者内部沟通与相互学习。

（三）项目识别度弱，需结合企业核心优势聚焦社会议题

企业志愿服务项目本是企业打造公益品牌项目的利器，但在实践中却经常事与愿违。不少企业志愿服务项目千人一面，没有亮点，落地模式单一。要提升企业志愿服务的识别度与可持续性，就需要紧扣企业资源、技术、员工专业技能及平台渠道等核心优势，聚焦社会议题，找到志愿服务项目与企业核心优势的最佳契合点。只有与企业优势相辅相成，符合企业价值观与社会定位的公益项目才具有可持续性。同时，社会问题的改善不可能是企业单打独斗可以实现的。企业在设计策划志愿服务项目时需对所关注的社会议题进行全面剖析，梳理该议题当前的协作生态，从而找准企业在当中的定位，制定切实有效的项目目标与落地逻辑，理顺与在该议题中其他利益相关方的协作关系。

（四）欠缺科学评估，需建立志愿服务项目评估与优化机制

当前，不少企业志愿服务都是“打卡式”落地。志愿服务确实“做了”，但有没有“做好”，是否“做得有效果”就缺乏科学的评估与分析。企业志愿服务项目要做到有的放矢就必须在项目设计阶段便遵循 SMART

原则（S = Specific、M = Measurable、A = Attainable、R = Relevant、T = Time-bound），制定清晰、可衡量的项目目标。同时，在项目的开展过程中采取 P（plan 计划）D（do 执行）C（check 检查）A（Action 行动）循环进行持续的管理与审视，评估实际执行情况，研究改进和提高的措施，从而推动企业志愿服务效能与管理水平的持续提升。

五、结语

志愿服务是企业履行社会责任的一个重要途径，企业通过参与社区志愿服务可以建立与社区的紧密联系。当前，企业参与社区志愿服务的方式更加多元化，模式也在不断创新。企业应当结合自身的优势和价值观，总结分析各类志愿服务方式和发展模式优缺点，最终找到适合自身的参与路径和发展模式。

参考文献

[1] 胡东辉，陈东林．中国企业志愿服务发展分析［J］．广东青年干部学院学报，2010（81）：10-17.

[2] 孟慧文，王忠平．中国企业志愿服务发展趋势探究［J］．企业 300 管理，2019（11）：111-114.

[3] 潘春玲，张晓红．国内企业志愿服务发展模式探析——以北京几家跨国公司为例［J］．嘉兴学院学报，2016（1）：79-83.

[4] 宋煜．助推社区志愿服务发展的建议［J］．中国国情国力，2017（10）：36-38.

[5] 孙嘉梦．浅谈促进企业志愿服务事业发展的重要性［J］．山东青年，2015（7）：82-83.

[6] 王忠平，刘姝辛．企业志愿服务发展现状、问题及对策［J］．中国社会工作，2019（9）：44-45.

[7] 周勇，鲁金玉．企业志愿者活动：实现 CSR 的一个有效路径［J］．企业经济，2011.

第四部分

区域发展篇

"社工+志愿者" 联动模式实践初探

——以天河区社工服务站为例

天河区民政局

摘要：天河区以社工站作为志愿服务发展的中坚力量和重要推手，以优势视角推动"社工+志愿者"联动发展。各社工站充分发挥组织、引导和管理功能，逐步形成志愿服务规模化、组织化、专业化、多元化的良好局面。

关键词："社工+志愿者"　联动发展　社区治理

一、政策背景

在深入推进社会治理体系和治理能力现代化的进程中，社区志愿服务作为推动社会主义和谐社区建设的重要切入点，是推动创新社会治理的重要力量，成为服务群众"最后一公里"的重要形式和有效路径。近年来，中央以及省市各级政府大力支持和推动社会工作与志愿服务的联动发展。在中央层面，《关于加强社会工作专业人才队伍建设的意见》《中国社会服务志愿者队伍建设指导纲要（2013—2020年）》《关于支持和发展志愿服务组织的意见》等系列指导意见相继出台，"社工+志愿者"的协作机制被正式提出并推广。为贯彻落实党和国家对志愿服务事业发展的要求，实现社工与志愿资源的有效整合，2013年广东省率先出台全国首份关于社工和志愿者联动的专门文件——《关于推进社会工作者与志愿者联动工作的实施意见》，着力构建"社工引领志愿者、志愿者协助社工"的互动服务格局。在市级层面，广州市陆续出台《关于进一步发展广州志愿服务事业的意见》《广州市社工服务站（家庭综合服务中心）管理办法》等文件，为规范社工与志愿者管理提供政策依据。在中央、省市各级政府的政策支持下，天河区以各街道社工服务站（以下简称“社工站”）为平台和抓手，广泛联合各社会工作服务机构、社区志愿服务组织，构建更加紧实的社区志愿者服务网络，逐步形成了“社志联动、多元参与”的服务格局。截至目前，天河区以社工站为平台，共培育发展注册志愿者近 2 万人，其中，社区志愿者约 8653 人，社区志愿服务队伍 273 支，并逐步形成系列“社工+志愿者”联动对接的品牌特色服务项目，助力“社工+志愿者”联动机制在社区落地。

二、发展历程

综观天河区“社工+志愿者”联动实践的发展过程，社工站是推动社区志愿服务常态化、规范化、专业化开展的重要阵地。社工站以项目化方式，建立社会工作者与志愿者之间的联动机制，发挥专业社工服务的引领作用，形成“社工引领志愿者、志愿者支持社工”的服务格局，推广“全民志愿者”精神。

（一）从唤醒开始：打造平台，推动参与

社工站是天河区志愿服务发展的中坚力量和重要推手。一方面，社工站通过“双需求”评估，结合志愿者的服务意愿以及社区志愿服务需求，打造志愿者发展与服务平台，精准地实现志愿服务的供需配对，逐步缓解社区志愿服务供需不匹配的固有矛盾。另一方面，社工站以发展本土居民志愿者为主，通过提供专业服务，激发更多居民参与社区服务，将社区零散的个人整合到志愿服务共同体中，促使志愿服务源于社区、扎根社区、回馈社区。此外，社工站还善用“互联网+”平台管理志愿服务。各社工站积极运用“i 志愿”与广州公益“时间银行”平台作为志愿服务管理平台，充分整合志愿服务资源，有效提升社区志愿服务的高效性和能见度。

（二）被动到主动：优势视角，增权展能

社工站以优势视角定位“社工+志愿者”发展。一是挖掘志愿者内在

需求和服务价值。社工站以建立长期合作伙伴关系为目标，通过实施“社区微创投”项目，与街道、相关部门、居委会等组成组委会，以社区年度关注的公共问题为介入点，通过“微创投”的比赛形式，推动社区居民、志愿者、社区自组织等以组队的方式参与社区治理，营造社区共建共治的参与氛围。在项目中，社工通过增加话语权，激发志愿者的自主意识，踏出被动服务向主动服务的第一步。二是搭建志愿服务平台。在“社区微创投”中，社工引导志愿者主动选择服务对象，设计方案，执行服务，评估成效，反思总结。志愿者是组织者和执行者的角色，社工是引导者和协助者的角色，志愿者完成从被动服务向主动服务的转变，志愿服务能力得以发挥，并从实践中获得成长和价值感。三是构建志愿者培训与激励体系，推动志愿者角色转变。社工站制定满足不同角色需求的志愿者培训体系，针对刚加入的志愿者设置新入门和岗位培训，能力提升后发展为服务协助者，设置不同主题系列的服务能力培训，在服务中不断累积经验后发展为服务组织者，作为志愿者骨干接受针对性服务策划和管理能力培训，实现服务管理者角色的转变。根据志愿者不同阶段的参与动力，设置物质、精神、价值相匹配的多元化激励体系，提供积分兑换物资或课程、年度嘉许等，保持志愿者积极性。

（三）业余到专业：组织培育，自主发展

1. 志愿服务组织专业化。针对志愿服务分散化、非专业化的问题，天河区社工站充分发挥组织、引导和管理功能。各社工站均制定志愿服务管理和保障机制，将零星的志愿资源整合为自我管理、自我完善的组织化力量。

2. 志愿服务力量专业化。通过“社工+志愿者”联动，天河区社工站一共独立培育、发展或合作组建志愿服务队伍 559 支，其中，党群志愿服务队 119 支，企业、行业、高校志愿服务队 210 多支，凝聚专业人士志愿者 2052 位。社工站通过培训传授社会工作方面的价值伦理、实践技能，每年开展近 500 场培训，提升志愿者服务专业水平。

3. 志愿服务聚焦专业化。“社工+志愿者”是群众和社区“最后一公里”问题的主力解决者，社工专业服务结合志愿者深厚的社区群众基础，

有效整合社区资源，灵活应对社区服务复杂与多样化需求。在社工培育和引导下，志愿者队伍逐渐自主发展，转变显著体现在恒常化服务与聚焦困难群体需求上，开展如“邻里守望”“膳心膳意”“公益微心愿”“430课堂”等特色志愿服务，每年提供超10万小时的服务时数，社区居民近40万人次受益。

（四）单一到多元：党建引领，助力治理

1. 党建引领，参与主体多元化。社工站党建引领社会工作服务的核心内涵，是在街道党工委的领导协调下，在各相关政府部门的配合和群众组织的参与下，充分发挥社区党组织的组织、引领、协同功能，积极构建社区居委会、驻区单位、社会组织、物业公司、业主委员会、群团组织等共同参与社区治理架构，发挥多元治理主体参与社区共治功能，以达到资源整合、服务共享、利益共生的社区治理效果。

2. 党建引领，志愿项目多元化。经过多年实践，天河区社工站以“社工+志愿者”联动介入各类社区治理问题，开展各类关怀助困、环境美化、垃圾分类、文明养宠、文明出行、安全防骗、小区自治等服务项目。社工站党支部发挥作用，联动社区党组织、党员参与，开展专项志愿服务，充分发挥社区党组织和党员先锋模范作用，在党建引领下加强“社工+志愿者”的联动，切实帮助社区需求群体，营造社区互助友爱氛围。

三、总结与展望

回顾发展之路，天河区“社工+志愿者”联动发展并逐步形成志愿服务规模化、组织化、专业化、多元化的良好局面，一是得益于国家志愿服务法规制度的完善以及广州市志愿服务相关政策保障；二是得益于广州市社工站整体发展布局与定位，以及社会工作专业优势的发挥；三是得益于党建引领下，党组织及党员的带头推动；四是得益于政府各部门在志愿服务领域的相互协作以及社会各界力量对社区服务的支持。

展望未来，在党建引领下，天河区“社工+志愿者”将继续聚焦民生发展，深度参与创新型社区治理，进一步提升居民获得感、安全感和幸福感。在立足于满足社区及居民需要的基础上，天河区将在以下方面继续推进志愿服务的发展：

一是整合。整合部门关系，进一步形成合力，强化社工站作为各街道志愿服务管理、培训、交流与调度平台的作用；整合优势经验与品牌项目，扩大品牌服务影响力；整合各社会组织优势资源，打造区级志愿服务培育基地。

二是创新。通过合作共建、公益创投等方式，鼓励志愿服务创新，为创新项目提供支持。在“社工+志愿者”联动的基础上，探索志愿服务模式、志愿服务领域与志愿服务内容的创新。

三是交流。搭建交流学习平台，加强区内外志愿服务组织、社工站、社工组织之间的沟通交流，推广天河经验的同时也借鉴其他辖区的优秀经验。

四是提升。依托天河区社会工作协会、天河区志愿者协会、本土化社会工作服务机构等优势资源平台，积极促成大湾区志愿服务经验交流乃至国际化志愿服务交流，进一步推动天河区志愿服务区域化和国际化发展。

参考文献

[1] 陈涛，巫磊，何志宇，谢景慧．中国社会工作与志愿服务的发展［J］．广东工业大学学报（社会科学版），2012（4）：31-37.

[2] 董秀．深圳市“社工+义工”联动参与社区治理的思考［J］．武汉大学学报（哲学社会科学版），2009（3）：378-381.

[3] 耿欢欢．社工机构介入社区志愿者培育的困境与对策［J］．区域治理，2019（52）：52-54.

[4] 黄思俊，李德亭．“社工+志愿者”联动的社区实践［J］．中国社会工作，2019（34）：16.

[5] 黄思敏．“双工联动”政策下社工介入社区志愿服务研究［D］．硕士学位论文．广州：华南理工大学，2017.

[6] 李祥杰，张卓华，王冠．深圳“社工+志愿者”协同开展志愿服务“双工联动”参与社会治理效果好［J］．大社会，2019（9）：21-24.

[7] 邵振刚．广州社工与志愿者合作服务特点分析［J］．广东青年职业学院学

报，2012（4）：10-13.

[8] 谭建光．中国社工与志愿者合作的模式［J］．广东青年干部学院学报，2011（4）：12-18.

[9] 卓彩琴．社工在志愿组织中发挥专业特长的分析［J］．广东青年职业学院学报，2012（1）：53.

黄埔区社区志愿服务发展及展望

——基于16个街镇社工站的志愿服务情况

黄埔区民政局

摘要：黄埔区依托街镇社工站搭建“社工+志愿者+慈善”的平台，发挥社区资源优势和社工专业优势，培育志愿服务力量。因地制宜，探索建立符合本地区实际情况的社区志愿服务模式。

关键词：“社工+志愿者+慈善”　微心愿　社区志愿服务

黄埔区、广州开发区是行政区与功能区融合发展的区域。黄埔区位于广州市东部珠江口，管辖面积484平方千米（不含水域），下辖16街1镇，常住人口111.4万。区内工厂企业众多，其中不乏全球500强企业。2019年，区文明委出台了《关于印发〈关于进一步加强黄埔志愿服务建设的实施方案〉的通知》，大力弘扬奉献、友爱、互助、进步的志愿精神，推动社区志愿服务常态化发展。

一、黄埔区社区志愿服务概况

（一）管理架构

目前，黄埔区建立“区—街（镇）—社区”三级社区志愿服务体系，在区层面成立区志愿者协会，街道层面依托各街镇社工站成立社区志愿者总队，在社区层面成立若干个社区志愿者服务分队，构建起多层次、多类别的社区志愿服务网络（见图1）。完善社区志愿服务队的组织管理结构，每支志愿服务队伍下设队长、副队长、成员，组织架构清晰，职责分明。

同时，积极利用“i志愿”“公益时间银行”等管理信息化平台，理顺关系，划分功能，包括明确志愿者申请、志愿者基本信息、志愿者档案管理、志愿者活动参与流程、志愿者积分福利、志愿者信息查询等相应功能。区志愿者协会定期组织社工站各志愿服务分队开展线下交流活动、表彰活动，巩固维系志愿服务队伍的内部团结。

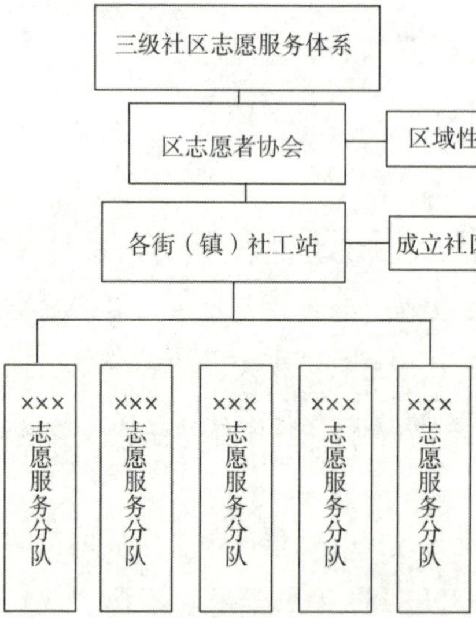

图1　社区志愿服务网络管理架构

（二）工作思路

社区志愿服务以党委领导、政府支持，上下合力、部门联动，社区牵头、居民参与为工作方针，以居民需求为出发点和落脚点，以培育发展为重点，各社工站紧密结合街区特点，整合辖区内可利用资源，有针对性地培育、发展社区志愿服务队伍，同时强化功能、保障机制、分类建档。

（三）社区志愿者概况

据统计，全区16个街镇社工站现有注册志愿者9189人，其中，男性3509人，女性5680人，平均年龄34.6岁。培育和发展了157支志愿者队伍，涵盖文化娱乐、便民利民、扶贫帮困等民生领域，具体包括社区为老探访队、社区义诊队、亲子志愿服务队、车友志愿服务队、家长护航队、小天使公益合唱团、小导游导赏志愿服务队、志愿者自治委员会以及爱心库专项志愿服务队等。

(四) 志愿服务活动概况

社区志愿服务的类型主要包括：一是救助型，如广泛开展“学雷锋”活动，在物质保障和服务保障上深化志愿服务，引入社区照顾理念，加强社区基金支持，提升精神慰藉和情感互动，促使助人自助、共同进步；二是互助型，多以结对帮扶的形式，志愿者“一对一”入户提供照料服务，形成互助关系和支持网络；三是公共服务型，多以满足社区需求为目标，由民间个人、社区组织等采取志愿服务的形式进行运作，如介入社区公共服务，缓解社区问题；四是公民参与型，以培养社区居民的公共参与能力为目标，通过社区工作手法，促进社区居民、志愿者、重要人物等群体的自治管理、民主决策与执行。从服务群体划分，开展较多的社区志愿服务活动，有社区事务志愿服务、企业工会志愿服务、机关团体志愿服务、党员志愿服务、青少年志愿服务、亲子志愿服务、低龄长者志愿服务等。

二、黄埔社区志愿服务发展的主要做法

(一) 搭建“社工+志愿者+慈善”的平台

社区志愿者协助社工开展社区服务，在工作中志愿者既是资源提供者的角色，也是服务提供者的角色。志愿者协助社区困难人群解决面临的困境，为他们提供情感、物质等方面的支持。同时，关注志愿者在服务过程中的困难并及时给予情感、技能上的支持，通过招募、培育、维系、表彰等一系列措施，增强志愿者的自我效能感，减少志愿者的流失率。

以普爱社会工作服务社穗东街社工服务站“普工英”“党团员志愿者自治委员会”(以下简称“志委会”) 推动的微心愿项目为例。通过“社工+志愿者+党员”的联动模式，链接党员、志愿者、商家、企业等社会资源，以“微心愿”的形式为困境群体提供与心愿需求精准对接的志愿服务。该项目充分发挥“社工带志愿者”的“老带新”模式，重视志愿者培育和能力提升，挖掘社区内专才志愿者，注重搜集广州市志愿者协会、黄埔区志愿者协会等相关机构的培训信息，从团队建设、服务技能培训、服

务活动开展等多方面提升专业能力。具体做法如下：

1. 党建引领推动互助融合。由社工站作为联系人，发挥调动和辅佐的作用，联动街道组织办、党政办等部门，根据相应指示做好各社区党支部、流动党员的志愿服务参与，依托“微心愿”帮扶项目，发挥党员的资源链接能力，实现社区内正向能量的互动互助与融合，推动实现共治共建共享的新格局。

2. 以“好人好报爱心库”品牌项目为依托，以穗东街辖区内实际困难和困难群体为重点帮扶对象，通过搭建“微平台”、释放“微能量”、传递“微服务”，联合社区内各群体为困境群体提供“三心服务”，既倡导了爱心助力行为，促进社区资源利用最大化，也推动了“社工+志愿者+党员”联动模式的发展，链接党员、志愿者、商家、企业等社会资源，以“微心愿”系列输出方式为困境群体提供与心愿需求精准对接的爱心物资或服务。

3. 依托“社工+骨干志愿者”的形式开展志愿者工作，培育志委会协助推广“微心愿”帮扶项目，促进志愿者自治委员会自主管理和组织能力的提升，发挥“中转站”的作用，收集志愿者的反馈意见，代表社工在相关服务问题上作出解释，同时起到模范表率作用。此举有利于壮大“普工英”志愿者群体，营造社会互助和参与公益事务的良好氛围。通过与骨干的联动模式，发挥党员的先锋带头作用，提升志委会解决社区事务的能力。通过开展每月例会、项目管理系列工作坊、不定期的管理沟通等，促进志委会的自主化管理和“微心愿”项目的有效发展，提升志委会成员项目管理与组织实施能力。

（二）发挥社区资源优势，打造孵化基地

积极培育社区社会组织，发挥社区人力资源、物力资源、专业知识资源优势，打造孵化基地，助力为老服务。一是发挥人力资源优势，培育专业为老志愿服务队伍，定期上门为特殊长者提供社会支持。定期在社区开展义诊和保健知识宣传活动，提升长者健康意识和能力。二是发挥物力资源优势，积极引导各类社会组织、辖区企业参与社区为老服务。主动链接社区内外资源，开展义诊、义剪和义修等便民服务活动。链接本地资源参

与社区为老服务。三是发挥专业知识资源优势，针对社区长者在医疗保健专业知识方面的需求，积极与社区居家养老中心、社区医院、护理站、学校等社会组织建立关系，邀请专长志愿者开展各类专业知识培训。将社区各类资源与社区长者需求有机结合，打造孵化基地。

（三）发挥社工专业优势，培育志愿服务力量

加强社会组织培育，完善志愿者队伍管理和激励制度，使志愿服务更加规范化，社会价值得到尊重和肯定，提升志愿者服务的积极性，通过表彰和团建，提升志愿者对队伍的归属感。根据社区志愿服务需求，建立志愿者团队培育发展机制，对团队培育给予支持和引导，根据志愿者成长需求，培育志愿者骨干团队带领、活动策划和建设能力，为其他志愿者提供基础志愿者服务技巧等的培训，提升志愿者的个人能力。2019 年，黄埔区各镇街、社区通过社工站平台为志愿者提供培训超 6900 次，累计培训志愿者 9670 人次，培训时数达 10589.5 小时，通过培训参与志愿服务的志愿者达 7284 人次，依托社工站平台开展的常态化志愿服务累计服务居民 187283 人次。

三、黄埔区社区志愿服务未来展望

（一）统筹协调，建立多维度的社区志愿者服务工作机制

目前，在区层面，区文明办、区民政局、团区委等部门依托不同的载体都有各自的社区志愿服务队伍。然而，队伍当中既有联系，又相对独立，存在协同运作整合能力不高的情况。因此，亟待成立由多部门组成的社区志愿服务工作协调小组，统筹制定本地区的社区志愿服务工作服务、年度安排以及定期召开协调工作会议等，推进本地区的社区志愿服务发展。在各部门协调配合方面，未来还需持续探索其内在的规律性，由初期的探索尝试逐步走向规范和成熟的发展演变过程。

（二）共建共享，搭建融合发展的社区志愿服务平台

依托区各职能部门及群团组织、相关志愿服务队伍现有资源，与各街镇社工站等社区志愿服务阵地实现无缝对接。通过场地共建、队伍共建、

项目共建、培训共享、信息共享、资源共享等方式实现融合发展，打造志愿服务资源集聚、队伍集聚、效果集聚的平台。加强社区志愿服务的“志愿意识”和“民间色彩”，通过平台交流提升“需求为先、服务落地”的共治共建意识，促进社区志愿服务管理的规范化、标准化及志愿者的专业化提升。

（三）多方投入，加强品牌化建设

鼓励区相关职能部门通过政府购买服务、公益创投活动、社区基金资助、社区微公益等方式，成立社区志愿服务队伍，打造志愿服务品牌项目，重点开展垃圾分类、扶贫济困、社区治理等志愿服务活动。建立奖励机制，树立先进典型，推广品牌化。

（四）因地制宜，探索建立符合本地区的社区志愿服务

根据黄埔区的实际情况，探索建立符合本地区特色和实际的社区志愿服务发展模式，同时，整合本地社区资源，倡导各级党政机关、国有企业、事业单位、社区志愿服务组织和队伍，不断壮大社区志愿服务力量。

从化区社区志愿服务的发展与创新经验

从化区民政局

摘要：近年来，从化区的社区志愿服务得到了较快的发展。从志愿服务管理体制到志愿服务队伍建设，从志愿服务模式创新到志愿服务活动扩展，都呈现出良好的发展局面。塑造了一批特色志愿服务品牌，不断拓展“志愿服务+”，为从化区构建和谐社区发挥了重要的作用。

关键词：志愿服务品牌　志愿服务　如愿行动

2018年6月以来，从化区的志愿服务事业呈现出良好的发展势头。志愿服务领域不断扩展，志愿服务队伍不断壮大，志愿服务品牌不断提升。全区共成立了352个志愿服务小组，登记在册志愿者达到29030多人，开展活动3908多场，参与人数达24万多人次。

一、从化区社区志愿服务发展概况

2019年10月，从化区把区义务工作者协会更名为区志愿者协会，同时面向全区范围内向各单位、企业广泛征集基层志愿服务带头人，推荐为新一届理事会候选人。

（一）改革志愿服务管理架构

为更好地发挥从化区志愿者协会在行业引领、组织动员、凝聚力量中的作用，将从化区志愿者协会建设成为全区社区志愿服务的枢纽性平台，积极推进从化区志愿者协会改革。此次管理结构的改革，将整合各志愿服务组织的力量，链接社会资源，实现志愿者队伍由小到大、由弱变强、由零散到统一的转变。

（二）志愿服务队伍建设富有成效

2019年10月以来，从化区组建了从化区慈善志愿服务队、从化区社区志愿服务队、从化区美丽乡村志愿服务队和从化区困境儿童关爱志愿服务队等多支志愿服务队。推动每个社区至少成立一支社区志愿服务队，发掘、培养热心参与志愿服务且有充足条件的社区居民成为社区志愿服务队伍骨干，并逐步培养成为社区志愿服务队领袖。开展关爱困境儿童、革命老区帮扶慰问、走进乡村、走进基层的志愿服务，助力从化乡村振兴。

二、从化区社区志愿服务工作的特色

长期以来的社区志愿服务实践活动，形成了颇具从化特色的工作亮点。

（一）推行“慈善+志愿者”模式

积极开展广东扶贫济困日活动暨深化“羊城慈善为民”系列活动，展示志愿服务风采。通过“慈善+志愿者”等多元公益活动，运用乡村旅游资源参与慈善、传递爱心，助力乡村振兴。“慈善+志愿者”多元公益活动共吸引了3000多名爱心人士参加，通过线上与线下的方式筹集善款超300多万元。爱心人士、爱心企业、爱心组织践行“奉献、友爱、互助、进步”的志愿服务精神，为脱贫攻坚、乡村振兴奉献智慧和力量，在全社会形成积极参与志愿服务、参与慈善的良好氛围。

（二）推行“社工+志愿者”模式

引导社区志愿服务常态化、规范化发展，积极培育社区志愿者队伍，提高社区志愿服务专业化水平。如：“根叔”禁毒志愿服务队、公益“微心愿”志愿服务、“青少年爱心阳光热线”、“荔枝定制”志愿服务等一大批服务队和服务项目得到了市民的充分认可。

（三）“在职党员进社区”

在全区开展“党员进社区”的基础上，组织法律志愿者、巾帼志愿者、环保志愿者进社区、上街头开展丰富多彩的志愿服务活动，初步形成“周有活动、季有主题”的志愿服务活动氛围。

三、从化区社区志愿服务发展的未来展望

（一）大力弘扬志愿服务精神

广泛普及志愿知识和志愿文化，依托各镇（街）社工站，深入挖掘志愿服务先进典型和感人事例，充分展示志愿者、志愿服务组织、志愿服务工作者风采，及时发布志愿服务工作动态，利用微信群、微信公众号、LED 显示屏等载体广为传播，增强群众对志愿服务的认同感，做到家喻户晓、人人皆知，营造志愿高尚、人人参与的社会氛围。

（二）切实打造党建引领志愿服务品牌

积极建立党组织、发展党员，推进党建工作全覆盖，引导志愿者、志愿服务工作者始终听党话、跟党走。结合全区党员回社区报到，广泛动员党政机关、企事业单位、社会组织等党员积极参与脱贫攻坚、民生保障、社区治理、社会服务、公共文明引导等志愿服务，及时回应群众关切、解决群众难题。发展各镇（街）、村（居）的党员志愿服务队，党员以身作则成为社区志愿服务骨干，打造符合居民需求的志愿服务党建工作品牌。

（三）大力培育扶持社区志愿服务组织

依托村（居）委会、社工站，重点支持、培育和发展社区志愿服务组织，积极引导符合条件的志愿服务组织依法登记，每个社区成立至少一支社区志愿服务队。发掘、培养热心志愿服务、相对稳定的居民成为社区志愿服务队伍骨干，并逐步培养成为社区志愿服务队“带头人”，引导村（居）民积极参与志愿服务，进一步凝聚正能量，努力营造守望互助的良好氛围。初步形成以区志愿者协会为中心、以志愿服务阵地为依托、以各级社区志愿服务站点为纽带的志愿服务网络。

（四）不断拓展“志愿服务+”模式

围绕乡村振兴战略，以培育和践行社会主义核心价值观为主线，以群众需求为出发点，广泛吸纳驻从化高校大学生、社区工作者骨干、粤菜师

傅、乡村建筑师、规划师、设计师、工程师等专业人才加入志愿者队伍，提升志愿服务的专业化水平。不断拓展“志愿服务+”模式，丰富志愿服务内容，助力从化区志愿服务活动内容的多元化。

1. 依托“志愿服务+垃圾分类”深化美丽行动

深入贯彻落实习近平总书记对垃圾分类工作重要指示精神，根据《广州市深化生活垃圾分类处理三年行动计划（2019—2021 年）》工作要求，充分发挥志愿者作用，调动各街道居委会、村委会、各大型物业小区力量，在从化区的 90 个物业小区、5 个老旧社区、市级 7 条示范村、10 条示范村、3 个示范街，通过定时“站桶”指导，每月入社区、入户宣传，快速有序推进生活垃圾分类。

2. 依托“志愿服务+儿童关爱”发起牵手行动

从化区面向全区发起“困境儿童关爱志愿服务队”招募，发展了一支 60 多人的儿童关爱志愿者队伍。联动社工站，通过电话及上门探访留守和困境儿童 2214 次，并举办了新时代文明实践之留守困境儿童关爱志愿者培训直播活动，受培训人数高达 84000 人，为重点开展的儿童关爱志愿服务打下坚实基础。后续将全面动员社会各界的力量，共同为从化在册约 3500 名留守困境儿童等特殊儿童群体的健康成长提供形式多样、切实有效的三大长期志愿服务。一是基础服务，致力于为留守困境儿童及其家人开展上门探访、知识宣传普及；二是特色服务，致力于为留守困境儿童个人情况造册登记，提供线上咨询服务和疫情心理疏导志愿服务；三是支援服务，致力于了解和收集留守困境儿童个人和家庭需求，汇总信息，开展爱心关怀和志愿工作。

3. 依托“志愿服务+慈善救助”开展爱心到家

针对全区在册 1.7 万名社区孤寡老人、低收低保家庭成员、残障人士、困境儿童等困难群众，打造一个政府主导，爱心企业、慈善、社工、志愿者等多方力量共同参与，帮助社区孤寡老人等困难群体的基本生活需求的精准服务平台。联动爱心企业，以零利润的方式，把平台上的商品销售给困难群众，联动各镇街社工站，每个社工站发动社区邻里组建一支“爱心到家”项目志愿者团队，帮助困难群众免费“跑腿”，力求不让一个困难群众“断粮”“断菜”。以关爱帮困、便民利民为重点，为困难群众服务到“最后一公里”。

（五）创新模式铸品牌，全力打造“如愿行动”平台

品牌对于深化社区志愿服务活动具有非同寻常的意义。在新时代文明实践中心的指导下，从化区将推出“如愿行动”众扶互助平台，主要通过深入城乡社区收集逆境群体（贫困户、贫困家庭、困境儿童、留守儿童、孤寡老人、残疾人等）的迫切需求（微心愿），按照“互联网+志愿+慈善+N”的起航模式，利用互联网的传播扩散，向全社会热心人士、爱心机构募集款项和物资。除覆盖所有困难和特殊群体外，平台还覆盖了从化区60万人群，受益人数达到15万人次。

平台通过“发起”—“对接”—“核实”—“审核”—“发布”发起心愿，并按照“众筹”（款、物）—“拨付”—“采购”—“交付”—“点亮”的流程，以及（心愿）严谨、高效、简便、规范的审核过程，实现需要帮助人群的“微小”心愿。

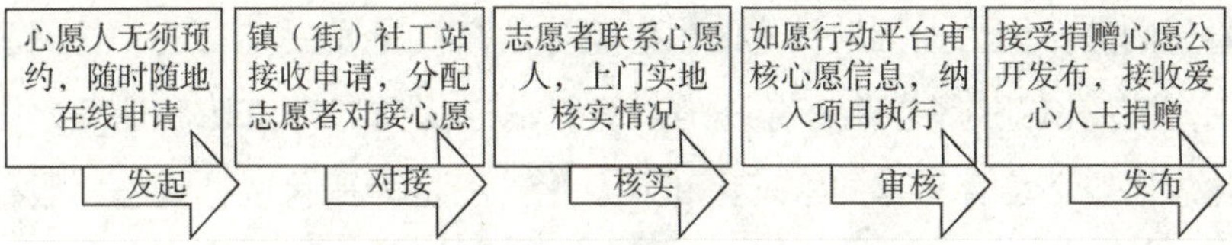

图1　心愿发起流程

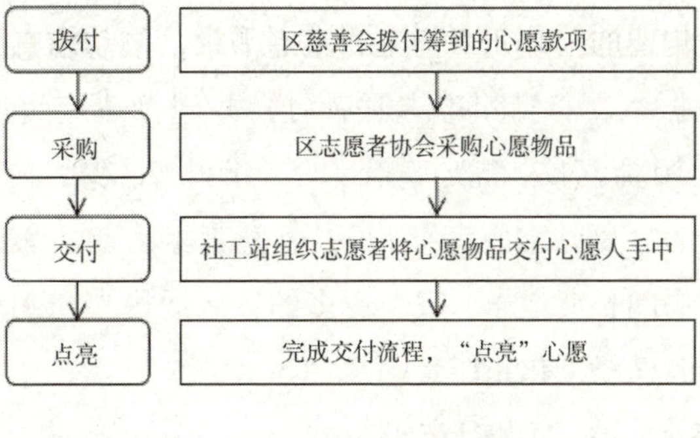

图2　心愿点亮流程

“如愿行动”众扶互助平台还将不断升级完善平台，创新“如愿行动+党建”“如愿行动+企业责任”“如愿行动+社会组织”等模式，动员社会参与，对接社会资源，畅通行善渠道，打造成为公开透明、便捷参与的众扶互助平台，形成影响力大、参与度高，颇具实效、颇有内涵的志愿服务特色品牌。

（六）建立从化区乡村振兴志愿服务实践基地

围绕“乡村振兴”主题，联动广州市志愿者协会，共建“从化区乡村振兴志愿服务实践基地”。从人才培育、塑造典型、资源共享等方面进行战略合作。

1. 人才培育：举办“青苗计划”志愿服务管理人才培训班

一是组织从化区党员志愿者、社工服务站、社会服务机构、社区志愿服务组织及团队的管理者和骨干，围绕志愿服务管理技能及项目管理技巧，开展系列的培训班，包括志愿服务政策与趋势解读、“时间银行”平台培训、资源链接、项目策划、领导力等课程，全面提升志愿服务管理者及骨干的综合能力，推动从化区志愿服务的高质量发展。二是“送课到乡村”，为从化区社区志愿服务阵地、组织输送优质导师资源和课程，推动从化志愿服务培育工作的常态化和专业化。三是为从化区社区志愿服务阵地、组织提供专业的志愿服务督导、咨询，提升管理者对于团队培育、骨干培育、志愿者招募、项目管理等方面的认识和实践。

2. 塑造典型：打造广州首个公益直播间

结合从化区构建的“1+2+N”生态直播平台，调动志愿服务和社会组织力量参与乡村振兴，与广州市志愿者协会共同打造广州首个公益直播间。联动从化区10所高校、虎牙直播平台、市科普志愿者协会，培育一批大学生志愿者成为“网红志愿者”，开展公益直播活动，为直播间筹划直播内容，促使直播间长期运作，吸引更多的社区居民参与到志愿服务和乡村振兴工作当中，弘扬从化正能量。

3. 资源共享：点亮“如愿行动”

对接广州公益“时间银行”的“公益行动”板块，同步发起心愿。一是实现志愿者数据的互联互通，为实现困难群体心愿提供志愿者转介服务，引导“时间银行”平台志愿者关注、实现“如愿平台”的心愿发布和捐赠；二是为“如愿平台”引入企业、社会组织、基金会等单位的社会慈善资源，帮助困难群体实现心愿。通过双方平台的资源互联互通，带动全广州市7.5万名在册志愿者、420个组织及团队，撬动企业力量，进一步宣传和帮助从化区的困难、特殊群体“如愿”，共同推动志愿服务力量参与脱贫攻坚。

（七）持续发展志愿服务队伍，建立志愿服务回馈机制

近年来，从化区志愿服务工作获得了快速的发展，志愿者队伍不断扩大，志愿服务领域不断拓展，志愿服务理念广泛传播，涌现出了一批为全区经济社会发展奉献青春、智慧和力量的志愿服务先进典型。为进一步壮大从化区志愿服务队伍，应充分发挥区志愿者协会的枢纽作用，积极发展美丽乡村志愿服务队、慈善志愿服务队、社区志愿服务队、困境儿童关爱志愿服务队等志愿服务队伍，扩大社会影响力，打造成全区的“志愿者之家”。

推动建设“社区志愿服务站点平台”，积极推广应用广州公益“时间银行”平台，不断完善志愿服务回馈机制，发挥志愿者先进典型的激励示范作用，充分调动群众参与志愿服务的积极性。志愿者从单纯的奉献到可利用有偿服务获取收益，将志愿者参与志愿服务活动的时长按照1∶1的比例转换为“时间积分”，积分可用于兑换指定物品或优待服务，并倡导志愿者将时间积分捐赠给有需要的人兑换服务和物资，实现“二次公益”。对于服务时长较长或表现突出的优秀志愿者，还将推荐参与优秀志愿者评选，增强志愿者的社会尊重和认同感，促进志愿服务健康发展。

（八）开展“志愿日”活动，推动志愿服务常态化

将每周六设为“志愿日”，组织发动志愿者以社区、公共文化设施、景区景点、窗口为重点，开展关爱空巢老人、留守困境儿童、残疾人、贫困户、困难职工等志愿服务活动。重大节假日期间，在从化区内重要交通路口、区儿童公园、旅游景点等地开展交通劝导、方向指引、秩序维护、垃圾分类宣传、便民咨询等形式多样的志愿服务。营造邻里守望、文明和谐、友善互助的社会氛围，更好地培育志愿服务文化，并逐步打造周六

“志愿日”成为区域常态化志愿服务品牌。

参考文献

［1］从化民政．从化区民政局发布2020年志愿服务重点工作任务［J/OL］．腾讯网，2020-06-03，https：//mp. weixin. qq. com/s/SlVNqiggsUfKgwFrxoD6EA.

［2］罗秋华．全省首创！广州从化启动“如愿行动”众扶互助平台［J/OL］．广州文明网，2020-06-15，http：//gdgz. wenming. cn/gqcz/qxdt_ tj/202004/t20200424_ 6430802. htm.

［3］黎晓．广州公益时间银行正式上线，储存时间为爱“积分”［J/OL］．中国文明网，2020-06-15，http：//www. wenming. cn/dfcz/gd/201908/t20190828_ 5235224. shtml.

［4］朱伟良．爱心接力，从化惠民果蔬送到困难群众家［J/OL］．南方+网，2020-06-07，http：//static. nfapp. southcn. com/content/202003/05/c3214370. html？group_ id=1.

附　录

2019年广州市社区志愿服务十件大事

一、广州市迅速兴起学习宣传贯彻习近平总书记关于志愿服务重要指示精神热潮

推荐理由：2019年，习近平总书记两次对志愿服务作出重要指示，为推进新时代志愿服务发展提供了强大思想动力和根本遵循。广州市各级党委政府、志愿服务组织、志愿者、志愿服务工作者迅速行动兴起学习热潮。广州市民政局按照市委、市政府对志愿服务的工作部署，印发《关于学习宣传贯彻习近平总书记志愿服务重要指示精神的工作举措》，提出推动我市社区志愿服务发展的18条工作举措，着力破解志愿服务事业发展难题，努力开创新时代志愿服务事业新局面。

二、广州市健全完善志愿服务工作体制机制，推动志愿服务制度化

推荐理由：2019年7月，广州市精神文明建设委员会印发《关于进一步加强广州志愿服务建设的实施方案》，厘定志愿服务工作部门职责，明确市文明委负责志愿服务工作的统筹规划、协调指导和监督检查，市文明办负责日常的统筹指导协调工作；市民政局负责全市志愿服务行政管理工作，统筹推进社区志愿服务工作。10月，由市文明委指导，市民政局牵头，会同市文明办、市司法局、团市委等单位，正式启动《广州市志愿服务条例》修订工作，推动志愿服务制度化、常态化发展。

三、广州市推动在职党员回社区报到开展服务，壮大基层服务力量

推荐理由：2019年，按照市委构建“令行禁止、有呼必应”基层党建工作格局要求，广州市推动在职党员回社区报到开展服务，引导广大在职党员积极参与城市基层治理与服务，整合城市服务资源，壮大城市基层服务力量，在“解剖麻雀”中不断提高城市治理能力和水平。广州市民政局选派189名民政在职党员干部以“民政联络专员”身份到所联系的村（居），面对面为民服务解难题，努力打通为基层群众服务的“最后一公里”。

四、广州市社区志愿服务力量积极参与垃圾分类工作

推荐理由：2019年，广大社区志愿者、志愿服务组织积极响应号召，依托社工服务站等社区服务阵地，开展常态化垃圾分类志愿服务活动，通过主题宣讲、游戏互动、垃圾分类歌曲传唱等方式，深入社区群众开展垃圾分类工作宣传，多维度参与垃圾分类工作。广州公益“时间银行”开设“垃圾分类”服务专区，开展垃圾分类志愿服务主题活动，打造垃圾分类志愿服务线上线下联动平台，助力营造“人人关心垃圾分类、人人践行垃圾分类”的良好社会氛围。

五、广州志愿服务力量积极探索志愿扶贫模式，助力打赢脱贫攻坚战

推荐理由：2019年，广州志愿服务组织、志愿者和志愿服务工作者深入学习贯彻习近平总书记关于脱贫攻坚重要论述和志愿服务重要指示精神，主动走进增城、从化贫困村、广东贫困山区，聚焦留守儿童、困难长者、残疾人等特殊群体，聚焦儿童关爱、老年人照料等群众关切，链接爱

心资源，打造志愿扶贫项目，孵化志愿服务团队，常态开展结对帮扶、扶贫助学、扶贫支教、困难老人疾病筛查等志愿服务，涌现出一批以“百村公益，万人志愿”“让山区孩子爱上阅读”为代表的优秀志愿服务项目和萤火虫志愿服务队、保利花园志愿服务队为代表的优秀志愿服务团队，广州志愿服务力量成为助力打赢脱贫攻坚战的坚强后盾。

六、广州社区志愿服务力量全力迎接全国文明城市测评工作，勇当文明先锋

推荐理由：2019 年 11 月，在市民政局统一指挥下，全市社区志愿服务力量迅速集结行动，勇当文明先锋，全力投身迎接全国文明城市测评工作。全市各社区志愿服务站点按照“七个有”标准进一步规范站点运作管理，市民政局派出 11 个督导组对各区站点进行现场检查指导；各社区志愿服务队伍、志愿者积极围绕公共文明引导等市委市政府中心工作和民生重点开展形式多样的社区志愿服务活动；广州市志愿者协会、广州市社会工作协会联合全市社工机构、志愿服务组织广泛持续开展“爱党爱国爱家”社区志愿服务活动，有力营造广州“志愿之城”浓厚氛围，为广州迎接全国文明城市测评工作贡献力量。

七、“广州街坊”群防共治守护羊城平安，助力营造共建共治社会治理格局

推荐理由：北有“朝阳群众”，南有“广州街坊”。近年来，广州市全力打造以“广州街坊”为品牌的群防共治队伍，发挥平安志愿者在社区邻里守望、纠纷调解、震慑犯罪等领域的积极作用，已成为基层社会治理的重要力量。目前，已有逾 110 万名市民群众加入“广州街坊”群防共治队伍。各区涌现出“如意平安骑队”“白云快递小哥”“秀全大妈”等近百个各具特色的基层社会治理子品牌。“广州街坊”充分发挥了社情民意“信息员”、邻里守望“巡防员”、矛盾纠纷“调解员”、平安法治“宣传

员”等作用，成为平安羊城建设重要力量。

八、广州市全面推广使用公益“时间银行”，探索志愿服务与公益慈善、社会工作融合发展模式

推荐理由：2013年10月，南沙区打造“互联网+社区服务”模式，启动“南沙时间银行”项目，将居民需求与政府、社会、社区、居民资源精准链接，被民政部列为“全国社区治理和服务创新实验区”典型案例。2019年8月，广州公益“时间银行”App以及微信小程序正式上线并在全市推广使用，公益“时间银行”立足全市社工站，发动社区居民积极参与和常态化开展社区志愿服务，实现社区志愿服务“随处可为、随时可为”，并通过志愿服务时间积分存储、兑换、捐赠等方式，助力养老服务、公益慈善等工作，探索形成“公益慈善+社会工作+志愿服务”工作模式。截至2019年底，平台共注册志愿者57224人、志愿服务团队493支，上线活动3002个，提供近5万个志愿服务岗位，服务逾27.4万人次，奉献志愿服务超8万小时。

九、广州市聚焦民生着力打造社区志愿服务品牌项目

推荐理由：近年来，广州市着力打造“金秋送暖·义心传城”“文化大篷车社区行”、爱心待餐等诸多品牌项目，充分整合政府、爱心企业、社会组织和社区志愿服务力量，聚焦群众需求和民生重点，扎实精准服务，让社区群众特别是特殊群体有更多获得感、幸福感。“金秋送暖·义心传城”项目开展10年，链接爱心款物逾263万元，累计36500人次社区志愿者为18800人次空巢长者提供服务；“文化大篷车社区行”持续举办8年，走遍全省21个地市，深入社区开展400余场文化演出、群众体育、志愿服务、敬老助残等社区主题活动；爱心待餐项目开展5年，累计募集善款和爱心餐点逾200万元，组织约10万人次志愿者为困难群众提供超16万人次送餐服务。

十、广州市多个志愿服务组织、个人和项目受到上级表彰

推荐理由：2019 年 2 月，由中宣部、中央文明办等部门共同开展的 2018 年全国学雷锋志愿服务“四个 100”先进典型名单正式揭晓，其中，广州市老科技工作者协会名誉会长秦兆年入选“最美志愿者”，广州市志愿者协会“长者心声热线”项目入选“最佳志愿服务项目”。11 月，经省文明办组织评审，确定了广州市志愿者协会秘书长甄鹤等 10 个最美志愿者、“金秋送暖 · 义心传城”等 10 个最佳志愿服务项目、广州青年志愿者协会等 10 个最佳志愿服务组织、广州市花都区秀全街道花港社区等 10 个最美志愿服务社区，作为 2019 年全国学雷锋志愿服务“四个 100”先进典型广东省推荐对象。同月，广州市志愿者协会荣获“广东省民政系统先进集体”称号。